U0651283

重庆文理学院学术专著出版资助
重庆文理学院教育学重点学科资助

幼儿教师专业成长动力研究

田兴江 著

九州出版社
JIUZHOUPRESS

图书在版编目（CIP）数据

幼儿教师专业成长动力研究 / 田兴江著. -- 北京：九州出版社，2022.8

ISBN 978-7-5225-1049-1

Ⅰ. ①幼…　Ⅱ. ①田…　Ⅲ. ①幼教人员—师资培养—研究　Ⅳ. ①G615

中国版本图书馆 CIP 数据核字（2022）第 119513 号

幼儿教师专业成长动力研究

作　　者　田兴江　著
责任编辑　刘　嘉
出版发行　九州出版社
地　　址　北京市西城区阜外大街甲 35 号（100037）
发行电话　（010）68992190/3/5/6
网　　址　www.jiuzhoupress.com
印　　刷　唐山才智印刷有限公司
开　　本　710 毫米×1000 毫米　16 开
印　　张　15.5
字　　数　192 千字
版　　次　2022 年 8 月第 1 版
印　　次　2022 年 8 月第 1 次印刷
书　　号　ISBN 978-7-5225-1049-1
定　　价　95.00 元

目　录

CONTENTS

第一章

绪　论

第一节　研究背景

一、教师学习研究逐渐成为教师专业发展研究领域的热点

解决问题需要回到正题，回归根本，所有问题，最终都是“学习”的问题，① 教师专业成长的诸多问题也可追溯到“学习”。从 20 世纪 80 年代起，以美国为代表的西方发达国家，在教育改革中对教师专业发展提出了新要求和新挑战。教师教育研究领域的研究者对“教师专业发展”概念进行反思性批判，提出“教师专业发展”研究存在忽视教师主体地位和内部需求的问题。与之相伴的，以关注教师专业价值和生命价值实现为目的的“教师学习”研究热度增加，呈现出替代“教师专业发展”的趋势。具有代表性的标志是 1900 年美国密歇根州立大学的“教师教育研究中心”更名为“教师学习研究中心”。1996 年联合国教科文组织发布国际 21 世纪教育委员会提交的报告《学习：财富蕴藏其

① ［美］彼得·圣吉：《第五项修炼：学习型组织的艺术与实践》，张成林译，北京：中信出版社，2018 年版，第 11 页。

中》（*Learning*：*The Treasure Within*），预测21世纪教育的核心是学习，“20世纪是‘教师’的世纪，21世纪将是‘学习者’的世纪”。芬威克（Fenwick）研究发现，1994—2004年关于教师专业发展的研究逐渐被教师学习研究所取代。① 澳大利亚维多利亚省教育培训部用《高效专业学习的七项原则》替代了教师专业标准。联合国教科文组织出台了《促进教师专业学习与发展的十条原则》。

著者对国内2010年以来的相关研究成果进行整理发现，“教师学习”研究呈现出蓬勃发展的趋势，具体表现是发表在《教育研究》《教育发展研究》《比较教育研究》《教师教育研究》等CSSCI来源期刊上的研究成果逐渐增加。相比较而言，以“教师专业发展”为题的研究成果主要发表在一般期刊或非CSSCI来源的全国中文期刊，CSSCI来源期刊上发表的研究成果数量呈下降趋势。2018年11月，首届“教师学习与专业发展”国际研讨会在北京教育学院成功召开。之所以召开以“教师学习与专业发展”为主题的国际研讨会是因为国内当前对教师学习领域的研究亟待加强，教师学习的过程就是专业发展的过程，发展就意味着学习。会议达成加强教师学习理论研究的共识，强调走向自主、走向合作、走向生命价值和走向生命全程的学习②。从“教师专业发展”转向“教师学习”，强调教师作为学习者的主体地位；强调重视教师学习的具体情境，将其置于教师工作的生态系统中；关注教师在教育变革中地持续性自我更新③。

《促进教师专业学习与发展的十条原则》指出，“学习是一种必须，

① Fenwick T J. Teacher Learning and Professional Growth Plans：Implication of a Provincial Policy. *Journal of Curriculum and Supervision*19（2004）：259-282.

② 刘胡权：《聚焦教师学习研究，助力教师专业发展》，载《北京教育学院学报》，2019年第1期，第81页。

③ 王凯：《教师学习：专业发展的替代性概念》，载《教育发展研究》，2011年第2期，第58-61页。

学习是一种自我保存和生长过程的一部分。"① 有研究者指出教师专业发展的核心途径是教师学习，学习可以促使教师的教育智慧、教学实践能力、自我管理与自主调节能力、教育责任与担当和职业道德等方面的成长。同时，会使教师自己逐渐领悟为师的积极态度和正确的角色定位，增强教师对复杂教育情境的感悟力和解决问题的能力。教师的专业学习与学生的学业成就水平直接相关。② 教师学习不是一种异己的外在控制力量，而是一种源自内在的精神解放历程，只有通过学习，教师才能实现自我超越与解放，才能达到自由与理性的自主。③ 教师学习逐渐成为教师教育研究的核心问题，不仅可以有效地指导教师的学习实践，同时也为教师专业发展研究提供了新的研究思路和理论支撑。④ 因此，本研究选择以学习为视野对幼儿教师专业成长的动力进行研究。

二、幼儿教育优质发展召唤学习视野下的教师专业成长动力研究

2018 年 11 月《中共中央国务院关于深化学前教育改革规范发展的若干意见》发布，文件在指导思想中提出"推进学前教育普及、普惠、安全和优质发展，满足人民群众对幼有所育的美好期盼"⑤。学前教育优质发展的核心在于教师专业成长，教师专业成长的核心在于教师学

① ［美］彼得·圣吉：《第五项修炼：学习型组织的艺术与实践》，张成林译，北京：中信出版社，2018 年版，第 4 页。

② ［新西兰］海伦·蒂姆伯雷：《促进教师专业学习与发展的十条原则》，载《教育研究》，2009 年第 8 期，第 55-61 页。

③ 赵明仁，黄显华：《建构主义视野中教师学习解析》，载《教育研究》，2011 年第 2 期，第 83-85 页。

④ 程天宇，朱季康：《教师专业发展的路径分析与支持策略》，载《扬州大学学报（高教研究版）》，2014 年第 1 期，第 22 页。

⑤《中共中央国务院关于学前教育深化改革规范发展的若干意见》，中华人民共和国中央人民政府，2018 年 11 月 15 日。

习。当前我国幼儿教师准入标准相比中小学和大学教师为低，导致幼儿教师队伍整体呈现出低年龄、低学历、低收入的现状。幼儿教师专业素养起点低，入职前所贮备的专业理念、专业知识和专业能力不能有效支撑幼儿园教育实践发展实际需要，需要入职后激励其不断学习与成长。著者综合已有相关研究和调查发现，当前幼儿教师学习存在主动性低、学习动机功利性过强、学习认识存在偏差、学习能力差等问题，这些既是制约幼儿教师专业成长的阻力，同时也是学前教育质量提升必须要破解的问题。

同时，幼儿教师职业面临一系列的外部压力和矛盾：相对较低专业素养与相对较高质量要求之矛盾所产生的压力；相对较多工作投入与相对较低薪资收入之矛盾所产生的压力；相对理想化从业愿景与相对“残酷”工作现实之矛盾所产生的压力；教师内部学习自主权需要与现实赋权不足之矛盾所产生的压力；相对充足学习时间需求与现实工作繁重之矛盾所产生的压力；相对自由学习空间需求与现实不能满足之矛盾所产生的压力；相对和谐、轻松合作学习氛围需求与现实无法满足之矛盾所产生的压力；相对丰富学习资源需求与现实无法满足之矛盾所产生的压力。诸多压力的综合作用，导致幼儿教师学习困难重重和专业成长动力不足。

幼儿教师学习与专业成长动力在现实中遇到的困境亟需在理论指导下，立足于幼儿教师学习与专业成长真实环境进行深度研究，并积极寻求方法为改进现状提供指引。著者研究发现，已有的关于幼儿教师学习与幼儿教师专业成长动力的研究相比中小学和大学教师学习与专业成长动力的研究，起步较晚，研究广度和深度均有待进一步提升。主要表现为在研究方法上，主要以经验总结为主，而以大量问卷调查研究和规范的深度访谈为主的研究仍需加强；在研究理论基础上，仍需要有一定高度且适宜的理论基础，增强研究的系统性；在研究的内容上，幼儿教师学习研究处于起步阶段，研究成果较少，亟须站在学习视野对幼儿教师学习与专业成长动力进行系统的研究。

第二节　已有相关研究述评

一、关于教师学习的相关研究

教师学习作为专门的研究领域，最早始于20世纪80年代的美国，且成为蓬勃发展的研究领域。在国际教师教育领域研究中逐渐用“教师学习”代替“教师专业发展”。

（一）关于教师学习研究理论视野的研究

张永、孙茂新站在变革性学习理论视野下，对促进教师学习的策略进行了探讨。提出教育变革奠基于教师学习变革，对教师学习的研究关键在于理解教师变革性学习逻辑与动力。变革性学习理论由麦吉罗（Megillo）首创，其作为理解和指导成人学习的一种理论，关注变革，尤其是关注主体看待自身和周围世界的方式所发生的根本性变革。该理论可以为教师学习的意向、动力、过程、性质等提供理论分析视角。研究发现教师学习的动力与教师学习和改变的内在机制密切相关，学习的有效性并非来自实践中获得的积极经验，而是来自有效的反思。有效学习的反思有前提反思、过程反思和内容反思。① 教师只有学会批判性反

① 张永：《变革性学习理论及其对教师研究的启示》，载《当代教师教育》，2013年第1期，第5-9页。

思才能促进学习能力的提升与超越。①

裴森、李肖艳、尼姗瑜等对成人学习理论发展历程进行了梳理，指出在成人学习理论中余力理论、熟练理论和知觉转换理论可以对教师学习的动机进行理论分析和指导，这些理论更侧重从教师遇到的问题和现实需求的内部动力来理解教师学习动机。成人教育学理论对教师学习理解的取向更关注教师作为学习主体的学习自我概念和个体经验。嬗变学习理论认为学习的目标是教师个人经验和自我概念的持续变化。自我指导学习理论认为教师学习的途径是在学习共同体平台下的协作学习与自我学习的结合体。②③

赵明仁、黄显华基于建构主义视野对教师学习进行了解析，认为建构主义视野下的教师学习是“教师以主动发现和探究的态度与过程，在扩展和提升原有知识经验基础上获取丰富教育理想和知识、增进专业理解和技能，不断更新自我，培育创造性生命力的成长过程”。并从认知建构主义、社会建构主义和批判建构主义视野对教师学习进行了深入剖析，指出教师学习不是一种异己的外在控制力量，而是一个源自内在的精神解放历程，教师的自我超越与解放是教师学习的目的。④ 周杰分别从认知学习理论、情境学习理论、视角统整理论的视野对教师学习的内涵进行了分析。⑤

---

① 孙茂新：《变革性学习理论在教师学习促进中的应用研究》，载《中国成人教育》，2018 年第 4 期，第 144 页。

② 裴森，李肖艳：《成人学习理论视角下的“教师学习”解读：回归教师的成人身份》，载《教师教育研究》，2014 年第 6 期，第 16-20 页。

③ 尼姗瑜：《成人学习理论指导下的教师学习解构》，载《中国成人教育》，2017 年 15 期，第 16-18 页。

④ 赵明仁，黄显华：《建构主义视野中教师学习解析》，载《教育研究》，2011 年第 2 期，第 83-85 页。

⑤ 周杰：《理解教师学习：基于视角统整的分析框架》，载《中小学教师培训》，2017 年第 10 期，第 5 页。

高旭阳、李礼从经济学“供给”与“需求”的视角分析了教师培训的问题和教师学习的真实需求。[①] 肖正德、林正范从生态学的视野研究了教师学习内容层级设计和校园环境特征。生态位是生态学的核心概念之一，主要指在自然生态系统中一种生物在时空上的位置及其与相关物种之间的关系。生态位原理下的教师学习内容设计应充分考虑教师需求多样性，促使教师将学习、工作和生活融为一体，注重教师同伴互助和教师生命发展需要与幸福感提升。生态系统理论强调将教师学习置于其鲜活、动态的校园场域中进行分析，重视对教师学习产生影响的各种要素。[②][③]

刘胜男以社会交换理论为基础，对教师专业学习的影响因素和作用机制进行了研究。[④] 王晓芳从社会资本理论的视野对教师学习机会进行了质性研究。[⑤] 金菲以皮埃尔·布尔迪厄（Pierre Bourdieu）的文化资本理论为基础，对教师学习动力进行了研究，根据布尔迪厄文化资本的分类将教师文化资本分为身体文化资本、客观化文化资本和体制化文化资本三种样态。指出教师学习的动力是文化资本的现实追求。[⑥] 刘万海、颜芳玉基于自组织理论对教师学习共同的建构进行了剖析，指出自组织视野下教师学习共同体建构的前提条件是充分开放；教师学习共同

① 高旭阳，李礼：《经济学视阈下教师学习路径干预探索》，载《现代中小学教育》，2017 年第 9 期，第 70 页。

② 肖正德：《论生态取向教师学习内容的层级设计》，载《教育研究》，2011 年第 12 期，第 73-74 页。

③ 林正范：《论生态取向教师学习的校园环境特征》，载《教育研究》，2012 年第 9 期，第 128 页。

④ 刘胜男：《教师专业学习影响因素及其作用机制研究》，上海：华东师范大学，2016 年，第 20 页。

⑤ 王晓芳：《锦上添花还是雪中送炭：社会资本理论视野下教师学习机会的分配》，载《基础教育》，2018 年第 14 期，第 67 页。

⑥ 金菲：《文化资本视野下教师学习动力激发研究》，芜湖：安徽师范大学，2016 年，第 14-21 页。

体自组织发生应注重共同体文化地创生，赋予教师自主权是教师学习共同体持续发展的动力源。① 肖静、黄文琪、杨延从、黄碧慧等以群体动力学为视野对教师学习共同体进行了研究，指出群体动力学是借用物理学中的“力场”理论来解释群体行为产生的机制，注重对群体中的各种相互作用因素的研究和群体对个体影响的研究。群体动力学视野下的教师学习共同体强调群体内成员的优势互补和相互依赖关系。指出群体共同的目标影响个体动机，群体内部的凝聚力、耗散力和驱动力是影响动力系统运行的三大因素。强调群体共同目标和群体内部的归属感、信任感和荣誉感。②③

陈玉红从情境学习理论的视野对教师学习力的培养进行了探索。情境学习重视学习的社会意义，强调学习是学习者参与社会实践并在社会实践中交互作用的过程。将学习者的角色意识和学习过程置于具体情境中，目的在于提高学习者在具体情境中解决问题的能力。④ 张晓蕾从知识论的视野分析了西方教师学习研究的变迁与趋势，指出知识论是西方教师学习研究的起点，基于不同范式，知识论对教师学习理解的侧重点也不同。传统知识论基于对学习主客二元分离的认识将教师学习理解为教师个体教学知识、教学技能和信念的发展，忽视学习的情境性；⑤ 建构主义知识论将教师学习的过程视为持续意义协商的过程，重视学习中

---

① 刘万海，颜芳玉：《论自组织理论视野下教师学习共同体的建构》，载《当代教育科学》，2013 年第 2 期，第 40-42 页。

② 杨延从，黄碧慧：《群体动力学视域下农村小学英语教师学习共同体建构的研究》，载《教育理论与实践》，2016 年第 17 期，第 28-30 页。

③ 肖静，黄文琪：《群体动力学视域下的高校教师学习共同体发展探究》，载《武汉理工大学学报（社会科学版）》，2017 年第 5 期，第 163 页 .

④ 陈玉红：《从情境学习理论管窥教师学习力的培养》，载《中国成人教育》，2016 年第 24 期，第 9 页。

⑤ Tsui B M. *Learning in school-university partnership*: *Sociocultural perspectives* (New York: Routledge, 2009), p. 134.

教师作为主体在参与社会互动中自身内隐知识通过协商不断解构、重构和外显,① 关注学习的情境;复杂理论知识论将教师学习视为推动系统性变革的重要力量。②

郝德贤总结分析了第斯多惠(Diesterweg)教师学习思想,并在此基础上分析了教师培训的问题,提出了改进教师培训的思路。指出第斯多惠强调教师学习的实践性、问题性、反思性和情景性,教师之所以具有这些学习特性在于教师是成人,应将研究教师学习的基点放在教师是成人的身份上。教师学习应该是自主、自愿和自觉的,教师主动学习是教师专业成长的内驱力。③

李宝敏、宫玲玲基于工作坊混合式研修的视野对教师学习现状及支持策略进行了研究。④ 邱绍娅从活动理论和扩展学习视野对课堂学习共同体中的教师学习进行研究。指出活动理论来源于维果茨基(Lev Vygotsky)的社会文化历史理论,恩格斯托姆(Engestrom)将其发展为文化活动理论,为了更好地解释人们对主体进行行为改变的过程,又发展出拓展学习理论,认为每一个目标的实现都是由于解决了内部矛盾而引发了拓展学习。⑤ 李响基于教师专业化视野对教师学习进行了探究,探究了教师学习与教师专业化发展的关系,指出教师学习与教师专业发展密切联系,甚至出现互相代替现象。同时二者又是相互促进、相互成全

---

① Horn I S, Little J W. Attending to problems of practice: Routines and resources for professional learning in teachers'Attending to problems of practice: Routines and workplace interactions, *American Educational Research Journal* 1 (2010): 181.

② 张晓蕾:《知识论视角下西方教师学习研究的变迁及趋势》,载《四川师范大学学报(社会科学版)》,2015 年第 4 期,第 109-111 页。

③ 郝德贤:《第斯多惠教师学习思想对教师培训的启示》,载《教学与管理》,2015 年第 6 期,第 60-61 页。

④ 李宝敏,宫玲玲:《基于工作坊的混合式研修中教师学习现状及支持对策研究》,载《教师教育研究》,2018 年第 3 期,第 49 页。

⑤ 邱绍娅:《基于活动理论的课堂学习共同体中的教师学习》,载《河北农业大学学报(农林教育版)》,2018 年第 2 期,第 94 页。

的，一方面教师学习是教师专业发展的途径；另一方面，教师专业发展水平提升又可以促进教师主动学习。①

（二）关于教师学习现状与对策的研究

关于教师学习现状与对策的研究是教师学习研究领域的核心内容之一，该部分主要涉及教师学习影响因素、教师学习存在问题或困境和促进教师学习对策三个方面。

吴析宸提出当前中小学教师学习精神缺失，主要表现为学习目的过于工具性，学习意识淡薄狭隘，学习态度消极被动和学习环境封闭。针对这些问题，要想唤醒教师的学习意识需要营造支持教师学习的文化氛围；拓展开放与多元的教师学习空间；搭建合作与共享的学习平台。②刘丹、毛齐明指出影响高中教师学习的因素有主观和客观两方面：客观上，教师教学任务过重，无时间学习；评价方式不能激发教师学习动机。主观上，琐碎的日常生活消磨了教师的学习意识；职业倦怠严重弱化教师的学习信念。基于此，当前高中教师学习呈现出学习过程形式化、学习方法单一化、学习内容碎片化、学习目的功利化的问题。提出要建立分层学习制度，根据需要设计核心课程和以学习为共同体建立学习交流机制等解决对策。③

---

① 李响：《基于教师专业化发展的教师学习研究》，载《中国成人教育》，2015 年第 12 期，第 93 页。

② 吴析宸：《中小学教师学习精神：缺失与唤醒》，载《基础教育》，2011 年第 6 期，第 80-81 页。

③ 刘丹，毛齐明：《转化学习理论视角下高中教师学习的困境审视及突破》，载《教师教育论坛》，2018 年第 2 期，第 22-25 页。

陈向明[①]、张玉荣、赵新亮、刘胜男[②]、拉姆（Lam）[③]、特奥农(Thoonen EEJ)[④] 伊莲·威尔逊（Elaine Wilson）、海伦·德米特里(Helen Demetriou)[⑤]、米迦勒·埃劳特（Michael Eraut）[⑥] 等对教师学习影响因素进行了研究，指出影响教师学习的因素有校长领导、团队合作、工作安排的灵活、自我发展意识、学习环境与资源、时间、自我效能感、身份认同和教学反思等。张敏研究了教师学习调节方式对学习策略与工作成就的影响，发现学习的自我导向型调节方式和任务导向型学习方式与工作满意度呈正相关。外部导向型调节方式对适应性绩效有显著负相关。[⑦] 孙德芳认为导致教师学习倦怠出现的原因有自上而下的学习与培训制度，运行机制使教师在学习中缺少话语权，教师学习功利性等。[⑧] 教师学习存在的困境有学习内容过于理论化，专家话语权过强，工作与学习隔离等。教师学习应从外在驱动型转向内在自觉型，从学院

---

① 陈向明，张玉荣：《教师专业发展和学习为何要走向“校本”》，载《清华大学教育研究》，2014 年第 1 期，第 36-43 页。

② 赵新亮，刘胜男：《工作环境对乡村教师专业学习的影响机制研究》，载《教师教育研究》，2018 年第 4 期，第 37-42 页。

③ Lam Y J，Pang S N. The relative effects of environmental，internal and contextual factors on organizational learning：the case of Hong Kong schools under reforms. *The Learning Organization：An International Journal* 10（2003）：83-97.

④ Thoonen E E J，Sleegers P J C，Oort F J，et al. How to improve teaching practices the role of teacher motivation，organizational factors，and leadership practices. *Educational Administration Quarterly* 47（2011）：503.

⑤ Wilson E，Demetriou H. New Teacher Learning：Substantive Knowledge and Contextual Factors. *The Curriculum Journal* 18（2007）：213-229.

⑥ Eraut M. Informal Learning in the Workplace. *Studies in Continuing Education* 26（2004）：247-273.

⑦ 张敏：《教师学习调节方式对学习策略与工作成就的影响》，载《教育研究》，2010 年第 5 期，第 75 页。

⑧ 孙德芳：《教师学习：从外在驱动到内在自觉》，载《中小学教师培训》，2010 年第 7 期，第 15-17 页。

式转向现场式。[1] 孙翠香提出激发教师学习的策略有增强教师的道德使命感和信念，给教师专业自主的空间，营造良好的人际氛围，搭建良好的合作学习平台。[2]

崔振成指出教师学习力退化表现为反思力、探究力、生成力和接纳力四种能力的退化。提升教师学习力需要激活与唤醒教师学习的使命感、责任感和需要；通过培训与交流，使教师在接纳中理解学习的价值；在对话与碰撞中感受学习的意义；在反馈与总结中享受学习的幸福。[3] 伍叶琴认为当前教师学习的现状是学习实践价值取向明显；教师学习重视社会价值和国家价值，缺乏人本价值观；教师学习自主性缺乏；过于注重专业学习，缺少质变学习。[4] 李昌官、肖正德对教师学习文化进行了研究，指出教师学习文化存在学习目的功利化，学习内部动力缺乏，对学习的认识落后，学习制度不健全，学习内容针对性差，学习方法单一，缺少反思等问题。乡村教师在学习文化上还存在物质文化缺乏、制度文化僵化的问题。提出要改造教师的学习信念、学习价值观，培育良好的智力美德；加强学习规划，明确学习目标；建构教师学习与发展共同体；完善学习内容与学习方式等。[5][6]

罗绍良、杨燕飞、陈德亮对贵州省黔南布依族苗族自治州中学教师

① 孙德芳，周亚东：《教师学习从学院式到现场式》，载《中国教育学刊》，2016 年第 6 期，第 82 页。

② 孙翠香：《教师学习：内涵、影响因素及激发策略》，载《教育导刊》，2014 年第 4 期，第 57–58 页。

③ 崔振成：《超越悲剧：教师学习力的退化与提振》，载《东北师大学报（哲学社会科学版）》，2014 年第 5 期，第 191–194 页。

④ 伍叶琴：《教师学习的现实深描与学者想象》，载《教师教育研究》，2013 年第 3 期，第 14 页。

⑤ 李昌官：《教师学习文化的改造》，载《中小学教师培训》，2017 年第 7 期，第 70–73 页。

⑥ 肖正德：《乡村教师学习文化的问题与重构》，载《教育发展研究》，2013 年第 4 期，第 43–47 页。

的学习现状进行了调查，发现大多数教师教学任务重，缺少自主学习时间；教师学习阅读量少，学习内容狭隘；学习动力不足；教师学习经费支持不足；教师学习评价与激励机制欠科学；教师合作学习平台与氛围未形成。导致这些问题的因素有学校教育理想迷失；不能有效调整工作与学习矛盾；教研活动形式化；消极被动的教师文化等。对此提出以人为本，提高教师学习意识；学校领导带头，营造浓厚学习氛围；激发教师学习内需；搭建教师学习平台；科学设计教师学习评价与激励机制等对策。① 郭黎岩、李亚莉对辽宁省 3 县 6 所农村中小学教师学习惰性进行了调查，发现农村中小学教师学习惰性表现中学习内驱力最弱，其它依次是学习拖延习惯、学习意志薄弱、学习负面认知。影响农村中小学教师学习的因素有婚姻、年龄和学校层次等。导致学习惰性出现的原因有教师学习自主性不足，家庭生活负担过重，职业倦怠出现与角色适应不良等。进而提出提升教师自主学习与发展意识；科学调配时间，合理规划职业生涯；创设良好学习气氛，完善激励机制；改革培训体系等方面的建议。②

许占权、郑剑虹、林荣裕对湛江市中小学教师的学习需求进行了调查研究，发现教育欠发达地区教师学习需求总体较高；教师学习需求更多指向教育教学实践；对教育理论学习需求上升；不同地区、不同学历、不同职称教师学习需求呈现差异。③ 朱晓民对山西省 15 所中小学 250 名教师学习自主性进行了调查，研究发现教师在学习动机、学习方法和学习环境方面的自主性优于学习内容、学习时间和学习结果。教师

① 罗绍良，杨燕飞，陈德亮：《民族地区中学教师学习状况调查分析》，载《民族教育研究》，2013 年第 4 期，第 130-134 页。

② 郭黎岩，李亚莉：《农村中小学教师学习惰性的现状、成因及对策》，载《教育理论与实践》，2012 年第 17 期，第 27-29 页。

③ 许占权，郑剑虹，林荣裕：《欠发达地区中小学教师学习需求调查》，载《现代中小学教育》，2016 年第 4 期，第 116-120 页。

学习的自主性与年龄、教龄、任教学段和学历呈现相关。教师在学习中对学习计划、时间管理和学习过程的管理与调控较差。教师学习自主性在学习内容与学习结果方面的表现较差。基于此，从关注教师学习行为、明确学习目标和提升时间管理能力三个方面提出建议。①

陈莉、刘颖对技术支持教师学习的途径与策略进行了研究，提出支持教师学习的要素主要有：赋予教师学习自主权，培训内容满足教师真实工作需要，搭建学习共同体，促进教师学习与工作的融合。技术支持教师学习的途径有基于网络的教师远程培训，基于网络的校本教研，技术支持教师个人学习，网络研修，工作坊研修的兴起。技术支持教师学习的策略有注重在线课程，教学案例和生成性资源建设；进行在线实践共同体建设；开展基于实践的学习活动。② 陈沪军对教师学习有效性的机制建构进行了研究，提出通过学校共同发展目标的营建，构建教师学习动力机制；搭建教师团队合作学习共同体，构建合作机制；基于教师教育教学实践，构建行动机制；实施差异发展，构建评价机制；注重教师学习的适切性，构建教师学习的有效机制。③ 符国鹏、吕立杰对教师学习的有效策略——合作，进行了深入阐述。④

陈朝新研究了教师学习成效问题，指出教师学习成效低主要表现为理论学习认知断裂，经验学习缺乏反思，学习主动性不足。提升教师学习成效的条件有学习动力和学习能力等教师内部条件；时间、空间、经

① 朱晓民：《中小学教师学习自主性的调查研究》，载《教育理论与实践》，2011 年第 4 期，第 33-37 页。

② 陈莉，刘颖：《从教师培训到教师学习》，载《中国电化教育》，2016 年第 4 期，第 113-119 页。

③ 陈沪军：《构建教师学习有效性机制的探索》，载《教育发展研究》，2011 第 22 期，第 81-84 页。

④ 符国鹏，吕立杰：《教师合作：促进教师学习的有效策略》，载《现代中小学教育》，2011 年第 5 期，第 38 页。

费和氛围等外部条件。基于此，提出提升教师学习成效的方法有基于建构的认知联结法、基于问题的思考法、基于经验的反思法。① 孙德芳认为促进教师学习的校长领导策略应将教师学习的自主权归还教师；丰富并充分利用学习资源；通过任务驱动为教师学习提供支架；允许教师张扬个性；注重教师学习的文化引领；搭建教师合作互助学习共同体，体验学习成就感；合理评价教师学习。② 王凯提出制度是影响农村教师学习深层原因，破解农村教师学习问题需要补偿优势教育资源，优化教师队伍，保障经费投入和提倡文化自觉等。③

（三）关于教师学习共同体的研究

教师的工作和专业成长具有特定的生态圈，教师学习不仅受内部个体自我的影响，还要受生态圈内其他要素影响。搭建学习氛围浓厚的教师学习共同体能优化教师学习生态圈。当前教师专业发展研究的一种取向就是由"专业个人主义"转向"教师学习共同体"，强调基于尊重教师主体性的主体间性和主体交互性。因此，教师学习共同体研究成为教师学习研究的核心领域，其研究的内容主要涉及教师学习共同体的内涵、价值、类型和构建中遇到的困境、构建策略等方面。

刘桂辉对教师学习共同体的内涵及价值进行了研究，指出"学习共同体"一词最早由美国国卡内基教育振兴集团董事长博叶尔（Ernest L Boyer）在其报告《基础学校：学习的共同体》中提出。她提出学校教育最首要的任务就是建立学习共同体，学习共同体是团体内成员因有

---

① 陈朝新：《教师学习成效提升的条件与方法》，载《当代教育科学》，2015 年第 9 期，载 31-34 页。

② 孙德芳：《论教师学习的校本领导策略》，载《天津师范大学学报（基础教育版）》，2013 年第 1 期，第 16-19 页。

③ 王凯：《破解农村教师学习难题亟待制度调整》，载《中国教育学刊》，2011 年第 4 期，第 5-8 页。

共同的目标或使命，为了逐渐趋向共同的愿景而共同学习的合作组织。她认为教师学习共同体是学校教师基于共同的价值自发组织的，以合作和共享为形式，以解决教师在工作中遇到的真实问题，实现以教师专业发展为目的的学习型组织。教师学习共同体的价值在于提高教师专业发展的自为能力；为教师学习提供主体交往的平台；提升实践智慧；为教师专业发展营造支持环境。① 江玉印、张应彦指出，与国外教师学习共同体的自发、自愿性相比，我国教师学习共同体通常是指学校内部依靠行政命令建立、维护和推动的团体。教师学习共同体具有主体性、共生性、开放性和复杂性特征。构建教师学习共同体可以从赋权增能、愿景共享和打造合作文化等方面入手。② 王京华、李玲玲总结了具有代表性学习共同体的界定，指出教师学习共同体内涵具有如下几个方面：为学习而生、为学习而进行；合作是基本运行方式；归属感与认同感是教师学习共同体的前提条件；目的是教师发展和学生发展。③ 许萍茵基于生态哲学对教师学习共同体进行了解读，从生态学的角度看，教师学习共同体已经不仅是一种从外部获取知识的单向度活动，而是与所在生态系统发生交互作用的活动。"教师学习"与"共同体"互为隐喻，教师学习与其所在的生态环境构成学习生态系统。从生态学视野看，教师学习突出了教师的自主性，同时也强调外部环境对教师学习的影响。教师学习共同体呈现出整体性、关联性、多样性和有机性的特征。④

---

① 刘桂辉：《大学教师学习共同体的内涵及价值》，载《教育与职业》，2015 年第 5 期，94-95 页。

② 江玉印，张应彦：《教师学习共同体：教师专业发展的新视角》，载《淮北师范大学学报》，2013 年第 4 期，第 143-146 页。

③ 王京华，李玲玲：《教师学习共同体——教师专业发展的有效路径》，载《河北师范大学学报（教育科学版）》，2013 年第 2 期，第 39-40 页。

④ 许萍茵：《教师学习共同体的生态哲学解读》，载《湖南科技学院学报》，2011 年第 12 期，第 144-147 页。

金建生、王淑莲对发达国家教师学习共同体的实践特征进行了研究，提出发达国家教师学习共同体在指导实践的理念上强调情境学习和体验学习；在共同体运行上强调自发组织、平等、虚实结合；在学习动力上强调场动力和职业锚；在学习方式上强调问题导向和线上与线下结合；在学习评价上强调深度学习和智慧生成。① 陈阳、班振等对中小学教师学习共同体的困境与对策进行了研究，指出中小学教师学习共同体存在教师合作意愿低；参与者范围不广；共同学习活动少；组织形式僵化；信息技术利用不足和学习效果不佳等问题。要从学习型校园文化氛围打造和提升教师参与共同体学习动力等方面进行改进。②③

魏会延指出构建教师学习共同体以促进教师专业发展的策略有教师学习共同体要有正确的指导思想；要形成优化的团体组织学习能力；教师发展与学生发展有机融合；注重实践性知识的提炼；充分借助教师专业组织的力量。④ 胡梁园对教师学习共同体的实践进行了研究，发现教师学习共同体存在教师合作意识有待加强，教师参与学习共同体意愿不足，教师实践动力缺乏和学校管理制度不健全的问题。进而提出学校领导要提升对教师学习共同体价值的认识，提升教师合作的积极性和发展的自主性，学校领导带头示范，注重过程建设和完善制度管理的策略。⑤ 孙志林、纪国和、赵云娇、孙星等对农村地区教师学习共同体进行了研究，指出存在学习环境差，学习组织方式单一，教师学习动力不

---

① 金建生，王淑莲：《发达国家中小学教师协同学习共同体实践特征探究》，载《外国中小学教育》，2017 年第 3 期，第 50-54 页。

② 陈阳：《中小学教师学习共同存在的问题与构建对策》，载《天中学刊》，2012 年第 4 期，第 135-137 页。

③ 班振：《中小学教师学习共同体发展的困局及未来走向》，载《教师教育论坛》，2017 年第 10 期，第 43-46 页。

④ 魏会延：《教师学习共同体：实现教师专业发展的有效途径》，载《继续教育研究》，2015 年第 7 期，第 83-85 页。

⑤ 胡梁园：《教师学习共同体实践研究》，喀什：喀什大学，2016 年，第 22-30 页。

足，学习资源匮乏和共同体成员协同合作意识不足等问题。提出以情感为纽带构建教师学习共同体的心理契约；注重发挥共同体内协调者的“领导”作用；城乡教师联合互动；注重学习氛围营造；培养教师协同风向和共赢意识等策略。①② 洪东忍、吴小兵、王媛等对网络环境下的教师学习共同体进行了研究，指出网络环境下教师学习共同体具有数据化、互动性、协同性、混合性和稳定性的特征。构建网络环境下的共同体要注意从明确共同愿景、提供学习资源、基于主体需要设计学习活动等方面入手。③④⑤

（四）关于幼儿教师学习的研究

幼儿教师学习研究是教师学习研究的分支领域，比中小学和大学教师学习研究起步稍晚，研究成果相对较少。主要涉及幼儿教师学习研究的理论视野、幼儿教师学习的现状和对策研究几个方面。

关于幼儿教师学习研究的理论视野，吴振东基于知识管理理论对提升幼儿教师学习的思路进行了阐述，指出知识是知识管理理论和幼儿教师学习研究共同的关注点，知识创新是知识管理理论的核心。知识管理就是通过一定的方式将内隐的知识转化为外显的知识，并在团体组织中分享。从知识管理视野看，幼儿教师学习是一种关于实践性知识的学习。知识管理能够有效提升幼儿教师的学习质量；知识管理可以丰富和

① 孙志林，纪国和，赵云娇：《农村教师学习共同体构建存在的问题与对策》，载《教育探索》，2014 年第 12 期，第 67-68 页。

② 孙星：《农村小学教师学习共同体创建的阻碍与对策》，载《江苏教育》，2018 年第 71 期，第 33-43 页。

③ 洪东忍：《网络环境下教师学习共同体构建研究》，载《教育评论》，2016 年第 12 期，第 123-125 页。

④ 吴小兵：《网络环境下教师学习共同体构建实践研究》，载《黑龙江教育》，2017 年第 5 期，第 21-22 页。

⑤ 王媛：《网络环境下教师学习共同体促进教师专业发展的案例研究》，载《辽宁教育》，2018 年第 9 期，第 49 页。

提升幼儿教师管理知识的方法。[①] 刘仲丽基于群体动力理论对幼儿教师合作学习的策略进行了研究，基于群体动力理论的基本观点审视幼儿教师合作学习原则，且提出互动性原则、系统性原则、协调性原则、激励性原则和情感性原则。调查发现幼儿教师合作学习小组存在小组成员构成性质不足；合作学习组长权威高于成员；小组内成员责任分工单一；合作学习缺少目标引领；学习内容过窄；合作学习交流过少；合作学习成效低和权利受限等问题。影响幼儿教师合作学习的因素有教师内部价值观、认知基础和合作能力；外部因素有制度环境、物质环境和文化氛围等。基于对问题和影响因素的分析提出解决策略：小组成员构成多元；民主管理；明确责任与分工；明确小组学习共同愿景；进行差异互动；着力问题解决，注重资源共享和加强情感联结等。[②]

史文秀从教师专业发展视野分析了幼儿教师学习共同体建构的问题，指出幼儿教师学习共同体建构存在幼儿园行政权力过于集中，幼儿教师自主学习权不足；幼儿园人际关系不能激发幼儿教师合作学习意愿；幼儿园工作繁重，严重影响教师学习等问题。提出合作文化建设；变革规则，崇尚自由；建立动力机制和进行有效授权等策略。[③] 李岩对农村幼儿教师学习共同体进行了研究，指出促进农村幼儿教师专业发展的途径有以幼儿园共同愿景建立为纽带，助推主动学习；以合作文化的打造，促进教师对话与合作式学习；以问题解决为载体开展合作学习；

---

① 吴振东：《论知识管理理论视域下的幼儿教师学习》，载《教育与教学研究》，2010年第2期，第3-6页。

② 刘仲丽：《群体动力理论视野下的幼儿教师合作学习策略研究》，长春：东北师范大学，2015年，第25-70页。

③ 史文秀：《专业发展取向下的幼儿教师学习共同体建构》，载《教育探索》，2013年第9期，第110-112页。

建立合作学习制度，保障教师合作学习。① 沈芳雁从现实与期待的维度对幼儿教师学习进行了研究，管理者、专家学者和幼儿教师自身对学习的期待并不完全吻合。调查发现幼儿教师学习动机来源复杂，工作需求是其主导性的动机；部分幼儿教师学习具有从众心态，并非出于自主学习；学习成就感和评职晋升影响着幼儿教师的学习动机。幼儿教师学习内容较丰富；教龄不同学习内容不同；多媒体技术成为幼儿教师学习的内容。学习方式上侧重模仿实践、观摩研讨式的直观化学习；以组织学习为主；自发合作学习偏少。分别从管理者尊重教师学习需要，赋权教师学习，引领幼儿教师学习，幼儿教师自己对学习、工作、生活形成正确认识、合理规划等方面提出建议。②

周玲玲从幼儿园教育内容的多元性与整合性，幼儿学习与发展的整体性和幼儿园教育目标的独特性等方面分析了幼儿教师学习通识性知识的价值，并从职前幼师培养增加通识课程比例，职后幼儿园为教师学习通识性知识搭建平台，幼儿教师个人增加通识性知识学习与反思等方面论述了幼儿教师学习通识性知识的途径。③ 刘欣采用分层抽样和方便抽样的方式对全国 9 个省、直辖市 1000 余名幼儿教师采用自编问卷，分别从动机、信息素养、文化陶冶、自我反思、职业规划、团队合作、信念与使命等七个维度出发，分别以年龄、教龄、职称、职务、所学专业、工资待遇、是否编制内教师、婚姻状况、幼儿园性质和学历提升为变量对影响幼儿教师学习与发展的因素进行了调查研究。提出关注幼儿

---

① 李岩：《以区域教师学习共同体促进农村幼儿园教师专业发展》，载《教育探索》，2014 年第 6 期，第 148 页。

② 沈芳雁：《幼儿教师学习研究——期待与现状》，南京：南京师范大学，2012 年，第 38-65 页。

③ 周玲玲：《幼儿园教师学习通识性知识的价值与途径》，载《学前教育研究》，2015 年第 5 期，第 67-68 页。

教师专业学习与发展差异，强调幼儿教师学习与发展的人文性和主体性等建议。①

二、关于教师专业发展/成长动力的相关研究

（一）关于教师专业发展动力研究理论视野的相关研究

王良辉、周跃良从群体动力学的视野设计了支持教师专业发展的多媒体技术平台。② 王玉秋、初铭铜阐述了学校效能理论的发展历程与内涵，指出学校效能理论重视学校内部各要素相互配合和群体动力，强调在群体内部互动过程中达到整体的优化，激发组织内部成员动力，提出了基于学校效能理论的教师专业成长的动力机制。③ 李保玉从勒温（Lewin）的场动力理论的视野探析了新建本科院校教师专业发展的动力机制。指出勒温场动力理论是通过对处于具体场域中个体、环境及相互关系分析解释个体行为动力产生的心理机制的理论。站在勒温场动力理论的视野下分析了新建本科院校教师专业发展动力系统的特点和构成；并论述了新建本科院校教师专业发展动力机制生成的策略。④叶鹏松从“互联网+”的视野中总结教师专业发展所面临的新挑战并概括了推动教师专业成长动力变革的校本实践，指出教师的学习力就是专业发

① 刘欣：《幼儿园教师“学习与发展”的客观影响因素研究》，长春：华东师范大学，2016 年，第 31-71 页。

② 王良辉，周跃良：《基于群体动力的教师专业发展支持系统设计》，载《电化教育研究》，2010 年第 5 期，第 64 页。

③ 王玉秋，初铭铜：《基于学校效能理论的教师专业发展动力机制探索》，载《教学与管理》，2015 年第 1 期，第 63 页。

④ 李保玉：《勒温场动力理论视域下新建本科院校教师专业发展的动力机制探析》，载《教学与管理》，2017 年第 7 期，第 91-96 页。

展力。[①] 杨国顺、李浩等人以马斯洛（Abraham H. Maslow）的需要层次理论为基础对教师专业发展动力与路径进行了分析与实践。[②③] 李春梅、黄新雨从认知评价论的视角对高校教师专业发展动力进行了分析，指出认知评价论是从人的内部动机出发，强调人的自我控制感、决策感、兴趣感和选择权等对人的激励作用。[④] 张昊、杨莹、张德良从科学理性和人文理性的视野分析了高职教师发展的动力机制。[⑤] 李新建在积极心理学视野下分析了教师专业发展的内在动力，指出教师积极教育心理是教师专业成长的内驱力、原动力和影响教育行为的中介。[⑥] 彭桂芳基于《论语》文本，解读教师专业发展的内源性动力。[⑦] 李琼、吴丹丹从国外教师心理韧性研究的视野中分析了保持教师持续发展动力的策略。[⑧]

李森、崔友兴以勒温的场动力理论为基础对中小学教师专业发展的

---

① 叶鹏松：《“互联网+”背景下教师专业发展动力变革的校本创新实践》，载《江苏教育研究》，2018 年第 12 期，第 44-46 页。

② 杨国顺：《高校教师专业发展中内生模式与外控模式的协同效应》，载《中国成人教育》，2018 年第 6 期，第 141 页。

③ 李浩：《打造教师成长的嘉园：教师专业发展的动力与路径初探》，载《江苏教育研究》，2012 年第 4 期，第 22 页。

④ 李春梅，黄新雨：《高校教师专业发展动力探析：认知评价论的视角》，载《现代教育科学》，2012 年第 2 期，第 145 页。

⑤ 张昊，杨莹，张德良：《高职教师发展动力机制的人文情怀》，载《现代教育科学》，2016 年第 11 期，第 108 页。

⑥ 李建新：《积极教育心理：教师专业发展的内在动力》，载《中国成人教育》，第 2011 年第 10 期，第 64-66 页。

⑦ 彭桂芳：《内源性动力：教师专业发展的根本》，载《贵州师范学院学报》，2013 年第 3 期，第 71 页。

⑧ 李琼，吴丹丹：《如何保持教师持续发展的热情与动力》，载《比较教育研究》，2013 年第 12 页，第 23 页。

动力进行了调查研究，并构建了中小学教师专业发展动力的生成机制。[①②] 张晓文对关于教师从业动力的相关理论基础分别从哲学、心理学和管理学三个学科进行了梳理。哲学上关于动力的理论主要是亚里士多德的四因论和伊壁鸠鲁关于人类趋乐避苦假设的相关理论。心理学关于动机或动力的相关理论分为内在动机、外在诱因和中介自我调节三个方面。其中内在动机理论包括本能论、马斯洛的需要层次理论、赫尔的驱力理论。外在诱因理论包括斯金纳的强化理论、洛克的目标设置理论、施恩的心理契约理论。中介自我调节理论包括团体动力学理论、吴伟士和勒温的动力学理论、麦克利兰的成就需要理论。管理学关于动机或动力的理论有赫茨伯格的双因素理论和过程激励理论。[③] 唐俊莉以自我决定理论为基础，对高校教师专业发展的学校支持体系进行了研究。[④] 自我决定理论认为增强个体的内部动力和促进外部动力内化的关键是满足个体自主需要、能力需要和归属需要。[⑤] 李竹青以马斯洛需要理论、动机理论和教师专业发展阶段理论为基础对农村初中教师专业发展动力进行了调查研究。[⑥]

（二）关于教师专业发展动力构成的相关研究

王玉秋、初铭铜指出教师专业发展的动力包括内在和外在两个维

① 崔友兴：《中小学教师专业发展动力生成机制研究》，重庆：西南大学，2013 年，第 19 页。

② 李森，崔友兴：《论教师专业发展动力的系统建构和机制探析》，载《教育理论与实践》，2013 年第 4 期，第 33 页。

③ 张晓文：《城市初中教师从业动力研究》，长沙：湖南师范大学，2011 年，第 3-5 页。

④ 唐俊莉：《高校教师发展的学校支持研究》，大庆：东北石油大学，2017 年，第 12 页。

⑤ Deci E L, Ryan R M. The what and why of goal pursuits: human needs and the self-determination of behavior. *Psychological Inquiry* 11 (2000): 227-268.

⑥ 李竹青：《农村初中教师专业发展动力调查研究及分析》，哈尔滨：哈尔滨师范大学，2017 年，第 12-14 页。

度。内在维度包括职业道德、职业信念、职业兴趣和工作的成就感。外在维度包括基于教师专业标准和职称标准的准入与晋升激励机制。① 杨进红认为教师专业发展的动力源有两个：一是教师自己的自组织；二是外部环境的推动。外部环境推动包括政策激励、文化支持和平台保障；教师自身的组织包括专业发展信念、内在发展需求和教学效能感。② 张学延通过阅读《教师专业发展叙事研究》且结合自己的成长经历，指出教师专业发展的动力包括内、外两大方面。外在动力是对教师有计划的培训和提高；内在动力是教师的自我完善。③ 唐俊莉提出教师专业发展动力包括内部动力和外部动力两个方面。内部动力来自教师自身的自主发展意识，是教师专业发展的内源性动力。外部动力是来自家庭、学校、社会等外部环境的影响。④ 赵宇宏将高校青年教师专业发展的动力分为外部动力和内部动力。外部动力是辅助动力，是专业发展的外部环境。内部动力是教师对职业价值的追求。⑤ 杨国顺认为高校教师专业发展中的动力有内生模式与外控模式两种，内生模式动力主要来自教师的自我需求和自我发展目标。⑥ 丁云华、范远波提出内因是高校青年教师专业发展的动力，外因是助推器。⑦ 沈玉红认为教师专业发展的动力有

---

① 王玉秋，初铭铜：《基于学校效能理论的教师专业发展动力机制探索》，载《教学与管理》，2015 第 1 期，第 63 页。

② 杨进红：《乡村教师校本发展的动力机制及实现路径》，载《广西民族师范学院学报》，2017 期 4 期，第 140-141 页。

③ 张学延：《对教师专业发展源动力的思考》，载《华夏教师》，2014 年第 12 期，第 95 页。

④ 唐俊莉：《高校教师发展的学校支持研究》，大庆：东北石油大学，2017 年，第 12 页。

⑤ 赵宇宏：《高校青年教师专业发展的动力机制及路径研究》，载《黑龙江教育学院学报》，2018 年第 8 期，第 27-28 页。

⑥ 杨国顺：《高校教师专业发展中内生模式与外控模式的协同效应》，载《中国成人教育》，2018 年第 6 期，第 141 页。

⑦ 丁云华，范远波：《高校青年教师专业发展动力源和助推器的共生》，载《煤炭高等教育》，2013 年第 6 期，第 88 页。

内部动力和外部动力。内部动力是基于教师个人需要而产生发展欲望的内部唤醒。外部动力来自教育主管部门的激励机制。①

李宝玉提出新建本科院校教师专业发展的动力包括物质动力、精神动力和信息动力三个方面。② 冯金山、黄学忠认为高中教师专业发展动力包括引起教师本能学习成长的自发式动力、追求自我完善的自觉式动力和外在动力。其中自发式动力包括入职评价、职称评定和物质需要；自觉式动力包括职业情怀、成就动机、职业规划、学习意识与习惯、学习意志与精力；外在动力包括课改形式、政府政策与投入、学校管理制度和社会评价等方面。③

薛忠英将教师专业发展主体动力分为自主专业发展意识、自主专业发展能力、自主专业发展人格和自主专业发展价值四个方面。④ 金建生、王淑莲对优秀教师特征和成长史进行分析得出了教师的教育信仰、自我更新的需要和对学生成长的期待是教师专业发展的内在动力。⑤ 杨道宇、米潇提出课程理解、课程规范、课程资源等课程结构是教师专业发展的外部动力；教师的权利欲、集体归属感和回报期望等交换需要是专业发展的内部动力。⑥ 孙昆峰结合自己的成长历程和对名师成长历程的分析提出教师专业发展的原动力和内在影响因素是教师纯洁的心灵；

① 沈玉红：《教师专业发展的动力分析与激励措施》，载《江苏教育》，2017 年第 3 期，第 25 页。

② 李宝玉：《勒温场动力理论视域下新建本科院校教师专业发展的动力机制探析》，载《教学与管理》，2017 年第 7 期，第 94 页。

③ 冯金山，黄学忠：《高中教师自我发展动力探源》，载《高等继续教育学报》，2018 年第 5 期，第 58-60 页。

④ 薛忠英：《基于教师主体动力的教师专业发展路径》，载《教育与职业》，2014 年第 6 期，第 75 页。

⑤ 金建生，王淑莲：《发达国家中小学教师学习共同体实践特征探究》，载《外国中小学教育》，2017 年 3 期，第 50 页。

⑥ 杨道宇，米潇：《教师专业发展的动力机制研究》，载《教育评论》，2013 年第 6 期，第 45 页。

关键因素和强大动力是对教育梦想的强烈渴求；特质因素和强大助推力是终身学习，形成阅读习惯；核心因素和核动力是保持激情，不忘从教初心；助力因素和保障动力是勤。① 朱陶提出教师专业发展的动力有主动力、次动力和助动力三种。教师的自我实现和自我提升需求、职业认同和对教育的爱是推动专业发展的主要核心动力；学校文化氛围、教师发展共同体、教学比赛和教研是推动教师专业发展的外部次动力；社会政治、经济和文化环境是影响教师专业发展的助动力。② 牟景升提出教学反思是教师专业发展的动力。③ 向军认为教学效能感是体育教师专业发展的内在动力：可以增强教师专业承诺；可以生成教师自主工作动机；影响教师幸福感和身心健康。④ 孙向阳提出教师专业发展的动力源是研究。⑤ 崔友兴根据教师专业发展动力的来源将其分为教师主体动力、学校场域动力和社会场域动力。⑥ 皋建军、庄加运提出校本研训是职校教师专业发展的不竭动力。⑦ 韩冬梅、李昕阳认为农村教师专业发展的不竭动力是终身学习，包括在实践中学习、在理论中学习、在科研

① 孙昆峰：《教师专业发展的关键因素与动力支撑》，载《继续教育》，2017 年第 5 期，第 41-42 页。

② 朱陶：《教师专业发展的三种动力》，载《教育研究与评论》，2013 年第 6 期，第 91 页。

③ 牟景升：《教学反思：教师专业发展的动力》，载《甘肃教育》，2011 年第 11 期，第 38 页。

④ 向军：《教学效能感：体育教师专业发展的内在动力机制》，载《体育科技文献通报》，2011 年第 10 期，第 50 页。

⑤ 孙向阳：《教师专业发展的“动力源”》，载《江苏教育》，2018 年第 4 期，第 42 页。

⑥ 崔友兴：《中小学教师专业发展动力生成机制研究》，重庆：西南大学，2013 年，第 16-20 页。

⑦ 皋建军，庄加运：《校本研训：职校教师专业发展的不竭动力》，载《江苏教育研究》，2017 年第 5 期，第 49 页。

中学习、在教学反思中学习和在合作交流中学习。① 蒲永明提出教师专业发展的新动力是教师文化的建构。②

（三）关于教师专业发展动力现状的相关研究

李春梅对高校教师专业发展动力的现状进行了研究，指出高校教师专业发展动力存在内部动力不足和内外动力失衡的问题。内部动力不足表现为教师内部需求功利化和专业自我迷失；内外动力失衡表现为教师评价制度过度量化与教师人文需求背离。课题评选的泛化是对教师自主性的挤压；教师发展需求与指令培训的矛盾。③ 张昊、杨莹、张德良认为高职教师专业发展动力机制缺少人文关怀，主要表现为：动力机制过于追求统一性，缺少独特性；过于追求常规，缺少创新；过于追求专业知识与专业技能的硬实力，缺少对专业理念、专业精神与专业情意追求的软实力；过于追求以规章制度管人，缺少教师心理回归的引导。④

李晓菁从学校层面和教师个人层面分析了阻碍高校教师专业化发展的阻碍。个人层面包括教师专业自主发展意识欠缺和不足，教育知识和教学素养欠缺，职业素养有待提高等。学校层面包括专业化意识淡薄，教师职前与职后培养专业化缺失，评价体系和职称评审制度重学术轻教学等。⑤ 苗睿岚、薛晓阳从教育变革与教师专业身份转变的视角分析了教师专业发展动力缺失的根源在于教育体制改革相对滞后于整个教育变

---

① 韩冬梅，李昕阳：《终身学习：农村教师专业发展的不竭动力》，载《中小学教师培训》，2013 年第 4 期，第 22 页。

② 蒲永明：《专业发展新动力：教师文化建构》，载《内蒙古师范大学学报（教育科学版）》，2013 年第 12 期，第 70 页。

③ 李春梅：《高校教师专业发展的动力问题及改进策略》，载《佛山科学技术学院学报》，2014 年第 6 期，第 80-81 页。

④ 张昊，杨莹，张德良：《高职教师发展动力机制的人文情怀》，载《现代教育科学》，2016 年第 11 期，第 109-110 页。

⑤ 李晓菁：《基于学校和个人层面的高校教师专业发展动力和障碍因素分析》，载《黑龙江教育学院学报》，2010 年第 4 期，第 36-37。

革。为此提出以教育体制改革促进教师专业发展动力机制重建。①

沈玉红对江苏省苏州市318名高中教师的专业发展动力现状进行了问卷调查。其中内部动力调查涉及职业自豪感、专业发展目的、专业知识及教学技能更新的欲望、参与课题及论文撰写的频率四个题项；外部动力涉及学校或教育主管部门组织教师参加有助于教师专业发展的各类活动的频率、评比频率、技能比赛频率、对教科研成果奖励频率四个题项。教师专业发展需求涉及课改实施中遇到的问题、偏好的指导者类型、专业发展方式、专业发展内容四个题项。通过分析得出了如下结论：现有专业发展方式无法满足教师专业发展需求；教师专业发展的激励、跟踪政策无法满足教师专业发展需求。②

何晓文认为影响教师专业发展动力的根本原因有：教师自身的价值追求与期望是影响专业发展动力的关键因素；完善发展阶梯的缺乏是影响教师专业发展动力的重要因素；信息平衡与收益递减是影响教师专业发展动力的直接因素；专业发展对教学有效性贡献不足影响专业发展动力。③ 李竹青、陈丽霞、矫立中华、李丹、靳海玲等人对农村中小学教师专业发展动力进行了研究，发现存在以下问题：教育信念不强；职业定位不明；专业发展平台不完善；职称晋升和收入等生存现状有待改变；参与学校管理和合作意识有待进一步加强；从教兴趣和自我价值认

① 苗睿岚，薛晓阳：《教育变革与教师身份的转变：兼论教师专业发展动力缺失的根源与解决策略》，载《江苏教育》，2017年第3期，第11-13页。

② 沈玉红：《教师专业发展的动力分析与激励措施》，载《江苏教育》，2017年第3期，第26-27页。

③ 何晓文：《构建教师专业发展动力机制 打造卓越教师团队》，载《基础教育》，2010年第6期，第35-36页。

识不足等。①②③④⑤

（四）关于促进教师专业发展动力提升策略的相关研究

孙式武从教师职业道德与理念的角度提出教师专业发展的动力之源是教师对任教学科充满激情、对课堂教学要报以倾情、对学习研究拥有痴情、对全体学生投入热情。⑥ 毛道生认为教师专业发展内部源动力的生成需要提供保障条件增加教师从业的尊严感，让教师安心从教；增加教师从业的价值感，提升教师从教的热心；增加教师从业的兴趣，让教师舒心从教；增加教师从业的专业感，让教师能够静心从教。只有提升教师的"四心"才能化解教师的职业倦怠，唤醒和激发教师专业发展的自主意识，实现自我发展。⑦ 田晓艳从教师自主专业发展的视野分析了专业发展的问题，提出应建立学习型组织，为增加教师相互学习提供平台和条件，增强教师专业发展的动力。⑧ 李浩提出了四个路径以提升教师专业发展的动力：路径一是通过优化人际关系、提升职业理想、坚持以人文本等措施优化教师专业发展的生态环境，建设人文型校园，满足教师尊重与爱的需要；路径二是通过依法治校、民主管理、客观评价

---

① 李竹青：《农村初中教师专业发展动力调查研究及分析》，哈尔滨：哈尔滨师范大学，2017 年，第 17-20 页。

② 陈丽霞：《农村初中教师专业发展动力现状调查及管理对策研究》，大连：辽宁师范大学，2016 年，第 16 页。

③ 矫立中华：《农村教师专业发展动力问题研究》，哈尔滨：哈尔滨师范大学，2016 年，第 17 页。

④ 李丹：《农村教师专业发展动力研究》，开封：河南大学，2012 年，第 21 页。

⑤ 靳海玲：《农村小学教师专业发展动力问题研究》，南充：西华师范大学，2016 年，第 22 页。

⑥ 孙式武：《"四情"并重：教师专业发展的动力之源》，载《教育科学论坛》，2012 年第 11 期，第 56-57 页。

⑦ 毛道生：《"四心"从教与教师专业发展的内源性动力》，载《教育科学论坛》，2017 年第 2 期，第 36-39 页。

⑧ 田晓艳：《创建学习型组织促进教师专业发展》，载《中国成人教育》，2015 年第 2 期，第 100 页。

等制度建设保证教师专业发展公平公正的竞争环境，建设阳光型校园，满足教师渴求安全和自我实现的需要；路径三是通过教研文化的打造、阅读习惯的养成、反思能力的提升等措施建设学习型校园，为教师专业发展提供可持续性动力，满足教师自我成长的需要；路径四是通过校园网、教学资源库等数字化校园建设，为教师专业发展提供多样的平台支撑，满足教师专业成长的物质需要。①

何晓文探讨了建立教师持续发展动力的机制，提出要坚持专业发展的内部需求导向和实践导向，尊重教师的主体地位；立足校本研修，以学校热情激发教师专业发展的动力；提供专家支持平台，提升教师专业追求；探索建立区域学习共同体，拓展专业成长空间。② 刘川根据学校实践探索总结出激发教师动力的几个策略：重视学校主流价值观建设；坚持快节奏的学校生活；重视利用多样资源激励教师；校长发挥主导和引领作用。③ 薛忠英探讨了基于教师主体动力的教师专业发展动力路径：教师专业发展的主体原动力是凸显教育信仰；教师专业发展的主体动力支撑是反思性教学；提升教师专业发展的主体动力要坚持合作学习；要以专业情感激发教师专业发展的动力和活力；教师专业发展的动力源泉是终身学习。④

赵娟综述了最近十年教师专业发展动力机制研究，将其分为三类：一是以确立合理目标和强调反思为主的自我发展动力机制；二是以学校

---

① 李浩：《打造教师成长的嘉园：教师专业发展的动力与路径初探》，载《江苏教育研究》，2012 年第 4 期，第 22-24 页。

② 何晓文：《构建教师专业发展动力机制 打造卓越教师团队》，载《基础教育》，2010 年第 6 期，第 38-39 页。

③ 刘川：《回归人本 发掘教师的动力之源》，载《教育科学论坛》，2012 年第 6 期，第 66 页。

④ 薛忠英：《基于教师主体动力的教师专业发展路径》，载《教育与职业》，2014 年第 6 期，第 76 页。

文化氛围创设和教师学习共同体平台搭建为主的学校支持环境机制；三是评价考核与激励机制。① 侯志中分析了乡村教师专业发展动力缺失的原因，提出要为教师专业成长搭建学习共同体、开展业务竞赛和发挥名师引领作用助力其专业发展。② 赵继红、鲍晓梅结合北京市十一学校教师专业发展机制的探索提出要建立暴露教师专业发展需求的机制和多平台分享的机制助力教师专业发展。③ 曹德辉提出自主发展是教师专业发展的持久动力，促进教师自主发展的策略有：知识结构培训；建立教、学、研互相促进的教研体制；建立合作学习共同体平台。④

李春梅提出高校教师应树立崇高的学术理想和树立正确的专业自我以充实内部动力。改善教师评价制度、课题评选制度和培训制度以改善高校教师专业发展的外部动力。⑤ 丁云华、范远波提出高校教师要以开放、包容的心态参加培训、观摩教学、加强反思、与同行交流和提升科研能力，挖掘专业成长的动力。以完善激励与评价制度、营造宽松环境、建立教师发展中心等方式打造专业成长的助推器。⑥张昊、杨莹、张德良探讨了基于人文情怀的高职教师发展动力机制，这种动力机制主要体现为强内生动力、弱外在动力两个理念；制度建立关注以教师为本、关注制度致诱性、关注教师的道德与责任；机制运行要把握心灵沟

---

① 赵娟：《教师专业发展动力激发机制研究综述》，载《教育科学论坛》，2017 年 2 期，第 27-28 页。

② 侯志中：《乡村教师专业发展动力缺失与回归》，载《教书育人》，2019 年第 3 期，第 49-50 页。

③ 赵继红，鲍晓梅：《找到教师专业发展的动力源》，载《人民教育》，2019 年第 3 期，第 113-114 页。

④ 曹德辉：《自主发展：教师专业发展的持久动力》，载《基础教育参考》，2012 年第 22 期，第 30 页。

⑤ 李春梅：《高校教师专业发展的动力问题及改进策略》，载《佛山科学技术学院学报》，2014 年第 6 期，第 82-83 页。

⑥ 丁云华，范远波：《高校青年教师专业发展动力源和助推器的共生》，载《煤炭高等教育》，2013 年第 6 期，第 88-89 页。

通、目标指引、和谐发展。① 沈玉红就结合问卷调查发现的教师专业发展动力的问题提出以下两个策略：注重以教师合作反思推动专业发展；以星级教师评选制度激励教师专业发展。② 贺建谊分析了职高教师专业发展的内外部动力源，从而提出以下策略：学校管理思想要清晰而明确，这样才能组合动力源；充分利用有限资源；培训内容与形式多样化；培养教师职业自豪感；解放教师专业自主权和建设专业组。③

张晓文分别从职业认同度、工作满意度、从业稳定性和职业压力感四个方面对湖南省长沙市城市初中教师从业动力进行了调查研究，并从就业压力、文化传统、城乡差距、教师管理与培训等方面分析了原因。根据研究发现的问题提出了以下四个方面的建议：政府层面应制定教师准入制度，提高就业率，精心选拔优秀人才从教；增加教育经费投入，提高教师待遇；改善农村教育办学条件，吸引教师到农村就业，减轻城市教师职业压力。学校层面应建立客观、公正的教师评价制度，营造良性竞争的氛围；激励方式多元化，满足教师的个性需求；提供教师交流平台，实现教师群体发展。社会层面通过舆论引导，对教师形成积极的期待；增加投入和资源配置，为教师专业发展提供便利；客观、正确看待教师队伍出现的问题，培育教师队伍良好形象。教师自身应树立正确价值观；积极主动提高自身素质；在教育实践中反思、学习、进步，提升成就感和效能感；重视继续教育和终身学习。④ 唐俊莉提出高等院校

① 张昊，杨莹，张德良：《高职教师发展动力机制的人文情怀》，载《现代教育科学》，2016 年第 11 期，第 110-111 页。

② 沈玉红：《教师专业发展的动力分析与激励措施》，载《江苏教育》，2017 年第 3 期，第 28-29 页。

③ 贺建谊：《职高专业教师可持续发展的动力源探究》，载《职业与教育》，2010 年第 5 期，第 63 页。

④ 张晓文：《城市初中教师从业动力研究》，长沙：湖南师范大学，2011 年，第52-64 页。

应从教学考核评价机制的完善、教师奖励机制的加强、常规化继续教育培训机制的健全、长效教学反思机制的推行、严格的教师准入制度的推行、在职教师聘任制度的完善等方面提升教师的发展动力。① 赵宇宏探讨了高校青年教师专业发展的动力激励路径，提出要以目标为导向辅助青年教师建立职业发展规划；以职业精神为核心路径突出师德教育与专业素养；以情感为主导强调其专业发展的核心方向；以绩效考核为激励路径提升教师的专业发展热情。②

（五）关于幼儿教师专业发展动力的研究

程翔宇、徐东、秦戈从“成长”的词源解析和影响幼儿教师专业成长的内外部因素入手，指出幼儿教师专业成长力是一切促进幼儿教师专业发展的各种力量的合成，是幼儿教师专业发展的潜能、现有的优势和未来发展趋势的总和，是幼儿教师专业成长的动力源。基于对美、英、德、日幼儿教师职后培训形式与内容的分析提出我国要提升幼儿教师专业发展力需要用法律保障幼儿教师培训权利；立足需求，培训手段多元化；科学评估培训质量。③

史文秀借助奥古斯汀的身心交感论与平行论和伍德沃斯的“S-O-R”的精神动力理论分析了幼儿教师的专业发展。指出幼儿教师专业发展过于依赖路径是导致其精神动力缺乏的主要原因。精神动力缺乏是导致我国幼儿教师发展过程中专业发展动力、工作动力和自我更新动力不足的根结所在。外部环境、教育机制、教育层次、教育基础、教育内涵

① 唐俊莉：《高校教师发展的学校支持研究》，大庆：东北石油大学，2017 年，第 33-37 页。

② 赵宇宏：《高校青年教师专业发展的动力机制及路径研究》，载《黑龙江教育学院学报》，2018 年第 8 期，第 28-29 页。

③ 程翔宇，徐东，秦戈：《国外幼儿教师职后培训对我国的启示：基于专业成长力视角》，载《高等继续教育学报》，2014 年第 2 期，第 46-49 页。

等因素会影响幼儿教师的学习维度、服务维度和育人维度。进而提出注重精神动力将会为幼儿教师专业发展注入新动力。基于发散思维的精神创造力、精神凝聚力和精神约束力是幼儿教师专业发展精神动力的主要来源。精神凝聚力包括精神亲和力、精神吸引力和精神向心力。精神约束力包括教师专业发展的自我控制、自我调节和自我约束。① 徐梦雪以班杜拉能动性理论为基础对幼儿教师专业发展的能动性进行探讨，指出幼儿教师专业发展的能动性包括意识能动性、行为能动性和精神能动性三个方面。提出提高幼儿教师专业发展能动性的途径有：以幼儿教师自我导向型的动力为核心动力，让幼儿教师积极主动地自我引导、自我激励、自我监控、自我评价和自我反思；借助外部政策法规、培养制度、园所关注的支持；教师集体协作，建立多元学习共同体。②

索长清通过研究发现幼儿园教师是专业化的边缘人，处于窘境；高结构化的班级生活影响了幼儿教师的专业实践；幼儿园的班级组织形态制约了幼儿教师的合作。③ 黄文云分析了影响教师专业成长的主要因素：第一，企业绩效目标管理的照搬、继续教育与现实需要脱节、准入门槛低等政策和制度因素；第二，自主发展内动力缺乏、职业倦怠的产生等幼儿教师自身观念因素。进而提出以渗透式学习打造以师为本的园所文化；为教师交流提供平台；以教育科研促进教师研究能力和反思能力提升等策略。④ 王吉以群体动力理论为基础对幼儿教师职业倦怠问题进行了问卷调查研究，发现幼儿教师职业倦怠以成就感低为主；职业倦

① 史文秀：《基于精神动力的幼儿教师专业发展研究》，载《内蒙古师范大学学报（教育科学版）》，2016 年第 9 期，第 96-98 页。

② 徐梦雪：《论幼儿教师专业发展能动性》，载《幼儿教育研究》，2017 年第 2 期，第 16-18 页。

③ 索长清：《幼儿园教师文化研究》，长春：东北师范大学，2014 年，第 114-128 页。

④ 黄文云：《促进幼儿教师专业成长的实践策略探讨》，载《当代教育论坛》，2010 年第 1 期，第 17-19 页。

怠导致教师对工作低投入。导致幼儿教师职业倦怠的原因有工作场中角色冲突、积极反馈缺乏、外部支持缺失等。① 杨文认为幼儿教师专业化面临的困境有幼儿教师个体专业化发展动力不足、培训体系不完善、师资培养质量不高。提出政府牵头完善职业培训体系，完善教师待遇保障体系，深入理解专业标准，指导自我发展等策略。②

彭兵、谢苗苗以问卷调查法研究了影响幼儿教师专业发展的关键因素，调查发现影响幼儿教师专业成长的内部因素有学习习惯、教师个人的性格特征、自我发展需求和理想；外部因素有成功型或挫折型关键事件、与专业成长密切相关的关键人物和关键时期。提出如下策略：把握关键时、事和人，为教师专业成长提供动力；搭建教师专业成长平台；以专业理念提升，促进教师主动发展。③ 吴雨宏对幼儿教师专业发展激励机制进行了研究，从七个维度对幼儿教师专业发展激励因素进行了研究，分别是：人际关系与幸福感激励、园所支持激励、宏观激励、专业发展机会激励、工作激励、个人专业发展认知水平激励和自我激励。④ 姬会会、董银银以问卷法调查了幼儿教师专业成长的动机，提出影响幼儿教师专业成长动机的因素有：幼儿教师职业价值认同、专业成长信念和发展效能感；幼儿园学习氛围、领导方式和科研参与度；人际支持。进而提出社会应为幼儿教师专业成长提供法律和政策保障；幼儿园应民主管理，营造浓厚的学习氛围，注重教师参与课题研究；教师个人应树

---

① 王吉：《群体动力理论视域下幼儿教师的职业倦怠问题》，载《北京教育学院学报》，2015 年第 4 期，第 6-10 页。

② 杨文：《幼儿园教师专业化的特点、困境及解决策略》，载《学前教育研究》，2015 年第 7 期，第 58-60 页。

③ 彭兵，谢苗苗：《影响幼儿教师专业成长的关键因素调查》，载《学前教育研究》，2009 年第 10 期，第 47-49 页。

④ 吴雨宏：《幼儿教师专业发展激励机制研究》，西安：陕西师范大学，2013 年，第 27-35 页。

立正确的职业价值观、专业成长信念，并提升专业成长效能感。① 庄薇认为影响幼儿园骨干教师专业发展的个人因素有人格特点、教育机智和教育能力；组织因素有园长管理、园所文化、人际关系等；组织环境因素有政策、社会支持与理解、培训制度与模式等。并从制定发展规划、参与园本教研、深入教学实践、注重教学反思、积累教学经验等自我支持，形成培养机制、搭建展示平台、整合内外资源、创建特色园所文化、搭建学习共同体、有效评价等园所支持，国培计划、继续教育、三级骨干教师评选体系、重视评价和示范辐射等社会支持三个方面分析了骨干教师专业发展的支持策略。②

李城、王剑兰从生态学的视野分析了幼儿教师专业发展的长效机制，提出建立长效机制的策略：要通过健全教育制度和营造园所文化打造有利于幼儿教师专业发展的生态环境；通过培养职业认同、专业自主、职业兴趣和教育信念打造持续效能的生态主体。③ 黄宁娜从幼儿教师研究者角色出发提出以微型课题研究助力幼儿教师专业能力发展。指出微型课题研究有助于教师养成主动学习的习惯；有助于培养幼儿教师反思能力。并提出如下策略：加强学习，正确认识微型课题；完善科研室工作制度，促使教师产生归属感，保持研究动力；研究与工作密切结合，体验成效；分享、交流研究，营造研究氛围；注重研究成果提炼，助力专业发展。④ 谭友坤从自我实现的视野探讨了以职业幸福感促进幼

---

① 姬会会，董银银：《幼儿教师专业成长动机的调查研究》，载《当代学前教育》，2009 年第 1 期，第 20–26 页。

② 庄薇：《幼儿园骨干教师专业发展有效支持策略研究》，北京：首都师范大学，2012 年，第 31–56 页。

③ 李城，王剑兰：《论幼儿教师专业发展的长效机制》，载《现代教育科学》，2018 年第 1 期，第 73–75 页。

④ 黄宁娜：《微型课题研究助力教师专业能力发展》，载《基础教育研究》，2018 年第 11 期，第 34–36 页。

儿教师专业发展的策略：坚定职业认同，体验职业幸福感，为专业发展提供基础保障；开展研究，获得职业幸福感，提升专业发展；自我反思，提升职业幸福感，完善专业发展；制定发展规划，延续职业幸福感，把握专业发展。① 赵再霞提出幼儿教师专业成长的四个途径分别是：通过学习打好专业理论功底；在教研、教学和比赛等实践中提升能力；通过反思获得发展；以科研意识和能力的提升促发展。② 万中范阐述了幼儿教师专业发展动机激发的个人策略：变敬业为乐业，寻求职业幸福感；变他赞为自赏，获取成就动机；适当减压或增压，增强自我效能感。③ 贾昊宇、张亚妮对幼儿教师专业自我发展策略进行了研究，提出：要从教师自我上强化自主专业发展意识和能力；要从外部环境上为教师专业自主发展营造氛围并建立机制；④ 正确定位幼儿教师角色；提升专业能力；化解与家长的冲突。⑤ 于涛提出反思能力是幼儿教师专业发展的关键。⑥

三、已有相关研究述评

（一）关于教师学习研究的述评

教师学习研究是教师专业成长研究发展到一定阶段的深化和必然

① 谭友坤：《以职业幸福感促幼儿教师专业发展》，载《基础教育研究》，2011 年第 9 期，第 52-54 页。
② 赵再霞：《幼儿教师专业成长四途径》，载《甘肃教育》，2014 年第 1 期，第 19 页。
③ 万中范：《幼儿教师专业发展动机激发的个人策略》，载《教育探索》，2010 年第 6 期，第 116-117 页。
④ 张亚妮：《幼儿教师专业自主发展策略探析》，载《陕西青年职业学院学报》，2013 年第 4 期，第 43-44 页。
⑤ 贾昊宇：《幼儿教师专业自我发展中的困境与出路》，载《江苏第二师范学院学报》，2017 年第 9 期，第 108 页。
⑥ 于涛：《反思能力是幼儿教师专业发展的关键》，载《黑龙江教育学院学报》，2012 年第 6 期，第 58 页。

化，学习是教师专业成长的前提、基础和动力，没有学习就没有专业成长。已有关于教师学习研究的理论基础主要涉及变革性学习理论、成人学习理论、建构主义理论、认知学习理论、情境学习理论、视角统整理论、生态系统理论、经济学供需理论、社会交换理论、社会资本理论、群体动力理论、社会文化历史理论等方面。不同理论基础下的研究侧重点各有不同，均开辟了探究教师学习的不同路径，具有积极意义。总体来看，已有研究越来越重视教师学习的生态系统和突出教师在学习中的主体性。

关于教师学习存在的问题研究由于研究者价值取向、理论基础和研究对象的不同所发现的具体问题也各不相同。总体来看，主要从学习动机、学习内容、学习外部支持条件等方面研究教师学习存在的问题。发现教师学习动机和学习目的存在功利化倾向，未能充分理解与正视学习促进专业价值实现和生命价值实现的功能。教师学习内容存在表面化、零碎化和行政统一化，与教师自身需求相矛盾等问题。对于学习的外部支持环境存在赋权少、学习氛围未形成、学习环境封闭、学习资源有限、合作学习平台未搭建好等问题，导致这些问题出现的因素主要集中在主观因素和客观因素两方面。主观因素是指教师自身的因素，主要涉及教师的学习信念、学习意识、学习动机、身份认同、学习能力和学习成就感等方面。客观因素是指影响教师学习的外部因素，主要包括学习时间、学习空间、学习资源、学习激励与评价制度、团队学习氛围、学习权利赋予和校长领导等方面。基于问题和影响因素维度划分，关于促进教师学习的策略主要有四个维度：第一个维度是优化教师学习环境，促进教师学习动力增加。第二个维度是完善教师学习激励与支持制度，为教师学习充分赋权，激发教师学习。第三个维度是提升教师学习信念，让教师充分认识到学习对自身专业成长、职业价值实现和生命价值实现的价值。第四个维度是搭建教师学习共同体，为教师合作学习提供互助平台。其中关于教师学习共同体的研究成为教师学习研究的热点话题。

教师学习共同体研究是伴随着教师学习研究重视教师主体性与学习所在生态环境中要素的主体间性和主体交互性而逐渐趋热的。学习共同体是以教师和学生成长为目的，强调自愿组织、共同愿景、开放包容、共享合作的学习型组织。当前学习共同体搭建和运行过程中存在教师合作学习意愿低，合作积极性与主动性不足，合作能力不能满足需要，教师学习共同体运行中教师学习自主权有限，学习共同体构成异质性不足，合作学习组织方式单一，合作学习资源有限等问题。并从教师学习共同体成员构成强调异质性；共同体运行明确共同愿景、分工协作、赋权增能、氛围营造和学校领导榜样示范等方面提出改进策略。

幼儿教师学习研究是教师学习研究的分支领域，幼儿教师学习研究与中小学和大学教师学习研究相比，起步晚，研究成果数量和质量均相对较低，在亟待提升学前教育质量背景下幼儿教师学习研究需要拓展和深化。当前关于幼儿教师学习的研究主要以群体动力论、知识管理论等理论视野出发开展研究，研究的理论基础较为薄弱，直接导致幼儿教师学习研究的深度和广度不能满足现实学前教育发展的需求。当前对幼儿教师学习现状的研究主要是经验的总结和思辨，以问卷调查和访谈为研究方法开展的深入研究有待加强。研究发现：幼儿教师学习深受繁重工作影响，缺少学习时间；幼儿教师学习目的功利性过强；幼儿教师学习内容上偏爱教育教学实践内容；幼儿教师学习自主权被严重限制；幼儿教师合作学习存在诸多问题，有待进一步改进。影响幼儿教师学习的因素有教师自身学历、年龄、教龄、婚姻状况、学习成就感、职业幸福感、从业动机等内部因素；有幼儿园管理、园长领导方式、幼儿园人际关系、幼儿园学习氛围、培训、参赛等外部因素。提出从合作学习环境优化、学习制度保障、学习主体性与能动性激发等促进幼儿教师学习的策略。

（二）关于教师专业发展动力研究的述评

已有对教师专业发展动力研究的理论基础有需要层次论、群体动力理论、场动力理论、成就需要理论、积极心理学理论、认知评价理论、自我决定理论、过程激励理论等，这些理论基础主要是为教师专业成长动力的产生、运行机制、影响因素及改进提供分析的理论支撑与依据。不同理论基础均从不同的视野为研究教师专业成长动力开辟了不同的切入点。站在不同的切入点，由于审视视角不同对教师专业成长动力研究的价值取向、研究内容、研究路径、研究侧重点也就不同。研究者选用哪一种理论作为研究的基础与研究者的价值观密切联系。有研究者认为教师专业成长动力源自教师个人内部，重视内部动力对教师专业成长的影响，因此选用需要层次论、自我决定论、成就动机理论等作为研究理论基础。有研究者重视外部驱动力对教师专业成长的影响，因此以过程激励理论作为研究理论基础。有研究者注重教师所在生态圈对专业成长的影响，因此基于场动力理论和群体动力理论开展研究。

关于教师专业成长动力构成最常见的是将教师专业成长动力分为外部动力和内部动力；还有研究者将教师专业成长动力分为主动力、次动力和助动力；另有研究者将教师专业成长动力为物质动力、精神动力和信息动力。这些构成是根据教师专业成长动力的来源、影响教师专业成长动力的因素和所起不同作用来划分的。有研究者对教师专业成长的源动力和元动力进行探究。教师专业成长是作为主体中的教师在具体场域中的成长，因此教师专业成长动力具有系统性和复杂性的特点。教师专业成长动力构成既有源自教师个体内部的动力，也有源自教师成长所在外部环境的动力。内部动力是教师专业成长的核心动力，但内部动力的激发与运行受外部环境的影响。因此，如何协调内部动力与外部动力，让内外动力处于平衡而非失衡和矛盾的状态成为教师专业成长动力研究的核心热点问题。

关于教师专业成长动力现状的研究既有思辨式经验反思与总结，也有基于问卷或访谈的实证调查研究，主要是对教师专业成长动力存在的问题和导致问题出现的原因进行研究。对于存在问题的研究主要是基于对教师专业成长动力构成的维度进行划分。研究发现当前教师专业成长动力存在的最亟待解决问题是内部动力与外部动力失衡；内部动力严重不足。导致问题出现的最主要原因集中在管理制度、校园文化和教师教育信仰等方面。

关于促进教师专业成长动力策略的已有研究较多，不同的研究者基于不同研究起点和研究发现的问题提出了不同策略。综合起来看，主要从以下几个维度提出：第一个维度是优化教师专业成长所在环境，促进教师专业成长动力增加。第二个维度是完善教师专业成长管理制度，为教师专业成长提供宽松、民主、自主、有差异的政策支持，激励教师专业成长。第三个维度是提升教师职业信念、职业理想和端正从业动机，促进教师专业成长动力提升。第四个维度是搭建教师学习共同体平台，为实现基于问题解决的互助式发展提供支持。四个维度为教师专业成长动力的优化与提升提供了较为全面的思路，但如何处理四个维度的相互关系的研究有待进一步深化。

幼儿教师专业成长动力研究是教师专业成长动力研究的分支领域，研究起步相对较晚。幼儿教师相比于中小学教师和大学教师由于准入门槛低，专业基础和专业发展起点相对较低，因此对幼儿教师专业成长动力的研究在当前亟待提高幼儿教育质量的大背景下越发重要。当前关于幼儿教师专业成长动力的研究也涉及理论基础、动力构成、影响因素和提升策略几个方面。研究的理论基础涉及群体动力理论、效能理论、精神动力理论、身心交感理论、生态学理论和自我实现理论等方面。动力构成研究视角众多，总结起来看主要是内部动力和外部动力两方面。研究发现的问题突出体现在幼儿教师专业成长的内部动力不足，精神动力缺乏，外部动力不能有效助推专业成长等方面。影响幼儿教师专业成长动力的内部因素有幼儿教师自身专业基础、职业信仰、职业幸福感、自我需求等；外部因素有待遇保障体系、幼儿园管理制度、幼儿园文化环境和园所支持等。对于提升幼儿教师专业成长动力的策略主要涉及优化培训，搭建学习平台，注重教师自我发展与提升等几个方面。总体来看，研究涉及面较广，但研究深度不足，对幼儿教师专业成长动力的深层次研究有待进一步拓展。

（三）已有相关研究对本研究的启示

第一，在研究视角的选取上，选择学习视野对幼儿教师专业成长的动力进行研究。总体来看，“教师学习”已经成为教师教育研究领域的核心热点话题。已经达成学习是教师专业成长的核心途径，是教师专业成长的前提，教师学习的过程就是专业成长过程的共识。已往关于从幼儿教师学习视野探究专业成长的研究主要是经验的总结，如能在系统理论指导下进行深度研究，必能丰富和拓展幼儿教师专业成长研究。幼儿教师与中小学教师相比因准入门槛相对较低，存在学历低、年龄低和待遇低的问题。当前我国学前教育存在的主要矛盾是学前教育现实质量不能满足人民对高质量学前教育的需求。要解决这个矛盾关键在于提升幼儿教师专业素养，首先就要解决幼儿教师学习问题。

第二，在研究理论基础的选择上，选择学习哲学和卡尔·罗杰斯（C. R. Rogers）的人本主义哲学理论作为研究的理论基础。教育学建基在哲学和心理学基础之上才能成为一门规范的学科，哲学为教育学研究提供系统思维方式和研究的理论视野。已有关于教师专业成长动力和教师学习研究的理论基础主要以心理学、社会学、生态学和教育学本身的理论作为基础，为教师专业成长动力研究和教师学习研究提供了不同的思维方式和理论视野。通过综述发现以哲学相关理论作为理论基础的教师专业发展动力研究和教师学习研究相对较少。关于幼儿教师专业成长和幼儿教师学习的研究其理论基础相对薄弱。选择适宜的理论基础从正确思维起点出发，用系统思维方式开展论述和分析是深化幼儿教师专业成长研究的必经途径。学习哲学是对人类学习的哲学考察与建构，力求以哲学的方式对心理学、社会学和生理学等学科视野下的学习研究进行批判性反思。本研究借助学习哲学对幼儿教师学习与教师专业成长动力的关系进行系统思考和分析。卡尔·罗杰斯是美国著名的人本主义心理学家，随着其研究的深化和年龄的增加，他逐渐认识到科学取向心理学的局限，并在晚年将其研究转向哲学取向的心理学研究。他的关于人的成长和个人形成的哲学心理学理论可以为本研究分析幼儿教师专业成长动力提供思维方式和研究视野。

第三，在研究方法的选取上，采用以访谈为主的质性研究和以问卷调查为主的量化研究相结合的方法。已有关于教师专业成长动力和教师学习的研究成果主要采用访谈法、问卷调查法、经验总结和思辨等方法得出。已有研究者运用这些研究方法对教师专业成长动力和教师学习相关内容进行了探究。但每一种研究方法均是优势与局限并存。以问卷调查为主的量化研究，能对大样本进行调查，能较好回答样本的代表性问题，但研究深度存在局限。以访谈为主的质性研究方法能对研究对象进行深入探究，但研究样本代表性问题又存在局限。经验总结来自亲身体验，有研究者本人心路历程蕴含其中，有真情实感，但往往停留在表面，缺少理论深度和系统性。以思辨为主的研究方法有一定理论深度，但在生动性和具体性上又有局限。本研究尝试采用以问卷为主的量化研究法和以访谈为主的质性研究方法，尽量让研究的广度和深度达到一定的有效度。

第四，在研究内容的设计上，强调幼儿教师学习和专业成长的主体性、能动性，同时关注幼儿教师学习与专业成长所在外部生态环境的影响。已有关于教师专业成长动力和教师学习的研究在理念上认同教师个人是其学习和专业成长的主体，强调教师的主体性、积极性与主动性。同时关注教师学习和专业成长所在的区域环境影响，即强调教师个人与其所在生态环境中主要要素形成的主体交互性和主体间性。在研究内容设计上既考察幼儿教师自身的学习基础、学习需要、学习动机、学习行动、学习成就感等对其专业成长动力的影响，也要考察幼儿教师所在的学习环境、学习支持与保障、幼儿园园长领导等外部生态环境对幼儿教师专业成长动力的影响，并深入探究其关系。

第三节　研究意义

一、理论意义

通过整理已有相关研究，发现当前关于幼儿教师学习和幼儿教师专业成长动力研究的理论基础较为薄弱，尤其需要增加在相关哲学理论指导下的系统研究。以学习为视野对幼儿教师专业成长动力的研究主要是经验总结式研究，研究的广度和深度有待进一步提升。已有关于幼儿教师学习和幼儿教师专业成长动力的研究虽初具规模，但两者融合的研究需要拓展和深化。本研究以学习哲学和人本主义哲学为理论基础，系统分析学习与幼儿教师专业成长动力的相互关系，深入探讨幼儿教师学习对专业价值实现和生命价值实现的意义。论证幼儿教师以“学习”走出专业成长困境，调和内外动力达到平衡，促使其专业素养由现实状态向理想状态流动，寻求成长和价值实现的机理。以此来拓展、深化和丰富幼儿教师专业成长理论研究。

二、实践意义

当前幼儿园教育面临质量提升的挑战，幼儿教师专业成长是提升幼儿园教育质量的关键，学习是促使幼儿教师积极主动寻求并实现专业成长的核心途径。但是当前幼儿园对学习提升教师专业成长动力并实现专业成长的认识有待加强；对如何通过学习科学有效支持教师专业成长存在困惑。这引发幼儿教师内部学习需求与外部学习要求失衡，学习积极性与主动性不足，学习功利性过强，学习空间、时间、资源和自主权不能满足需求等问题，这些问题严重影响了教师专业成长的积极性与主动性。本研究以问卷调查法调查幼儿教师，并以目的抽象的方式选择有代表性的幼儿教师进行深度访谈，以此深入调查了解学习与幼儿教师成长动力的关系，并思考以学习促进幼儿教师积极主动寻求专业成长的策略，从而为幼儿教师个人和幼儿园协同合作走出教师学习困境，实现积极主动专业成长提供借鉴。

第二章

研究理论基础与核心概念界定

事物是客观存在，但人对事物的认识是在一定视角下切入的。换言之，事物总是在一定视角中敞开自身。视角就好像戏剧院里的聚光灯，为了将观众注意力集中在某些人和动作上用强光照射舞台上需要注意的人和动作，与此同时把不需要的事物降到背景和边缘地位。① 研究视角预定了研究问题，规定了用什么样的方法研究，也决定了能够研究的内容。本研究主要以学习哲学和罗杰斯人本主义哲学作为理论基础，对学习视野下的幼儿教师专业成长动力进行探究。

第一节　学习哲学②

一、学习哲学的产生

在人类诞生以前学习就产生了，因此学习的历史比人类历史还要漫

① Clark B R. *Perspectives on higher education*: *Eight disciplinary and comparative views* (CA: University of California Press, 1984), p. 2.

② 本部分关于学习哲学的阐述主要参照华南师范大学曾文婕教授 2017 年在人民教育出版社出版的《学习哲学论》一书中的主要观点。

长。学习活动一直伴随在人类发展的漫长历史生涯中并助推人类发展。虽然人类历史上一些哲学家都曾探讨过学习，但是，专门的学习哲学研究却始于20世纪90年代中期以后。西方发达国家学习哲学研究相对丰富，我国的学习哲学研究还处于起步阶段。学习哲学的产生具有特定的需要，是应需而生。

（一）学习哲学应学习研究拓展的需要而生

学习的历史虽然漫长，但对学习的认识主要是从日常生活经验的总结或者用科学的范式对学习进行解释。伴随着心理学对学习研究的深化和文化学、社会学、人类学、生态学等学科对学习研究领域的拓展，学习研究成果日益丰富。但是，对学习本质的探讨和对各学科视野下已有学习研究成果的系统思考与整合亟待加强，站在哲学视角研究学习问题的需要随即产生。曾任英国教育哲学学会主席的文琦（Winch，C.）在《人类学习哲学》一书中提出人类不能只从科学层次和生活常识层次理解学习，应该从更高、更系统的哲学层次研究学习。① 专门以哲学视野研究学习哲学产生以后，标志着日常生活认识、科学认识和哲学认识三个层次学习认识的形成。基于日常生活认识的学习是人们在日常生活中对学习的感性认识，未经批判性反思、总结与提炼，处于学习认识最表层。科学层次的学习认识是用科学研究范式，通过提出假设、验证假设和现象描述等一系列的过程所形成对学习的理解。哲学层次的学习认识是基于对日常生活层次和科学层次认识过程和结果的整合与批判性反思而形成的对学习的理解。学习哲学对批判和反思科学对学习的研究和理解，进一步探究学习的本质至关重要。

（二）学习哲学应学习认识刻板印象祛除的需要而生

人们在日常生活层次和科学层次形成了对学习的某些认识，这些认

① 曾文婕.《文化学习引论》，广州：华南师范大学，2007年，第13页。

识逐渐变得习以为常或成为文化基因的一部分以后，会影响人们对学习的深入认识和多角度认识，从而出现以偏概全的刻板印象。哲学在本质上是一种批判性思维，是对习以为常的认识进行批判性系统反思，从而推动认识逐渐趋向本质。同时哲学“在本质上说，哲学与其说是增进知识，不如说是培育心智”。哲学家是灵魂的医生，开出药方——制定适当的人生态度和实践——来增进人们的健康和幸福。① 在哲学层次对流行的学习认识、意见、习惯的思考方式和固有价值规范进行严格且系统的批判性反思可以破除已有关于学习认识的刻板印象，拨开笼罩在学习身上的重重迷雾，让学习的本真面貌向我们敞开。②

（三）学习哲学应消解各学科学习认识“坑道视界”的需要而生

世界是客观存在的，存在先于本质。学习是客观存在的，学习的存在先于对学习本质的认识。关于学习的认识本身应该是整合性的，但是由于人的认识能力有限，我们只能遵循由个别认识到整合性认识的路径。当前对学习的认识是从心理学、人类学、社会学、文化学、生态学和经济学等多学科个别化认识开始的。由于每个学科在长期发展的过程中均形成了自己特有的思维范式，如果局限于这种固有的时空思维范式，就会形成一种“坑道视界”。“坑道视界”的存在限制了对学习的整体认识和认识深化，形成各学科之间学习研究的话语沟壑，导致各学科之间的割裂与疏离。例如，人类学认为学习是一种社会性互动活动，而心理学却认为学习是一种个体性获得。哲学思维方式可以突破各学科“坑道视界”，站在哲学层次研究学习是对学习最本质层面的探讨，可以力求以哲学整合式思维不断超越“坑道视界”。

---

① ［美］托马斯·R·弗林：《存在主义简论》，莫伟民译，北京：外语教学与研究出版社，2015 年版，第 147-148 页。

② 曾文婕：《学习哲学论》，北京：人民教育出版社，2017 年版，第 2 页。

（四）学习哲学应哲学研究与教育研究新生长点培育的需要而生

哲学是教育学的支撑学科，正是由于有了哲学的支撑，教育学才成为一门规范的学科。没有哲学的支撑，教育学研究就会成为无源之水、无本之木。哲学层次学习研究可以为教育研究、哲学研究和社会建设孕育新的生长点。郝桂生等研究者在20世纪末就提出哲学应开展学习研究，明确学习在人类社会生活中准确位置，研究学习与实践的关系，研究学习方式问题，阐述学习的基本规律。① 学习是推动人类文明与进步的核心动力，当前我国社会发展急需对学习本质认识的深化，对人与学习、教育与学习的关系进行哲学层次上的探究，确立起“人是学习的动物”“学习是人自我实现和超越现实的过程”等理念。曾文婕、毕燕平通过对西方教育哲学研究进展的分析发现，以学习为主题的研究成果呈现大幅上升趋势。② 哲学层次学习研究可以为教育研究提供新的生长点，进一步明确学习在教育中的定位，探讨学习与教师、学生成长的关系，为提升教育质量路径的探讨提供理论基础和思维方式。

二、学习哲学的核心内容

学习哲学是一种方法论，是从哲学视野研究学习问题的思维方式和逻辑理路。学习哲学的重心并不是对具体学习主体的学习活动进行实证研究，而是对已有的学习研究成果进行整合式和反思性的建构。学习哲学作为一种方法论包括以下三个方面的理路：第一，基于学习的过去、现在和未来的历程，将学习置于人类文化背景下分析其根本规定性。第

① 郝桂生：《哲学也要研究“学习”》，载《天津师范大学（社会科学版）》，1997年第4期，第20-22页。

② 曾文婕，毕燕平：《西方教育哲学研究新进展》，载《比较教育研究》，2014年第1期，第50-56页。

二，学习哲学重视对学习价值的追问。学习哲学首先追问学习对个人和人类的价值，而不是直接回答学习是什么和如何学习的问题。第三，学习哲学注重对多学科学习研究的整体关照。哲学层次对学习的研究主要从学习的价值、具体学习活动的关照、改进学习的方法三个方面展开，因此，学习哲学的核心内容涉及学习价值论、学习活动论和学习方法论三个核心内容。以上三个学习哲学的核心内容因价值论对本研究支撑最为关键，所以对价值论的阐述相对较为详细，而对活动论和方法论仅做简要阐述。

（一）学习哲学的价值论

对学习这种客观存在的认识有两个维度，即科学认识和价值认识。学习的科学认识以心理学和脑科学为代表，是以把握学习客观存在的现象和本质为核心任务，强调的是主客观的统一；学习的价值认识是把握学习这种客观存在对人类生命存在乃至整个生物存在的意义为核心任务，除了强调主客一致还注重学习对主体利益的实现。对学习的科学认识和价值认识应有机统一。如果用学习的科学认识弱化或取代学习的价值认识就会将学习视为一套僵化的技术操作程序和心智技能训练程序，导致学习实现生命意义价值的缺失。在脑科学、神经科学、人工智能、心理科学等对学习的科学认识成果突飞猛进的时代，亟待学习价值认识的发展。

学习哲学的价值论主要从人性、知识、福德和生命的维度展开。

学习哲学的第一个价值论是关于人性的。任何学科研究都是为了人，由人在做的研究。这正如休谟（David Hume）在《人性论》中所阐述的任何学科不论似乎与人性有多远的距离，最后总是会回归到人性上。① 关于人性的认识，不仅仅是思想和学术，更关键的是深刻地影响

① ［美］休谟：《人性论》，关文运译，北京：商务印书馆，1980 年版，第 6 页。

着人们的生活方式。学习哲学对以往忽略和避免回答人性问题和对人性本善、人性本恶等预成的人性认识进行反思，提出了生成人性的逻辑思路。指出在教育中不能用静止的、预设的人性前提看待人性，要认识到人性是变化的，是可以提升和发展的。学习哲学在对悬置人性、预成人性和演绎人性反思的基础上提出了生成人性。生成人性论重视人性发展的可能性，为人的发展开启了更广的空间，为学习和教育的价值提供了基于元点的支撑。人性是可以变化的，变化的主要原因是学习，学习是人的本性，人只有不断学习才能生存和发展，人是在学习中获得人性的，更是在学习中不断完善和升华人性。学习既是人类的本性，同时也造就着人性。①

学习哲学的第二个价值论是关于知识的，学习哲学对学习即个体获得和学习即情境参与进行了反思，提出了学习即知识创造。学习即个体获得强调心智模式或图式在学习中的作用，但容易忽视社会情境对认知的作用。导致学习身陷认识悖论和遭遇价值困境。学习即情境参与关注学习的情境性和共同体的学习，强调学习者的参与。该理论认为知识是不可以独立于人而存在的，拒斥完全客观化的知识。但仍然存在迁移难题和学科内容消失难题。学习哲学针对学习即个体获得和学习即情境参与反思，提出学习即知识创造，是对信息时代网络化知识迅猛发展需要的回应。该理论认为人不仅是知识的消费者，而且是知识的创造者和建设者。学习，即知识创造不仅关注学习的个体维度和学习所在的共同体，同时还强调学习者协作创造出能够供大家共享的人造物，强调这些人造物在学习中的中介作用。从这样的维度来理解学习，学习就是人运用符号、概念、工具等人造物，通过实践、显性与隐性知识互动等中介过程，共同开发出活动客体的过程。

---

① 曾文婕：《学习哲学论》，北京：人民教育出版社，2017 年版，第 22-25 页。

学习哲学的第三个价值论认为学习可以让人获致福德。在学习功利化日益严重的背景下，学习获致福德的价值论可以拨开迷雾，让更深的价值重见天日。学习哲学对美德伦理学倡导福德一致、积极心理学确认福德一致、优良品德学学习诠释福德一致进行了反思性的总结分析。对于幸福的追求是人类永恒的追求，幸福的前提是德性。美德伦理学认为对个体提出德性要求就是在帮助人成为一个幸福的人。亚里士多德提出德性是幸福的前提，德性是构成幸福的最关键因素，德性力量的发挥可以使人达至幸福。① 积极心理学研究表明生活满意度和情感体验是构成幸福感的两个基本成分。幸福感与自尊也具有重要的相关性。② 发现人的优良品德可以提升学习者的幸福感，减少心理疾病和问题行为的发生。人的优良品德是可以通过学习进行培育和成长的，人的优良品德的提升和成长将会增强人内心的满足感和幸福感，限制欲望的膨胀。因此，学习可以实现获致福德的价值。幸福是一种内部实现的状态，而非指向外部无限物质欲望的满足，因此，向自身以外寻求幸福本身就是错误。人必须致力于提升自己内部修养，通过改善自己心智模式、感受和行动的方式让其更符合优良品德的标准，这样才能享有更幸福的生活。③

学习哲学的第四个价值论认为学习可以拯救生命，重视学习对人的生命价值实现和提升的功能。生活是琐碎和单调的，人通过学习才能从琐碎和单调中找到生活的方向和生命的意义。人如果不学习就只能陷入琐碎而单调的生活无法自拔，寻找不到生命的意义和价值，出现对家庭

---

① ［古希腊］亚里士多德：《尼各马可伦理学》，廖申白译，北京：商务印书馆，2003年版，第32页。

② Diener E，Diner M. Cross-cultural correlates of life satisfaction and self-esteem. *Journal of Personality and social Psychology* 68（1995）：653-663.

③ Ricard M. *Happiness：A guide to developing life's most important skill*（New York：Little，Brown & Company，2006），p. 33-35.

生活和工作生活的倦怠，丧失成长动力。学习可以让人体悟生命及生命价值实现的路径，让心胸变大、变开阔，让移情性理解更容易发生。学习可以让人身段变低，变得更谦虚，人只有谦虚了才能敞开自己的心扉，才能与别人和谐相处。同时，人只有学习才能限制自己的欲望，认知到自己生命价值是以成全他人来实现的。学习不仅拯救自己，同时也拯救众人。人类生命的拯救建基于每个人自我拯救。能主宰自己，主宰自己生活的人，才能真正地拯救他人，帮助他人。[①] 人要通过学习达到拯救自我的目的，具有以下几个路径：第一，自我觉悟，理解生命的本真和意义；第二，人和情境的交融；第三，导师指引；第四，对话激荡。学习的众人拯救强调以反省自身引发他人的自省。[②]

（二）学习哲学的活动论

学习哲学的活动论是对各种学习形态、学习内容、学习要素和评价指标的分析、反思和统整。对于学习形态的分析，学习哲学正视人与文化的整合。学习哲学认为人是持续生成的存在，人持续生成的过程就是与文化不断整合的过程，这个过程是人不断突破自身不足追求完满人生的过程，即学习的过程。学习哲学追求人与文化整合的学习形态，倡导文化学习。文化学习是指人作为个体在生命历程时空里，通过多种途径与整体性的文化实现“无限”整合，从而实现个体的生命存在，及其活动经由与文化的“无限”整合而获得“无限”优化。文化学习力求突破生活学习的自在性使之走向学习的自觉性，力求成就学习作为优化人的生命存在及其活动的主要价值。学习不仅仅是一种认识世界的方式，而且更是人在世上存在的方式。[③] 文化学习强调普遍的学习主体，

---

① ［法］加缪：《加缪全集：戏剧卷》，李玉民译，上海：上海译文出版社，2010 年版，第 748-749 页。

② 曾文婕：《学习哲学论》，北京：人民教育出版社，2017 年版，第 68-73 页。

③ 曾文婕：《学习哲学论》，北京：人民教育出版社，2017 年版，第 82-83 页。

学习的价值是优化每个人的生命。个体由自在的学习者变成自觉的学习者就会产生自觉的学习意识，拥有持续不断学习的意愿，明确的学习导向和目标，能主动寻找学习资源，同时克服学习困难，有意识地在一段时间内保持并运用所学习的内容。文化学习强调所有有利于个体生命优化的人类文化均可作为学习内容。强调多样化的学习方式，承认成人学习的自我导向性。

学习哲学从学习促人生提升和生命价值实现与提升的价值论视角出发提倡“虚”“实”共在的学习内容。在实用文化的强烈影响下，与“物”有关的学习内容备受青睐和重视，而与“道”有关的学习内容则被蒙尘。人不仅是物质性的存在，同时也是精神性的存在。人的精神存在与物质存在需要平衡协调的共在。当物质存在过重而缺少精神存在的时候，人就会出现危机和烦恼。只有认识自己的精神世界，才能不断地体验无限的可能，才能拥有真正的自我，从而成为一个健全并体会到幸福感的人。因此，学习哲学认为人的学习内容既需要日常生活中直接运用以谋生为目的的内容，也需要强调对人的精神完善和提升有用的内容。

学习哲学从整体出发，对学习所涉及的个体、社会、身体、认知、情感、技术等进行反思性和整合性分析，主张五元交互的学习要素。认为在人的学习活动中存在学习者个体、学习者所在的共同体、个体与共同体相互作用的人造物、学习者学习所依赖的技术中介和学习的情境五个要素。五个要素支撑起人的学习活动，缺一不可，且只有当以上五个要素以适宜的方式存在，相互之间发生协同联系之后，学习活动才是有效的。这些要素相互渗透、互为因果和相互作用。在个体的学习活动中，每个学习要素的结构与内容及各要素之间的相互关系都在不断变化。从这个视角看，学习变成充满生机和生命力的活动，学习者的学习生命力不断涌现，自身价值与力量不断展示出来，学习成为五要素交互共生的整体网络。①

学习哲学对人的学习的评价提出“创价”取向的观点，“创价”是指人通过判断而指导自己的行动，通过行动才能创造价值。这种观点认为价值不是已然存在和静止的对象，而是需要借助智慧指导行动将其创造出来，让其成为存在的对象。对学习的评价主要考察学习活动对学习者的需要，让人在学习活动过程中的成功表现最大化，不能仅是判断人的学习活动是否达到主流标准。学习哲学“创价”取向价值观彰显了评价的积极价值，是对人的过去进行评价，以压力和威胁来激发人动机的评价反思的结果。这种取向更关注学习者的未来，为学习者提供更多空间和希望，关注学习者的自我效能感和自信心。

（三）学习哲学的方法论

学习哲学方法论以澄清学习型社会建设和构建学本化的学习为目标，以提升学习者的学习意愿和动力为目标。主张以学习为本开发课程；以学习为本改进教学；以学习文本革新评估。这些方法均强调以学习者为中心，强调学习者的需要、学习者生命价值的实现和学习者的情感体验；强调学习文化与学习环境、学习平台与学习资源、学习评价与学习制度改革和完善对人学习的支持。

三、学习哲学对本研究的启示

学习哲学为幼儿教师专业成长动力研究提供了思维方式和研究视野，是本研究最核心的理论支撑。对本研究指导主要体现在以下两个方面：第一，学习哲学的反思性和整合性思维方式为研究提供了指导。本

① 曾文婕：《学习哲学论》，北京：人民教育出版社，2017 年版，第 127-128 页。

研究将采用反思性和整合性思维对学习与幼儿教师专业成长动力相互关系进行探究。第二，学习哲学的“重视价值追问”“强调整体关照”的宏观理路和由学习价值明晰到学习活动审视，再到学习方法革新的具体逻辑为本研究框架的确立提供思路。本研究将借鉴学习哲学的逻辑思路分别从学习提升幼儿教师专业成长的价值分析、幼儿教师具体学习活动与专业成长的动力关系分析和以学习提升幼儿教师专业成长动力方法改进三个方面展开研究。

第二节　罗杰斯人本主义哲学及其对本研究之启示

一、罗杰斯人本主义哲学的产生

（一）人本主义心理学的产生

卡尔·罗杰斯是人本主义心理学的重要代表人物。人本主义心理学于20世纪50年代在美国兴起，是以研究人的本性、潜能、经验和价值为基本内容，批判行为主义的机械环境决定论和精神分析的生物本能决定论。行为主义作为心理学的第三大势力，其产生有其特殊的社会、哲学、科学和心理学背景。第二次世界大战后，美国科学技术和经济水平均得到快速发展。但是美国又卷入越南战争，承受不起伤亡代价的美国人开始进行反战运动。美苏两个超级大国进行军备竞赛，种族歧视、青少年犯罪和吸毒等问题交织在一起，冲击着美国人的价值观和意义。面对片面个人主义和私欲的无限膨胀，传统的行为主义心理学和精神分析心理学束手无策，主张研究人的本性和尊严的人本主义心理学应运而生。①

人道主义、浪漫主义、存在主义为人本主义产生提供了哲学基础。人道主义反对压迫人性，主张人性解放，重视个人价值。浪漫主义重视人的非理性情感、直觉和本能在人的生活中的重要价值，主张从整体上研究人，主张人性本善。存在主义反对黑格尔的理性主义哲学，主张人的本真存在，重视人的自我超越和绝对自由，主张人生的目的是成为真正的自我。人本主义心理学和存在主义哲学基本精神类似，即研究对象均是个人的尊严和成长，重视人的主体体验、自由选择和责任。同时，人本主义也吸取了生物进化论、生态学、文化人类学、机体整体学等自然科学的研究成果。主张研究人应从人的内部本性出发，把生物有机体向上的成长趋势看作人自我实现的本性。为人的自我实现寻找本源性的生物学依据。人本主义心理学的产生同时也是对行为主义心理学和精神分析心理学批判反思的结果。②

（二）罗杰斯人本主义哲学的产生

罗杰斯是继马斯洛之后人本主义心理学的代表人物，美国应用心理学会创始人，在其心理学研究的早期主要从事问题儿童和儿童人格研究，创立来访者中心的心理学治疗方法。罗杰斯的主要代表作有 1954 年出版的《心理治疗和人格改变》、1959 年的《在来访者中心框架中发展出来的治疗、人格和人际关系理论》、1961 年的《个人形成论》、1973 年的《择偶：婚姻及其选择》、1977 年的《卡尔·罗杰斯论个人力量》、1980 年的《一种存在的方式》和 1983 年的《学习自由》。从其人生历程和代表作的先后顺序可以看出罗杰斯的研究经历了从科学心理

① 叶浩生：《心理学通史》，北京：北京师范大学出版社，2010 年版，第 344 页。

② 叶浩生：《心理学通史》，北京：北京师范大学出版社，2010 年版，第 345-347 页。

学到哲学心理学的转变。罗杰斯在其《论人的成长》一书自序中指出"我讨论的是一种观点、一种哲学、一种生活方式、一种存在的方式，这种方式适用于将成长作为目标的所有个人、小组和团体。"①

罗杰斯经由科学心理学研究转向哲学心理学研究有其特殊的因缘，首先，是罗杰斯个人人生学习经历。他经历了农业→历史→神学→教育哲学→心理辅导→实践心理学的学习，这些学习经历为罗杰斯关注、关怀和研究人的生命奠定了基础，且历史学、神学和教育哲学的学习为罗杰斯从整体上关怀人和研究生命埋下了种子。同时为罗杰斯从哲学层次上反思、提炼和总结自己具体的心理治疗方法和心理学研究取向奠定了基础。

其次，是罗杰斯作为人本主义心理学家的身份。作为一名人本主义心理学家，罗杰斯以存在主义尤其是存在主义先驱索伦·克尔凯郭尔（Soren Aabye Kierkegaard）的理论作为自己的哲学基础，担忧人的存在危机。人本主义心理学家的研究侧重点虽有不同，但均反对行为主义移植科学范式研究人客观的、可量化、可检验部分，忽视人的主观意识经验和情感。同时批判精神分析心理学基于生物性本能冲动的性恶论，忽视人性中善的部分的主张。② 人本主义心理学主张从动态的整体观研究人，从人性中的积极层面探寻人成长的源泉和机制。

再次，是心理学的发展呼唤哲学心理学的指引。心理学为人而生，是一门研究人的学问，但是心理学不能仅仅是门科学，而应该是关于全人类的哲学。二战后随着科学技术的迅猛发展，以量化、可验证和力求客观的科学研究方式成为心理学的主流，一味追求以微观世界的现象解释宏观的人的行为。认为只有实验室才能开展心理学研究，将心理学的

---

① ［美］卡尔·罗杰斯：《论人的成长》，石孟磊，邹丹，张瑶瑶译，北京：世界图书出版公司，2015 年版，第 2 页。

② 叶浩生：《心理学通史》，北京：北京师范大学出版社，2010 年版，第 347-354 页。

研究引向狭小的空间。这正如曾任国际心理科学联合会副主席、中国心理学会理事长的张侃所言："这种对人类自有文字记载以来主要的知识体系就并非来自实验室的视而不见的倾向，在心理学界泛滥，结果是除了实验室以外的心理学思想精华都被排斥了，更无法让这些精华在回答人类社会所面临的与心理学有关的重大问题方面发挥作用。"① 心理学成为"冷冰冰"的学科，失去了应有的温度。同时，多学科介入心理学研究，学科之间缺少交流，将心理学肢解的支离破碎。罗杰斯作为人本主义心理学的重要代表人物，在其学习与人生经历的奠基下，为了人类的存在，站在哲学的层次反思、批判和整合心理学研究的思想与行动自然产生。罗杰斯在《个人形成论》自序中说："我们的时代迫切需要根本性的知识来理解人际关系，需要切实有效的技能来处理人类的各种紧张冲突。如果我们不能在认识和化解个人之间，全体之间的冲突方面实现巨大的突破，日新月异的科学进展就很可能导致我们人类世界的全盘毁灭。"②

二、罗杰斯人本主义哲学的主要观点

（一）关于人性

罗杰斯与弗洛伊德（Sigmund Freud）都是以生物学基础作为人性论的逻辑起点。所不同的是，从生物学基础出发弗洛伊德抓住了人性中恶的成分，而罗杰斯却抓住了人性中善的或者说叫积极的部分。罗杰斯将人性中积极的自我实现趋势视为一种流动的过程，而不是静止不变

① ［美］卡尔·罗杰斯：《论人的成长》，石孟磊，邹丹，张瑶瑶译，北京：世界图书出版公司，2015 年版，第 2 页。

② ［美］卡尔·罗杰斯：《个人形成论》，杨广学，尤娜，潘福勤译，北京：中国人民大学出版社，2004 年版，第 10 页。

的。由此看来，学习哲学关于学习发展人性的观点与罗杰斯关于人性的观点基本一致。罗杰斯积极的人性观源于生物积极的生命定向。他认为任何种类、任何水平的生物，都有积极实现自我固有潜力的大量内部运动。人类也具有向更复杂、更完善方向发展的天然趋势。这种趋势被称为“实现倾向”（Actualizing Tendency）。所有的生物，不论是花朵、树木这些植物，还是蚯蚓、鸟儿、黑猩猩这些动物，或者是人，都要认识到生命非被动过程，而是主动的过程。生命的本质是无论刺激源于内部还是外部，生存环境有利还是不利，其生命行为都是朝着维持、加强和繁衍的方向发展。

罗杰斯认为生物是否朝向维持、加强和繁衍方向发展是辨别活着或者还是死亡的标志。生物的自我实现倾向可能受到挫折或扭曲，但是永远不会消失。他用地下室储物箱里的土豆举例，阴暗地下室储物柜里的土豆永远不可能像春天播种在土壤里的土豆一样正常成长。但是地下室的土豆也会发芽，且向着有阳关的地方生长。这些土豆永远不可能长成植物，更不会成熟，但仍然尽力去实现自己，只要生命在就不言放弃。罗杰斯认为生物总是在寻找和开拓，总是“有所企图”。这也是人类生物的一个集中能量源。这个能量源是整个生物的功能，可概括为实现与完善的倾向，有维持和提升的作用。① 由此可以推断出，每个人都有基本上积极的取向，这种取向是建设性的、朝向自我实现、朝向成熟成长和朝向社会化发展的趋势。② 人的这种自我实现的本性越得到充分发展，人就越是可以信任。

---

① ［美］卡尔·罗杰斯：《论人的成长》，石孟磊，邹丹，张瑶瑶译，北京：世界图书出版公司，2015 年版，第 90-94 页。

② ［美］卡尔·罗杰斯：《个人形成论》，杨广学，尤娜，潘福勤译，北京：中国人民大学出版社，2004 年版，第 24 页。

（二）关于人的成长

罗杰斯整个研究历程都在关注人的成长，尤其是20世纪60年代以后。但并未给人的成长做出明确的定义，美国医学博士彼得·克雷默（Peter Kramer）在为罗杰斯的著作《个人形成论》做导言时给出了明确的定义。他认为罗杰斯所谓的成长是指人朝向自我价值、灵活性、自尊与尊重他人的变化。① 由此可以看到，罗杰斯关于人的成长的定义是基于其生物积极定向的基础。对于人的成长可以从以下几个方面进行深入理解：第一，人的成长的过程是一种变化，是一个绵延流动的生命过程。这个绵延流动的变化过程赋予人生命丰富性、复杂性和无限的希望。第二，人的成长是一种积极变化，是在朝自我价值实现、更加灵活、更加自尊与尊重他人路上的持续变化。第三，人的成长是由现实状态向理想状态的持续变化。第四，人的成长指向的是自我与他人的综合体，既是人的自我价值的实现和自尊，同时指向他人价值实现和尊重他人，并将自我与他人价值实现、自尊与尊重他人有机融合。第五，人成长的动力源自人生命中本身就具有的自我实现的生命定向。但是，生命自我实现的积极定向受外部环境的影响，这种积极定向如果遭遇不良的环境其成长历程将会被扭曲。适宜的环境将促进人的生命自我实现的成长历程。

人既是自然人也是社会人，既是自我又是生活在社会集体中的我。对于人的自然属性和社会属性的关系一直是哲学、社会学、心理学等学科探讨的重点问题。罗杰斯对人的成长中的自我和社会关系的定位是有机整合的，他认为人越是成为自己就越是成为社会集体成员，人的自我属性发展越好，人的社会属性就越充分。“在一种十分真实的意义上

① ［美］卡尔·罗杰斯：《个人形成论》，杨广学，尤娜，潘福勤译，北京：中国人民大学出版社，2004年版，第1页。

说，每个人自己都是一个海岛；只有他首先乐意成为自己并得到容许成为他自己，他才能够同其他的海岛搭起桥梁。”① 最个人化的东西就是最普遍的东西，当把一个人最个性化的部分剖析出来，会发现这几乎是所有人类都存在的东西。

罗杰斯对以来访者为中心的治疗方法进行反思、总结和提炼形成了关于人成长的条件理论。人的成长的首要条件是成为自我。每个人来到世界上都是独一无二的完整个体，在人的生命的早期——学前儿童的世界中内部自我与外部自我是一致的。正是因为学前儿童的内部自我与外部自我一致，所以他们的世界充满真实、真诚、接纳、想象和希望，学前儿童能够接纳自己，同时也能接纳他人。或许内部自我与外部自我的协调一致是学前期成为人的一生中成长最快时期的原因之一。罗杰斯说：“我认为孩子更加真实，能做出无条件的积极关注，能直接的交流，能够共情，能通过想象与自发行为促进自我成长。这就像一个支持性团体，让孩子更清晰的意识并提升已有的能力，让他们在长大后进入抹杀这些特质的成人社会与文化中时，能够保持这些促进自我成长的特征。”② 随着人的社会性逐渐增加，人越来越成为他人眼中的自我，真正的自我逐渐隐藏在内心深处，被层层包裹。内部自我与外部自我的不协调、不一致将使人迷失，导致人的特有的成长历程被扭曲。所以成为自我，是人成长的前提条件。

罗杰斯认为“个人最想达到的目的，在有意和无意地追求的目标就是成为真实自我”③。成为自我要求个人必须接受内心深处的感觉体

---

① ［美］卡尔·罗杰斯：《个人形成论》，杨广学，尤娜，潘福勤译，北京：中国人民大学出版社，2004 年版，第 174 页。

② ［美］卡尔·罗杰斯：《论人的成长》，石孟磊，邹丹，张瑶瑶译，北京：世界图书出版公司，2015 年版，第 90-94 页。

③ ［美］卡尔·罗杰斯：《个人形成论》，杨广学，尤娜，潘福勤译，北京：中国人民大学出版社，2004 年版，第 100 页。

验，意味着去发现和实现存在于自身实际情感与行为反应之间的和谐统一与融洽无间；成为自我意味着去发现自身不断流动变化经验中潜在的秩序；成为自我意味着在个人经验中寻找真实的自我。成为自我可以让自己的经验更加开放，使个体以更加现实的态度对待新问题、新情境和新人。一个在成为自我的路上行进的人具有如下特征：对自身内部经验更加开放；信赖感增加；内部评价源形成并被接受；在生活中不断学习，积极主动地参与到一个流动的、前进的生命过程中，并从生命流动中不断地发现自己的自我成长。

罗杰斯认为人的成长需要外部环境支持，助益性的人际关系是人成长的必要条件。他对人成长的假设是：如果能为人的成长提供适宜的人际环境，个人就会在自己身上发现运用这种环境促进成长的能力，同时成长也就自然产生和流动。所谓助益性人际关系是指在人际交往中参与者希望对方或双方向成长、发展、成熟和机能改善积极的方向变化，使个体潜力和价值得到欣赏、表现和发挥。① 形成助益性的人际关系需要的第一个条件是真诚透明。真诚透明是人际关系的每个参与者在交往中用自己的语言和自己的行动表达自己内心深处的体验，这是首要条件。只有感受到真诚人际交往的各方才能打开心扉。第二个条件是接纳与欣赏。人际交往中无条件地接纳、承认和尊重每个人的自我价值，无论个人的态度是积极还是消极。在接纳、承认和尊重中人际交往的各方才能感受到温暖和安全。第三个条件是共情理解。只有接纳还不够，必须在接纳的基础上理解。只有设身处地地站在交往各方的视角理解其情感和意义，真正地接纳和尊重才会发生。②

---

① ［美］卡尔·罗杰斯：《个人形成论》，杨广学，尤娜，潘福勤译，北京：中国人民大学出版社，2004 年版，第 36 页。

② ［美］卡尔·罗杰斯：《个人形成论》，杨广学，尤娜，潘福勤译，北京：中国人民大学出版社，2004 年版，第 31–32 页。

在人际交往中当得到他人接纳和尊重时，个体往往会对自己更加关注；当个体得到共情式倾听时，能更准确地聆听自己丰富的内在真实体验；当个人更加理解与重视自己，自我与体验更加一致时，个体将会变得更加真实与真诚。这些倾向会使个体成为促进自我成长的有效强化者，将会使个体更自主地成为真正的人、完整的人。① 个体将会在意识以及更深的人格层面上，用一种更具建设性的、更为理智的应对生活的风格以及一种更社会化的、更令人满意的方式来重新组织自我。②

三、罗杰斯人本主义哲学的对本研究启示

罗杰斯人本主义哲学是对人本主义心理学的整合、提升和总结，它不仅仅是一种心理治疗方法，而且适用于所有个人、小组和团体的成长。据此可知，也适用于幼儿教师个人和幼儿园教师团队的成长。该理论对本研究的启示主要有以下几点：第一，从人性观上，相信每一个幼儿教师在专业上都有趋向不断自我实现、成熟和完善的生命定向。第二，在研究假设的确定上，本研究将研究假设确定为幼儿教师学习环境和专业成长环境是影响教师专业成长动力状况的主要因素之一。幼儿教师专业成长动力状况良好是因为遇到了有利于专业成长的学习环境；反之，幼儿教师专业成长动力状况不良是因为遇到了不利于专业成长的学习环境。第三，在价值取向上，将幼儿教师专业成长与幼儿教师专业价值实现和生命价值实现有机融合，正视学习促进幼儿教师专业价值实现和生命价值实现的价值。第四，在具体的研究中关注幼儿教师真实的学

① ［美］卡尔·罗杰斯：《论人的成长》，石孟磊，邹丹，张瑶瑶译，北京：世界图书出版公司，2015 年版，第 90 页。

② ［美］卡尔·罗杰斯：《个人形成论》，杨广学，尤娜，潘福勤译，北京：中国人民大学出版社，2004 年版，第 33 页。

习和专业成长方面的体验。

第三节 研究的核心概念界定

概念是人的大脑进行思维的元素，是通过抽象与概括揭示事物的本质属性。概念具有认识论的价值，可以通过概念界定达到对认识对象本质的界定。一个研究的核心概念要界定的是研究对象的本质。核心概念是整个研究中最基础的构筑单位。通过核心概念的界定可以使研究问题和研究对象获得明确，一个研究的研究对象明确程度直接关系到科学理论的发展程度。核心概念是对研究对象的语言表述，无核心概念的研究不是科学的研究。核心概念与核心概念关系的研究就是规律的探究，概念界定的准确程度标志着对研究对象的掌握程度和研究的理论水平。

一、学习与幼儿教师学习

（一）学 习

学习助推了人类的不断进步，同时也使个体得以保存和成长，学习是人类族群和人类个体不断成长与进步的源头动力。人类具有与生俱来的本能，但是不能只凭借本能追求生活的目的。单凭本能会导致生活盲目、随波逐流、虚度年华。人类必须通过学习先人的经验与思想和传统精神才能自我觉悟，理解人类的使命，明确生活的目标和道路。①

① ［德］第多斯惠：《德国教师培养指南》，袁一安译，北京：人民教育出版社，2018年版，第14-15页。

学习与人类生活息息相关、休戚与共，因此，谈论学习并不是一件简单的事情。正如霍尔（Hall）所说："人类是杰出的学习型生物。学习的欲望和性欲一样强烈，而且比性欲更早就开始有，持续时间更长。"心理学家、脑科学家、社会学家、教育学家、人类学家和哲学家对学习都有自己不同的见解。① 心理学学科对学习做出了明确的定义，彭聃龄认为学习是个体在一定情景下由于经验而产生的行为或行为潜能比较持久的变化。有机体只有通过学习才能在生活中保持个体内部与外部环境的平衡。② 陈琦和刘儒德赞同鲍威尔（Bower）和西尔格德（Hilgard）的观点，提出学习是个体在特定情境下由于反复练习或经验而产生的行为或行为潜能的比较持久的变化。③ 奥姆罗德（Ormrod）提出学习是经验所带来的心理表征或联结的长期变化。④ 黄希庭和郑涌认为学习是在经验的基础上形成的相对持久的行为或行为潜能的变化。⑤ 总结起来看，研究者关于学习概念的界定具有以下三个共同要素：第一，学习是在一定的情境下进行的；第二，学习是由经验所引起的；第三，学习是比较持久而非短暂的行为或行为潜能变化。

学习型组织之父彼得·圣吉（Peter M. Senge）认为人类学习的深层含义是心灵转变。学习涉及一种心灵的根本性转变或提升转化。真正的学习会触及人之为人的意义，人通过学习可以再造自身；可以开发自身的潜力，并让其彰显；可以获得重新认识世界的思维；可以让自己成

---

① ［法］安德烈·焦尔当：《学习的本质》，杭零译，上海：华东师范大学出版社，2015 年版，第 4 页。

② 彭聃龄：《普通心理学》，北京：北京师范大学出版社，2012 年版，第 534-535 页。

③ 陈琦，刘儒德：《当代教育心理学》，北京：北京师范大学出版社，2015 年版，第 110 页。

④ ［美］简妮·爱丽丝·奥姆罗德：《学习心理学》，汪玲，李燕平，廖凤林等译，北京：中国人民大学出版社，2017 年版，第 5 页。

⑤ 黄希庭，郑涌：《心理学导论》，北京：人民教育出版社，2015 年版，第 335 页。

为生命的成长和生发过程的一部分。①

（二）教师学习

教师学习是学习在教师这一特定职业的具体开展，但是由于教师这一职业是为了提升学习，在学习中展开的工作。因此，教师学习与其他职业相比又具有特殊的含义。总体来看已有关于教师学习内涵的研究还比较薄弱，处于日常话语阶段。② 已有研究者从不同的视野对教师学习内涵进行解释，从学习价值视角将已有研究对教师学习概念的理解概括为以下四种倾向：第一种是知识能力论，认为教师学习是基于经验的专业知识和专业能力的改变。第二种是实践改进论，认为教师学习是基于实践问题，持续不断改进问题的过程。第三种是文化改进论，认为教师学习是群体学习文化的改进和发展。③ 第四种是生命价值实现论，认为教师学习不同于任务型学习，是为了实现生命发展和自我更新的教师心灵的转向和生命意义的体悟。④⑤

（三）幼儿教师学习

本研究对幼儿教师学习的界定不是局限在描述幼儿教师学习的程序，而是把幼儿教师学习放在个人或社会炼制知识和调用知识的动力学中来考虑。本研究借鉴已有关于“学习”和“教师学习”的相关界定，

① ［美］彼得·圣吉《第五项修炼：学习型组织的艺术与实践》，张成林译，北京：中信出版社，2018 年版，第 15 页。

② 毛齐明：《国外“教师学习”研究领域的兴起与发展》，载《全球教育展望》，2010 年第 1 期，第 63 页。

③ 薄艳玲：《我国教师学习研究二十年回顾与反思》，载《河北师范大学学报（教育科学版）》，2014 年第 3 期，第 110 页。

④ 岳欣云：《生命型教师学习内涵及要求》，载《继续教育》，2008 年第 4 期，第 23 页。

⑤ 赵明仁，黄显华：《建构主义视野中教师学习解析》，载《教育研究》，2011 年第 2 期，第 83 页。

认为幼儿教师学习是幼儿教师在其职业情境下，为了职业价值和生命价值实现经由经验所引起的心理表征或联结朝向正向且积极的比较持久的变化。学习对于幼儿教师而言，是促使专业价值和生命价值实现的源动力和根本途径。幼儿教师的学习生活与教育生活和除二者以外的日常生活有机构成幼儿教师生活的整体，三者密不可分。幼儿教师正是在生活中通过自己的学习不断实现专业价值和生命价值。可以从以下五个方面深入理解幼儿教师学习的概念：

第一，幼儿教师作为一个职业具有具体的情境，这个情境对幼儿教师学习做了一定的限定。这个具体的职业情境就是幼儿教师的身份，幼儿教师身份决定幼儿教师学习与成长的需要和责任。幼儿教师身份由文化所赋予的天赋身份，幼儿教师自身所理解的自赋身份和社会所要求的社赋身份构成。第二，幼儿教师学习的最终目的是生命价值的实现，生命价值的实现需要借助职业价值的实现来进行，幼儿教师只有通过学习让自己在专业理念与师德、专业知识、专业能力方面不断提升才能实现自己的职业价值，体验职业成就感和幸福感。这样幼儿教师职业生活和日常生活、物质生活和精神生活才能有机融合，从而实现自己的生命价值。第三，幼儿教师学习的表现是心理表征或联结朝向积极的比较持久的变化。学习表现可以是幼儿教师具体行为的持久变化，也可以是思想、观念、知识体系等的变化。这种变化应是朝向正向且积极的变化，朝向负向且消极的变化不属于教师学习的范畴。第四，幼儿教师学习所产生的变化是由现实状态向理想状态的流动。准确认知现实和建立个人愿景，在两者之间形成创造性张力是幼儿教师学习的重要条件。第五，幼儿教师学习所出现的变化是经由经验引起的。这里的经验可以是幼儿教师与书本互动产生的经验，也可以是幼儿教师在具体的职业生活中与幼儿、家长、同事和环境等要素互动所产生的经验。

二、幼儿教师专业发展与教师专业成长

（一）发 展

《现代汉语辞海》将“发展”界定为“事物由小到大、由简单到复杂、由低级到高级的变化”①。不同学科对“发展”概念的界定具有不同特点，在哲学中“发展”是前进的、上升的运动，实质是新事物的产生和旧事物的灭亡。② 在心理学中一般从广义和狭义两个维度界定“发展”。广义的发展是指有机体从出生到成熟直至衰老的整个生命全程中生理和心理变化的顺序。狭义发展指的是从出生到青春期身心变化的顺序。③ 安妮塔·伍尔福克（Anita Woolfolk）认为心理学中的发展是指人类或动物从受精卵开始直至死亡这一过程中按照顺序所发生且持续一段时间的变化。④

（二）教师专业发展

朱旭东、周钧对教师专业发展研究进行了述评，总结了已有关于教师专业发展概念的有代表性观点。认为对教师专业发展概念的界定主要有三个维度：其一，从教师个人的角度将教师专业发展界定为通过系统努力促使教师的专业实践、专业信念和专业理解发生改变。⑤ 其二，从

① 现代汉语辞海编委会：《现代汉语辞海（最新修订版）》，北京：中国书籍出版社，2011 年版，第 275 页。

② 编写组：《马克思主义基本原理概论》，北京：高等教育出版社，2015 年版，第 36 页。

③ 黄希庭：《心理学基础》，上海：华东师范大学出版社，2008 年版，第 76 页。

④ ［美］安妮塔·伍尔福克：《教育心理学》，伍新春译，北京：机械工业出版社，2018 年版，第 21 页。

⑤ Griffin G. *Introduction*：*the work of staffde develop men*（Chicago：The University of Chicago Press，1983），p. 2.

群体的角度将教师专业发展界定为教师作为一个职业群体专业化的过程。其三，从社会学的角度对教师专业发展进行多维度的界定。功能主义关注教师学习，认为教师专业发展是教师通过学习获得履行教育教学功能的知识、能力和职业道德；解释社会学关注教师个人对教师职业的适应，认为教师专业发展是教师成为专业人士并具备履行角色在认知、情感和行为方面的变化过程；① 符号互动理论关注教师专业发展的长期性，认为教师专业发展的过程就是学习的过程，应贯穿整个职业生涯；② 批判理论关注教师的角色和自主意识，认为教师不是接受知识和技能灌输的容器，教师专业发展是个人或与他人互动、合作不断学习优化专业思想、知识、技能和情感智能的过程。③ 卢乃桂、钟亚妮总结了社会学各种理论视野对教师专业发展的界定，指出社会学视野下的教师专业发展是教师在其职业生涯中通过学习与反思不断成长，从而趋向成熟的过程。④ 总体来看，教师专业发展概念的界定出现了从关注专业发展结果到关注专业发展过程，再到关注专业发展目的的转变。⑤

在英语中“发展”具有一定的被动意蕴，意为发展某事、某人或某物。因此，一些学者将教师专业发展理解为教师参加相关部门为教师专门设计出来的，目的在于促进教师新理念、新技能和能力提升的课程、培训项目、工作坊等活动。⑥ 加拿大学者依斯顿（Easton）提出教

---

① Lacey C. *Professional socialization of teachers* (Oxford: Pergamon Press, 1987), p. 634.

② Collinson V, Yumiko O. The Professional Development of Teachers in the United States and Japan. *European Journal of teacher Education* 24 (2001): 223- 248.

③ Day C. *Developing Teachers: The Challenge of Lifelong Learning* (London: Falmer Press, 1999), p. 9.

④ 卢乃桂，钟亚妮：《国际视野中的教师专业发展》，载《比较教育研究》，2006 年第 2 期，第 71-76 页。

⑤ 朱旭东，周钧：《教师专业发展研究述评》，载《比较教育研究》，2007 年第 1 期，第 68 页。

⑥ Retallick J. Teachers' Workplace Learning: Towards Legitimation and Accreditation. *Teachers and Teaching* 5 (1999): 33-50.

师专业发展强调的是教师被发展，教师本应该是主动的学习者和发展者，结果却成了被发展者。为了更好地变革，教师必须成为学习者和自我发展者。① 国际教师教育变革研究领域的权威迈克尔·富兰（Michael Fullan）认为，只靠外界知识培训来促使教育变革的力量是有限的，是不具体的，是无法持续的。基于此，他甚至提出教师专业发展这个概念是发展教师学习的主要阻力，应放弃教师专业发展这个概念。②

（三）幼儿教师专业成长

《现代汉语辞海》认为“成长”具有两层意思，其一“生长而成熟；长成”；其二“向成熟阶段的发展；生长”。③ 美国人本主义心理学家罗杰斯认为成长是指朝向自我价值、灵活性、自尊与尊重他人的变化。罗杰斯相信个体都有自我实现的趋势——一种内在的朝向成长和完善的倾向。基于对人类和其他生物的基本信任，提出无论是何种水平的生物，都会有积极实现自己固有潜力的大量内部运动。它可被简单概括为实现与完善的倾向，不仅有维持作用，还有提升作用。通过上面的分析可以看出“教师专业发展”与“教师专业成长”所界定的都是教师作为一个专业人在专业素养方面的积极变化，其概念内涵所界定的本质并无太大差异。但“教师专业发展”侧重从教师的社赋身份和天赋身份界定教师专业的正向变化，强调教师职业所在的外部社会和文化对教师专业的要求和期待。这正如部分国外学者所提出的教师专业发展具有一定的被动意义。“教师专业成长”侧重从教师自赋身份界定教师专业

① Easton L B. From Professional Development to Professional Learning. *Phi Delta Kappan* 89 (2008): 755-759, 761.

② Fullan M. Change the Terms for Teacher Learning. *National Staff Development Council* 28 (2007): 35-36.

③ 现代汉语辞海编委会：《现代汉语辞海》，北京：中国书籍出版社，2011 年版，第 142 页。

积极变化，强调教师作为人的自我价值实现，重视以自赋身份调和和整合社赋身份和天赋身份。所以，本研究用“教师专业成长”而不用“教师专业发展”。本研究中的幼儿教师专业成长是指幼儿园教师作为主体的人，在专业理念与师德、专业知识和专业能力等专业素养方面逐渐趋向成熟从而实现专业价值和生命价值的过程。

三、动机与动力

（一）动　机

《现代汉语辞海》将“动机”界定为“推动人从事某种行为的念头”①。“动机”是心理学的核心概念之一，不同的研究者对动机的界定不完全相同，国外学者如佩特里（Petri）认为动机是指引人的行为开始、维持、导向和结束的动力。休斯顿（Houston）认为动机是引发和指导行为的因素，且可以决定人行为的强弱以及持久性的因素。韦纳（Weiner）认为动机构成了人类大部分行为的基础。② 国内学者如黄希庭认为动机是个体行为的动力，是激发行为，驱使个体趋近目标的动力过程。③ 彭聃龄提出动机（Motivation）来源于拉丁语 movere，本意为趋向于（to move）。是一个概括性的术语，它是对一切引起、支配和维持生理和心理活动的内部过程的概括。④

（二）动　力

《说文解字》分别将“动”和“力”解释为：“动”会意兼形声

① 现代汉语辞海编委会：《现代汉语辞海》，北京：中国书籍出版社，2011 年版，第 246 页。

② 彭聃龄：《普通心理学》，北京：北京师范大学出版社，2012 年版，第 369 页。

③ 黄希庭：《心理学基础》，上海：华东师范大学出版社，2008 年版，第 199 页。

④ 彭聃龄：《普通心理学》，北京：北京师范大学出版社，2012 年版，第 368 页。

字，作也，从力，重声，起身行动。原义是改变事物原来的位置或者状态。例如“风吹草动”“流动”。又指使事物原来的位置或者状态改变。由原义延伸指为实现某种目的而行动、活动。“动”又指开始采取行动。①“力”，筋也，像人筋之形。治功曰力，能圉大灭。凡力之属皆从力。力，肌肉张缩的功用。似人的筋肉纵横鼓起的形状。能使天下大治的功劳叫力，能抵御大的灾难。凡是力的部属全部从力。“力”的原义是执耒耕作。执耒耕作需要花费力气，所以延伸成力量。“力”也指能力。还可以延伸成武力、权力。②《现代汉语辞海》提出“动”具有以下五个方面的意蕴：第一，改变原来的位置或状态。第二，动作。第三，使用。第四，情感起反应。第五，动不动、常常。③“力”具有以下三个方面的意思：第一，改变物体运动状态的作用叫作力。力有三个要素，即力的大小、方向和作用点。第二，力量；能力。第三，尽力；努力。④“动力”的基本含义是使机械做功的各种作用力。比喻推动工作、事业等前进和发展的力量。⑤

（三）动机与动力辨析

关于“动机”与“动力”的异同，有研究者认为动机是内部动力，将动机视为动力的一部分。例如，宾特里奇（Pintrich）和什克（Schunk）认为动机是引导、激发和维持人活动的内部心理历程或内在动力，它主要受个体目标影响和行为对象影响。⑥伍德沃斯

---

① 许慎：《说文解字》（第一册），北京：线装书局，2014年版，第267-268页。
② 许慎：《说文解字》（第一册），北京：线装书局，2014年版，第259-260页。
③ 现代汉语辞海编委会：《现代汉语辞海》，北京：中国书籍出版社，2011年版，第246页。
④ 现代汉语辞海编委会：《现代汉语辞海》，北京：中国书籍出版社，2011年版，第661页。
⑤ 现代汉语辞海编委会：《现代汉语辞海》，北京：中国书籍出版社，2011年版，第246页。
⑥ 彭聃龄：《普通心理学》，北京：北京师范大学出版社，2012年版，第369页。

(Woodworth)也认为动机是决定个体行为的内在动力。① 有研究者将“动机”与“动力”交叉使用，例如黄希庭和郑涌提出动机是激发和维持个体进行活动，并导致该活动朝向某一目标的心理倾向和动力。② 有研究者认为心理学理论中的行为动力理论是研究人的行为如何被推动和维持的理论。提出“需要”是一切行为动力产生的源泉，但需要只有转化为动机才能成为现实的行为动力。一般把一切引起、支配和维持个体行为的因素统称为行为动力。个体的行为动力是一个复杂的系统。③

（四）教师专业发展动力

李森、崔友兴、朱陶、丁杰认为教师专业发展动力是推动教师在专业知识、专业技能、专业行为和教育情感等方面不断更新和发展的各种力量的总和。④⑤⑥ 朱陶进一步明确了教师专业发展动力的外延和内涵，指出从外延上看教师专业发展动力具有动态性和广泛性，是诸多力量的综合；从内涵上看是指推动教师专业发展的正向力，负向力不属于教师专业发展的动力。⑦ 李竹青提出教师专业发展动力是指推动教师不断自我提升和实现自身专业化的力。⑧ 胡婷将教师专业发展动力界定为特指

---

① 叶奕乾，何存道，梁宁建：《普通心理学》，上海：华东师范大学出版社，2010 年版，第 273 页。

② 黄希庭，郑涌：《心理学导论》，北京：人民教育出版社，2015 年版，第 202 页。

③ 姚本先：《心理学》，北京：高等教育出版社，2009 年版，第 138-142 页。

④ 李森，崔友兴：《论教师专业发展动力的系统建构和机制探析》，载《教育理论与实践》，2013 年第 4 期，第 33 页。

⑤ 朱陶：《论教师专业发展动力生成路径》，载《宁夏社会科学》，2013 年第 3 期，第 158 页。

⑥ 丁杰：《教师专业发展需厘清的几个问题》，载《上海教育科研》，2018 年第 9 期，第 1 页。

⑦ 朱陶：《论教师专业发展动力生成路径》，载《宁夏社会科学》，2013 年第 3 期，第 158 页。

⑧ 李竹青：《农村初中教师专业发展动力调查研究及分析》，哈尔滨：哈尔滨师范大学，2017 年，第 9 页。

被教师自身意识到的促使其采取行动提升自身专业素养以实现自我专业发展的影响因素。① 刘川指出教师专业发展的动力不仅是一种简单的力量，而且还是教师价值观和道德观的体现。②

（五）幼儿教师专业成长动力

综合上述分析，本研究之所以用“动力”而不用“动机”是因为“动机”更强调个体性和内在性，强调个体行为引发、维持和运行的内部心理过程。而“动力”更强调系统性，是对促使人做出行为的各种要素之间的相互关系的阐述，比动机更深层次、更系统。本研究所指的“幼儿教师专业成长动力”是指推动幼儿教师专业理念与师德、专业知识和专业能力等方面专业素养不断由现实状态向理想状态流动和变化的力量系统。可以从以下几个方面深入理解该概念：第一，由于本研究是从“学习”的视野研究幼儿教师专业成长动力，因此主要考察幼儿教师学习对其专业素养由现实状态向理想状态变化的推动。第二，教师专业成长动力是一个由内部动力和外部动力构成的系统。第三，学习视野下的幼儿教师专业成长动力强调的是幼儿教师的内心由封闭转向开放，由僵化转向灵活，由静止转向流动。

---

① 胡婷：《小学教师专业发展内在动力的跨个案研究》，成都：四川师范大学，2010年，第13页。

② 刘川：《回归人本 发掘教师的动力之源》，载《教育科学论坛》，2012年第6期，第65页。

第三章

学习视野下幼儿教师专业成长动力调查结果

在教育研究发展的历程中出现了定性研究、定量研究和混合研究三种主要的研究范式或方法。20 世纪 80 年代，一些研究者认为定量研究与定性研究不相容，二者只能选其一。“主要原因在于他们不能认识到有创造性地、考虑周全地将假设、思想和方法混合起来是非常有益的，是能产生第三种范式的。思想和方法的混合从古至今一直存在，因为混合或结合建立在我们所知的基础上，并提供了思考和研究这个世界的新方法。”① 从 20 世纪 90 年代起，有研究者开始倡导实用主义观点，认为在研究中应混合使用定性研究和定量研究。因为定性研究和定量研究各有特点，各有优势和劣势。本研究的目的在于探究幼儿教师学习与专业成长动力之间关系，既需要用大数据说明二者之间的关系，也需要对有代表性的研究对象的学习与专业成长动力关系进行深度剖析。因此，本研究采用定性与定量相混合的方法进行研究。

① ［美］伯克·约翰逊，拉里·克里斯滕森：《教育研究：定量、定性和混合研究方法》，马健生等译，重庆：重庆大学出版社，2015 年版，第 31 页。

第一节 访谈法设计及调查结果

一、访谈法设计

访谈是一种研究性谈话，是研究者有目的、有计划、有规则地通过口头谈话的方式从研究对象那里获取第一手资料的一种方法。访谈法是社会科学研究中被广泛使用的研究方法，因为社会科学研究涉及人的理念、意义建构和语言表达。① 访谈法按照研究者对访谈结构的控制程度分为结构型访谈、半结构型访谈和无结构型访谈。② 巴顿将访谈法分为非正式的谈话式访谈、访谈提纲或主题取向访谈和标准化的开放访谈三种。③ 本研究在正式研究中采用的是结构型标准化访谈。研究者利用前期访谈和查阅文献设计好的访谈结构和具体的问题进行访谈，在整个研究中研究者对访谈走向和步骤起主导作用，对所有访谈对象都是按照同样的访谈问题和程序进行访谈。

本研究所使用的访谈提纲的结构和问题是在前期半结构化访谈、已有相关文献和本研究的理论基础三者结合的基础上确定的。访谈结构由基本信息、专业背景、学历层次、培训、比赛、课题研究、园本教研、学习认知与行为、工作积极性、从业初衷与职业幸福感、专业成长认知

---

① 陈向明：《质的研究方法与社会科学研究》，北京：教育科学出版社，2018 年版，第 165 页。

② 陈向明：《质的研究方法与社会科学研究》，北京：教育科学出版社，2018 年版，第 171 页。

③ ［美］凯瑟琳·马歇尔，格雷琴·B. 罗斯曼：《设计质性研究：有效研究计划的全程指导》，何江穗译，重庆：重庆大学出版社，2015 年版，第 175 页。

等维度构成。主要通过职称、职务、教龄、学历层次、职前所学专业等探究幼儿教师自身学习基础与专业成长动力的关系。通过培训、比赛、课题研究、园本教研、学习认知与行为、工作积极性、专业成长认知、从业初衷与职业幸福感等探究幼儿教师学习需求、学习动机、学习成就、学习外部支持等与专业成长动力之间的关系。

本研究采用目的性最大差异抽样的方式确定研究对象，因本研究的目的是探究学习与幼儿教师专业成长动力的关系，尤其是探究专业成长动力充足的幼儿教师学习与专业成长动力的关系，从而为更多的幼儿教师通过学习提升专业成长动力，实现专业成长提供借鉴。因此，本研究所选研究对象既有专业成长动力充足的幼儿教师，也有专业专业动力不足的幼儿教师。幼儿教师学习与专业成长动力均受所在幼儿园环境的影响，因此，本研究选取办园性质不同，园所文化环境不同，幼儿园所在位置不同的 A、B、C 三所幼儿园里面的 6 名教师作为访谈对象。

A 幼儿园概况：幼儿园位于 C 市（直辖市）Y 区乡镇上，2010 年从小学独立办园，是 Y 区第一所乡镇独立公办幼儿园，唯一一所位于乡镇的一级幼儿园。现有教职员工 48 人，其中在编教师 21 人，非在编 27 人。新园区为 Y 区办园硬件最好的乡镇幼儿园之一。现有在园幼儿 480 名，13 个班级。该幼儿园被公认为 Y 区乡镇中心幼儿园的“领头羊”，幼儿园管理者具有以人为本的管理理念，形成了良好的文化氛围，教师改革和自我提升的主动性较强。承担过 C 市和 Y 区学前教育教研会。

B 幼儿园概况：幼儿园位于 C 市（直辖市）Y 区新城区，是 Y 区办园规模最大的一所集团化民办幼儿园，一级幼儿园。现有四个园区，最早的园区成立于 2007 年。现有教师 170 余人，47 个班级，近 2000 名幼儿。其中研究者所研究的这个园区成立于 2017 年，是四个园区中办园设施（研究者认为园所物质环境是 Y 区最好的）和师资最好的，被定位为引领集团其他园区改革发展的高端园。现有 38 名幼儿教师，9 个班级，在园幼儿 214 名。

C 幼儿园概况：幼儿园位于 C 市（直辖市）Y 区老城区，是 Y 区城区唯一一所独立公办幼儿园，也是 Y 区唯一一所市级示范幼儿园。创建于 1945 年。现有 3 个园区，教师 90 余名，在园幼儿 600 余名，18 个班。师资力量雄厚，是 Y 区师资力量最强的幼儿园。该幼儿园师资队伍主要由 20 世纪 80 年代、90 年代的幼师，2000—2010 年的大专和 2010 年以后的本科学前教育专业毕业生构成。近五年，师资来源主要是北京师范大学、西南大学的免费师范生。该幼儿园师资队伍专业素养相比 Y 区内其他幼儿园为高，且具有明显优势。但由于管理者侧重行政命令式管理，幼儿教师自主性较少。该幼儿园改革和发展遇到很大阻力，幼儿教师改革和自我提升的动力相对较弱。

表 3.1 访谈对象基本信息

编号	性别	年龄	教龄	职称	职务	第一学历所学专业	最后学历所学专业	所在幼儿园性质	所在幼儿园级别
A1	女	44	26	一级	园长	中专 小学教育	大专 汉语言教育	公办	一级
A2	女	35	9	二级	保教主任	大专 英语教育	本科 学前教育	公办	一级
B1	女	28	6	一级	园长	大专 语文教育	本科 学前教育	民办	一级

续 表

编号	性别	年龄	教龄	职称	职务	第一学历所学专业	最后学历所学专业	所在幼儿园性质	所在幼儿园级别
B2	女	24	4	二级	教研组长	大专 学前教育	本科 学前教育	民办	一级
C1	女	40	22	一级	保教主任	中专 幼儿教育	本科 英语教育	公办	一级示范
C2	女	33	9	二级	班主任	本科 学前教育	本科 学前教育	公办	一级示范

著者用提前做好的访谈提纲与被访者商定时间，进行结构化标准访谈。访谈主要以访谈提纲中的问题为主，但研究者并不完全局限于访谈提纲，而是根据访谈对象的回答，敏锐地捕捉有价值的信息，并进行追问。访谈过程中经被访者同意用录音笔记录全过程，辅之以签字笔将核心关键词记录在访谈提纲相应位置。访谈结束后用“讯飞听见”将录音转成文字。著者通过听录音对软件转化的文字进行逐一校准，这个过程采取客观忠实的原则，尊重录音中被访者的原话，将多余和重复的语句删除。对访谈所搜集的资料采用开放编码、主轴编码和选择编码三级编码的方式进行分析。编码分析过程中涉及“编码”“类属”“属性”“维度”四个核心概念，特做如下解释：“编码”是从访谈的原始资料中提取概念，并在属性和维度上发展这些概念。“类属”是更高层次的概念，分析者将低层次的概念根据共同的属性组织在一起置于其下。有时候被称为是主题。代表相关的现象，让分析者能够归纳与合并资料。“属性”是界定和描述概念的特征。“维度”是概念属性中的变化形式，它们赋予概念以特殊性及其变化范围。①

① ［美］朱丽叶·M. 科宾，安塞尔姆·L. 施特劳斯：《质性研究的基础：形成扎根理论的程序与方法》，朱光明译，重庆：重庆大学出版社，2016 年版，第 169 页。

二、访谈调查结果呈现

(一) 幼儿教师专业基础与专业成长动力

幼儿教师的专业基础在其专业成长中起着奠基作用，其中是否学前教育专业毕业和学历层次是幼儿教师专业基础的重要组成部分。研究者对是否学前教育专业毕业、学历层次与幼儿教师专业成长动力的关系进行访谈，对访谈材料进行三级编码如下：

1. 幼儿教师是否学前教育专业毕业与专业成长动力的关系

表 3.2　是否学前教育专业毕业与专业成长动力访谈结果三级编码

一级开放编码	A1：幼儿教师自身的认识；学前教育专业毕业的专业成长的积极性与主动性与非学前教育专业毕业的是不一样的；从面上来看，本专业毕业的优于非本专业毕业的；从个体上来看，二者不成正比；从个体上看，主要看幼儿教师自身的内驱力；长期的自我专业书籍阅读，在实践与反思中就会凸显出来；从起点上来看，本专业毕业要高一些；后期发展与职业的认同和热爱、内心的需求、等密切相关。 A2：专业度；上手很快；专业技能上；很努力。 B1：基础；知识体系；没有太大的必然的联系和影响；学习动机她是自己内化，想学这个东西，并不是说她是这个专业，她对自己的人生规划；她想要的、想获取的认同感和价值感和在大学想象的不一样；有终身学习的意识。 B2：专业出身的老师，更了解孩子一些；非专业的在没有理论支撑的情况下，她跟孩子沟通的时候，可能就存在一些比较大一点的问题；如果热爱这一行，她依然还是会很专心地去学，很愿意在工作的态度各方面积极的表现出来。 C1：基础；起点；自己愿意去学，愿意去在专业上有所研究；师德；负责任的老师；这种环境和她自身的一些内需，或者是她的价值观，她的教育观都有影响。 C2：最开始应该还是有一部分是不同的；愿意去学；愿意思考；影响不是特别大；看他自己的个人主动性；自己希望。

续 表

	类 属	属 性	维 度
二级轴心编码	专业成长动力	积极程度 主动程度	积极—消极 主动—被动
	是否专业出身	专业理念 专业知识 专业能力	专业—非专业 专业—非专业 专业—非专业
	专业出身作用	面上 个体 时间上 知识	高—低 成正比—不成正比 入职—后期 系统—零散
	关键因素	内驱力 职业认同 职业热爱 内心需求 激励机制 学习动机 学习意识 责任感 环境	高—低 高—低 高—低 高—低 有用—无用 主动—被动 终身—阶段 强—弱 有利—不利
三级选择编码	核心类属：专业成长动力 因果条件：是否专业出身；教师内驱力；教师主动学习；外部激励机制		

通过三级编码分析可以得出如下结论：幼儿教师是否专业出身与其专业成长动力的关系在面上和个体上是不同的。在面上，学前教育专业毕业的教师积极性与主动性总体优于非学前教育专业毕业的教师。从时间上来看，入职初期学前教育专业毕业的幼儿教师具有一定的优势，表现为专业知识更具体些。幼儿教师是否学前教育专业毕业对其专业成长动力不起决定作用。幼儿教师自己的教育信仰、职业信仰、对职业的热爱、责任感、主动学习的意识与行为、专业成长的内在需求和科学的外

部激励机制、良好的幼儿园人际环境等对其专业成长动力起决定作用。

2. 幼儿教师学历层次与专业成长动力的关系

表 3.3　学历层次与专业成长动力访谈结果三级编码

<table>
<tr><td>一级开放编码</td><td colspan="3">A1：幼儿教师学历层次对其专业成长的积极性与主动性有影响；但不是很大；能力强一些；自信心强一些；梳理出怎么做；执行力较强；花更多的时间；很淡定，觉得没什么；表现出焦虑；寻求帮助；加班。
A2：学历对幼儿教师专业成长有影响；好学；责任感；学历对幼儿园教师专业成长的积极性与主动性我觉得应该没有影响。
B1：文化底蕴，这个太重要了；修养；学历稍微低点的，肯定当时成长的过程中积极性与主动性就不是很强；学习意识和对自身的要求。
B2：对孩子的影响来说要大一些；自己对孩子的一个看法；带孩子的行为；理论知识要强一些，更了解孩子一些；沟通起来可能适应的更快一些；个人观念；行业观念。
C1：理论上；做课题、做研究上面，可能有一些优势；更了解孩子，解读孩子的更准确；爱；责任。
C2：研究这块或者理论这块稍微多一点；播下了种子；大家的一种评价；氛围；愿意去学，愿意成长；年龄。</td></tr>
<tr><td rowspan="4">二级轴心编码</td><td>类　属</td><td>属　性</td><td>维　度</td></tr>
<tr><td>专业成长动力</td><td>积极程度
主动程度</td><td>积极—消极
主动—被动</td></tr>
<tr><td>学历层次</td><td>综合素质
能力
自信心
情绪
专业
学习意识
自身要求
思维
学校氛围</td><td>高—低
高—低
强—弱
淡定—焦虑
强—弱
强—弱
高—低
深—浅
积极—消极</td></tr>
<tr><td>关键因素</td><td>寻求帮助
加班
学习
责任感
制度
从业观念
职业
他人期望</td><td>主动—不主动
加—不加
积极—消极
强—弱
有利—不利
积极—消极
爱—不爱
高—低</td></tr>
</table>

续 表

三级选择编码	核心类属：专业成长动力 因果条件：学历层次；自我主动性

通过三级编码分析得出如下结论：学历对幼儿教师专业成长的积极性与主动性有一定的影响，表现为学历高的幼儿教师综合素质相对较高，具体表现为自信心、对问题的分析能力和执行力相对较强；理论知识相对更系统；思维的深度相对较好；学习意识相对较强；自我要求相对较高；读书期间的学校氛围更积极等。幼儿教师的学历层次对其专业成长动力不起决定作用。幼儿教师学习需求与意愿、积极的从业观念、对职业的爱、责任感、专业成长的需要与行为、有利于专业成长的管理制度等对其专业成长动力起决定作用。

（二）幼儿教师学习与专业成长动力

幼儿教师是通过学习和幼儿教育实践实现自己的专业成长，幼儿教师的学习生活、工作生活与专业成长密不可分、相互影响。幼儿教师持续学习的目的在于改进教育实践和实现自我专业成长，教育实践改进和专业成长的过程就是幼儿教师学习的过程。幼儿教师的学习途径主要有培训、参加比赛、主持或参与课题研究、教研活动和阅读书籍等几条。著者对这几个方面与专业成长动力的关系进行访谈，结果如下：

1. 幼儿教师培训学习与专业成长动力的关系

表 3.4 幼儿教师培训学习与专业成长动力访谈结果三级编码

一级开放编码	A1：参加培训基于工作需要；自我业务提升的需要；培训对专业成长的作用：第一个是思想的引领与理念的更新；第二个是知识技能的学习，对例如核心经验之类的知识形成系统的认识；下一步要走四个平衡；老师要有两把尺子；下学期教育重点；是警醒；专业引导；更重要的是行动；第三就是操作层面；课题研讨；但是我没有做到。因为现在说实话，真的七七八八的事情太多了，真的不能够静下心来做；培训还有一个它就是增长见识，当然还可以接触到很多这种优秀的人；不是一种满足，而是一种恐慌感；目的是什么；理论上去寻求答案；不然做得越多，可能错得越多。 A2：理念性东西一下它会深入到你的脑海里，然后就会对之后的一些工作指引方向，它就会有一种触动；恍然大悟；觉得自己做得太不够；反思；指导自己的差距；马上就改变了我们自己的一些做法。 B1：两年至少不低于 50 次；最开始集团领导会安排，自己想去学习；终身学习的理念；做好榜样、模范；教育观、儿童观、课程观；让自己学会分享；内心有一种渴求想获得更多东西，更多的专业知识；渴望跟他们进行对话；最近发展区；自己有这个驱动和学习的动机在，有内驱力；带着一个空悲的心态外出学习；我就会觉得很有成就感；可能成就感就是一种幸福感的来源；更系统一些、更具体一些；意犹未尽；需要这种长时间的，从各个块面、各个需要的点去推动和学习。 B2：主动的意愿的情况下，幼儿园委派；想获得一些专业技能上的提升；观念上的影响；实质在操作的部分影响还比较少；知识体系有提升；我想要的那种更少一些；理论的要多一些，落地的还没有到很好的一个地方；每一次学习完之后的一个月，都类似于打鸡血，想要在自身的方面做很多的突破，在对与孩子交往中做很多的突破；更愿意去做；实践式。 C1：最近两年我参加的培训还比较少一些了；园长基本上不会派我去；想参加培训，自己想提升；评职称；我觉得实用性不大；幼儿园硬派的任务；宏观的层面上，它对我的这种理念有一个指导；找到了这种根源，而且知道自己要努力的方向；一种引领；要读一些无用的书，可能内化到你自己的身体里面可以一辈子的那些东西；差距；刺激到你，觉得自己很贫乏；去学习；行动；理论也很重要；指导生活的方方面面；体会到乐趣。 C2：杭州、青岛；园内；在园内的，肯定是大家都要参与；杭州挺愿意去的，拓展一下自己的视野；自己缺在哪里；如果教学的内容看起来不是那么满意的，觉得很浪费时间；比较先进的做法和理念；课堂组织设计这一块我还是有意愿去学；幼儿园组织了很多次这种关于怎么写论文，或者是做科研的那种培训，很多是重复性的，我觉得就不想学；模仿、创新；耳目一新；借鉴；用来赛课；身临其境；听讲座有点枯燥；学习就是为工作服务。

续 表

	类 属	属 性	维 度
二级轴心编码	专业成长动力	积极程度 主动程度	积极—消极 主动—被动
	参加培训动机	上级要求 专业提升	自愿—非自愿 主动—强迫
	培训作用	思想与理念 差距 知识与技能 应用 见识 同行学习 内心 反思 改变 观念 认知内驱力 成就感 幸福感 学习动机	更新—不更新 明确—不明确 系统—零散 明确—不明确 增长—不增长 发生—不发生 满足—恐慌 进行—不进行 进行—不进行 提升—不变 增加—不变 有—没有 有—没有 增加—不变
	影响行动的因素	事情 心	太多—不多 静下来—烦躁
三级选择编码	核心类属：专业成长动力 支援类属：影响行动的因素 因果条件：参加培训学习		

通过对幼儿教师参加培训学习与专业成长动力访谈结果的三级编码分析得出如下结论：幼儿教师参加培训的动机有内部动机和外部动机两个方面。内部动机是为了自我专业提升而产生的动机。外部动机是为了满足上级要求或完成任务而产生的动机。幼儿教师参加培训的内部动机和外部动机均能增加幼儿教师专业成长的动力。相比而言，基于自我专

业提升的学习动机源于幼儿教师的成长性需要，属于认知内驱力和自我提升内驱力，教师参与培训学习的积极性与主动性要强，学习成效相对较好。

参加培训学习对幼儿教师专业成长的促进主要表现为：专业思想与理念的引领，尤其是儿童观、教育观和课程观向科学化方向发生转变；知识的系统化加强；明确自己保教工作中存在的问题与改进思路；向同行学习可以增长见识等。参加培训学习对幼儿教师专业成长动力的影响主要表现为通过培训学习，尤其是外出培训学习，让幼儿教师认识到自己的不足与差距，产生“恐慌感”，刺激专业成长需要的产生，从而激发认知内驱力和自我提升内驱力，对自己的保教工作和专业成长现实进行反思，并做出改变的行为。也就是说培训学习初步让幼儿教师认识到现实和理想之间的差距，这种差距可以产生创造性张力。培训让被“掏空”的幼儿教师有了获得感和成就感，进而又激发学习动机的产生。从而形成培训学习与专业成长之间的良性循环。影响学习成果在实践中运用的一个重要因素是幼儿园杂事太多，让教师无法静心钻研和尝试探索将学习成果运用于自己的保教工作中。

2. 幼儿教师参加比赛与专业成长动力的关系

表 3.5 幼儿教师参赛与专业成长动力访谈结果三级编码

<table>
<tr><td>一级开放编码</td><td colspan="3">A1：参加比赛的初衷是可以对自己零散的经验进行总结；示范引领其他老师参加；比赛促使自己去学习；阅读大量相关书籍；寻求外界专业的帮助；全面深入地思考。
A2：评职称；证明自己；提升老师的积极性；提升自己的专业度；进行反思；知道自己哪一点做得不够好；都拿过一等奖的，接下来这些工作肯定会被要做好，要不然你就拿了一个荣誉在这里；我觉得该做你就得做，而且你得做好；尽心尽力地把这些工作干好；我之所以如此投入工作，可能是从小根植于心里面的梦想，我就是要当一名人民教师；区级骨干，当时我的分是好像是全园得第一名，然后我是把荣誉让出去的。
B1：自愿；对自己的要求很高；想做到极致；证明自己的价值；提升自己；支持和协助她们去获得自我价值的肯定；更高的价值；更愿意学习了；我学习动机更强了；更愿意在这个行业挖掘更多的价值；工作中更带劲；获得同事赞许的眼光、领导的肯定；让自己有一种效能感；完善自己；任务驱动。
B2：园长给的任务；如果自己报名我也会去参加，但是可能我就没有那么用心；理解理论；更愿意去尝试。
C1：不是很愿意去参加；付出很多的心血；领导要求；要拿奖的话肯定就要去努力；肯定在之前的基础上可能就会有所提升；要证明自己；现在参赛的一个是机会也少，自己也不太热衷于去参赛；别人认可你；需要有压力；自身需求；思考反思；赏识；肯定；荣誉它也激励你。
C2：幼儿园默默地强制；关于论文这个东西，我一点都不想自愿的；我觉得写论文是一件很严肃，程序很多的一件事情，你必须要很细致的一个去做；为了交代的任务；没自信；没有深入的影响；我的影响不是特别大。因为我心里面觉得自己没有写出那种好文章，我就觉得那种方式不是我喜欢的；可以迁移；我自己会觉得我好像总结出是我自己想要的东西，我会觉得比较有成就感。</td></tr>
<tr><td rowspan="3">二级轴心编码</td><td>类属</td><td>属性</td><td>维度</td></tr>
<tr><td>专业成长动力</td><td>积极程度
主动程度</td><td>积极—消极
主动—被动</td></tr>
<tr><td>参加比赛动机</td><td>总结经验
示范引领
专业度
自我实现
完成任务</td><td>系统—零散
示范引领—行政命令
提升—不变
有需要—无需要
主动—被动</td></tr>
</table>

续　表

二级轴心编码	参赛作用	学习行为 学习动机 自我效能感 阅读 寻求帮助 深入思考 成全他人	多—少 增加—不变 有—无 阅读—不阅读 主动寻求帮助—不寻求帮助 深入思考—不思考 有—无
	外　界	先进称号 赏识 肯定 尊重	有—无 有—无 有—无 自主—命令
三级选择编码	核心类属：专业成长的积极程度与主动程度 因果条件：参加比赛		

通过对幼儿教师参赛与专业成长动力关系访谈结果的三级编码分析得出如下结论：幼儿教师参加比赛的动机有内部动机和外部动机两种。内部动机主要表现为自我实现，为证明自己的价值而参加比赛；为总结和提升自己的经验而参加比赛；为提升自己的专业度而参加比赛。外部动机主要表现为为示范引领其他教师参加比赛和为完成园长或上级主管部门布置的任务而参加比赛。

准备比赛和参加比赛的过程促使幼儿老师对比赛内容开展学习，阅读比赛内容相关的书籍，对比赛的主题进行深入的思考，遇到问题还要寻求专业人士的帮助。参赛让幼儿教师的学习动机增加，比赛获奖可以获得良好的自我效能感，还出现成全他人自我实现的境界。因此，参加比赛可以推动幼儿教师的专业成长。同时，比赛获奖或授予幼儿教师的荣誉称号，是对幼儿教师的赏识和肯定，这种赏识和肯定可以满足幼儿教师的成就需要，增加幼儿教师专业成长的动力。幼儿员选拔参赛人员如能尊重教师的特长，给教师更多自主权，而不是强制命令，可以激励教师产生更多的成就需要和自我实现需要等内部需要。

3. 幼儿教师参与或主持课题研究与专业成长动力的关系

表 3.6 幼儿教师参与或主持课题研究与专业成长动力访谈结果三级编码

<table>
<tr><td>一级开放编码</td><td colspan="3">A1：成果展示；文件规定；提升幼儿园内涵；提升参与者素养；职称评定需要；载体筛选；建构自己的课程体系；课题怎么做；开题报告撰写；结题报告撰写；成果梳理与展示；关注专业知识；必须学习。
A2：分内责任；查阅文献和资料；思考；论文；带动教研活动；我都很积极主动；我热爱教育事业，喜欢学前教育；希望得到别人的肯定；园长说的话让你觉得很舒服。
B1：科研没有；我理解的研究是申报课题，然后做系列的探索，才是规范的研究；我们当然也做了很多自己的研究，但是没有那么正式。
C1：可能起不了多大的作用；好像也没有研究出什么名堂来；平常工作烦琐了以后，没有精力去真正做研究；为了评职称；可能都是把它做成一个虚的东西；一点点影响；压力；如果是为了做这个课题去做，就觉得失去了意义，徒增老师的工作量；幼儿园可能很多人如果不是为了评职称可能不愿意做课题；工作很烦琐、很繁忙，每天有很多事情要做；都觉得有难度；很抵触；大家都不愿意。
C2：每个人都要参加；杨园长让我当幼儿园科研小组的成员；还没怎么推动，因为现在工作太忙了；园长他自己亲自来主持的，就是经常会推动大家来做事情；觉得我每天真的没有时间。我们工作太忙了；我每天都很累；真的抽不出时间来看书。</td></tr>
<tr><td rowspan="3">二级轴心编码</td><td>类 属</td><td>属 性</td><td>维 度</td></tr>
<tr><td>专业成长动力</td><td>积极程度
主动程度</td><td>积极—消极
主动—被动</td></tr>
<tr><td>主持或参与课题动机</td><td>成果梳理与展示
提升幼儿园内涵
素养
职称评定
文件要求
责任
命令</td><td>系统—零散
课程形成体系—课程无体系
提升—不提升
评职称—不评职称
必须—自愿
自主—强迫
主动—被迫</td></tr>
</table>

续 表

二级轴心编码	主持或参与课题作用	学习 关注专业知识 教研	学习—不学习 关注—不关注 促进—无意义
	职业信仰	积极职业感情	强—弱
	成就需要	外界肯定	有—无
	制　约	自我观念 课题开展 时间	有用—无用 务实—务虚 充裕—不足
三级选择编码	核心类属：专业成长的积极性与主动性 因果条件：主持或参与课题、职业信仰、成就需要满足		

通过对幼儿教师参与或主持课题研究与专业成长动力访谈结果的三级编码分析得出如下结论：主持或参与课题研究的动机有内部动机和外部动机。内部动机表现为提升自我专业素养。外部动机有通过课题对办园成果进行梳理与展示；提升幼儿园内涵；职称评定；完成上级文件要求和完成自己的本职工作等。主持和参与课题需要相应的知识储备，刺激幼儿教师产生学习与课题相关内容的需求，并做出学习的行为。同时，课题研究可以带动并提升教研质量。幼儿教师对幼儿教育工作的热爱和成就感是影响教师专业成长动力的重要因素。制约课题促进教师专业成长动力提升的因素有：幼儿园开展课题过程和效果无质量保证，导致课题研究流于形式；幼儿教师自身观念上认为幼儿园做课题无用，只是为完成幼儿园管理者的任务，课题开展徒增了自己的工作量；平时工作太忙，没时间开展课题研究也是重要的制约因素。

4. 教研与专业成长动力的关系

表 3.7 教研与专业成长动力访谈结果三级编码

<table>
<tr><td>一级开放编码</td><td colspan="3">A1：共同研讨中寻求真相；查阅专业书籍；凝聚集体智慧；存在问题；不深入；理论储备不足；流于表面和形式；人人参与；保教处主持；年级组长主持；大家主持；撰写；布置任务；查阅资料；实践工作做好；日常事务很辛苦，做得不深入；有经验可谈；借鉴；碰撞；有效策略；运用到实践中。
A2：人人参与；让每一位老师来做一次主持人；大家就会更积极发言；更多地去走到一线，走到孩子的中间去，然后去发现问题；当保教主任之后，自己查书、查资料，包括后面的一些学习，然后才有那种概念；专业上面肯定得自己要积累东西，才可以在当中有话说；试一试。
B1：新老师更愿意倾听，而不是说，倾听也是一种学习；老教师提出自己的想法，与别人碰撞，成长；当园长后，观察、判断现状和需要；当自己展开了自己的一些拓展的思路和有了学习这种内需力之后；团结的一种力量，众人智慧的力量；解决一些实际的问题，并且也是和自己的成长息息相关；园本教研的话，它其实是提供了一个平台，提供了一个大家一起来解决问题的平台。
B2：改变观念；每个老师的点不一样；更愿意玩了，更愿意带小朋友们玩了。
C1：每个人都能够参与进去，不是说一个人在上面讲，每个人都有这种主人翁的意识；不是自上而下的这种方式；分组的时候，其实大家的那种主动性、积极性会激发出来；氛围不拘谨而轻松；思维的碰撞；我们的教研就停留在一种表面都很表浅，没有深度；老师要有一个载体；你要让她去阅读，专业书籍的时间可能基本没有；领导对我没有要求，所以我自己就觉得好像也没有什么动力。
C2：遇到问题，一起讨论；幼儿园制定好了；终于按照我们的想法创新的一个就是真正的解决一个问题；没有什么太大的影响；工作内容真的太多了，就没有办法聚焦起来。</td></tr>
<tr><td rowspan="2">二级轴心编码</td><td>类 属</td><td>属 性</td><td>维 度</td></tr>
<tr><td>专业成长动力</td><td>积极性
主动性</td><td>积极—消极
主动—被动</td></tr>
</table>

续　表

二级轴心编码	园本教研作用	寻求真相 查阅书籍 凝聚智慧 探索改革 内需 学习共同体 观念 意愿	有真相—无真相 查阅书籍—不查阅 凝聚智慧—各做各的 探索—不改革 增加—不变 有—无 改变—不变 主动—被动
	园本教研问题	流于形式与表面 理论贮备 参与 氛围	深入—表面 有贮备—空白 人人—个别 轻松—拘谨
	园本教研改革遇到的阻碍	日常事务 时间	少—繁杂 充裕—紧张
	平　台	保教主任 园长	任职—无任职 任职—无任职
三级选择编码	核心类属：专业成长的积极性与主动性 情境类属：日常事务繁杂 因果条件：教研活动、职务		

通过对教研与专业成长动力关系访谈结果的三级编码分析得出如下结论：教研活动的过程是幼儿教师探究工作中遇到问题的真相，讨论问题、分析问题和解决问题的过程，是对幼儿园保教现实的深入反思。教师在准备和参与教研活动的过程中需要查阅相关书籍和其他资料，可以激发和提升教师的学习内需。教研活动为幼儿教师提供了一个学习共同体，为教师提供了互相学习的机会，凝聚教师集体的智慧，互帮互助。将教研讨论的结果应用于保教工作实践中，探索改革。教研活动能改变教师的学习观念。因此，教研活动对教师专业成长的动力具有促进作用。

组织形式上自上而下，教师自主权和参与度有限，缺少“深度汇谈”；教研开展所需的理论知识贮备不足；教研氛围紧张、拘谨等问题导致园本教研流于形式和表面化。有效的教研活动在组织上应注意调动教师学习与参与需要，人人参与，形成一种轻松愉悦的氛围；在教研形式和教研内容上给幼儿教师充分自主权。幼儿园繁杂的事务性工作是导致园本教研无法深化和落实的主要原因。幼儿园要给幼儿教师提供发展的平台，例如担任保教主任或园长，可以让教师更积极主动地组织或参与教研活动，促进教师专业成长的动力。

5. 学习需要、学习动机、学习行为与专业成长动力的关系

表 3.8 学习需要、学习动机、学习行为与专业成长动力访谈结果三级编码

一级开放编码	A1：核心经验；发展适宜性游戏：引导儿童向更高水平发展；读民国时期女性传记，像林徽因、萧红等；政策层面的《规程》《纲要》《指南》；政策引领方面的办园方向上指导性很强；专业书籍诊断和指导老师教学行为的，帮助他们成长；看似与理论无关的这些，主要是提升我自己的内在修养；自己很心爱的一样东西的那种感觉；内心更丰盈了；找到问题所在；计划暑期熟读两本书；引领老师读书；枯燥；边读边实践；不能表面上读一下就完了，我觉得更重要的是要熟读和运用；向书本学习、向同行学习、向孩子学习；向孩子学习很重要；羞愧；欣慰；冲击大；记录下来；睡前读书；周末读书；学习氛围比较满意；深入程度不够；就是一种自己的主动的这种学习，特别是理论的学习，可能大家还是觉得理论书籍读起有点枯燥；还有当然平时的确是太忙了，现在那个表表册册多得不得了；时间；氛围的营造和制度的保障；考核；读书会；专业书籍推荐；专家引领；我觉得提升的方面还多得不得了；我觉得专业知识；我自己太欠缺了；实践层面的经历，他都是很零散，就更需要通过这种专业知识的学习，来对这些实践的经验进行更高层次的提炼及下一步的指导；儿童的观察、分析与支持；非常不足，非常欠缺；师德上我觉得还是很热爱的，没问题；理念上面就说采取、接受了很多理念，但是真的这些理念往往都是停留在口号上面；我觉得专业能力上还有很多要提升的，建构管理体系；管理者率先垂范；团队氛围营造；制度全面性。

续　表

一级开放编码	A2：优秀幼儿园的保教管理；核心经验；拉过二胡；喜欢唱歌和朗诵；自己的专业成长还是蛮大的；捕捉儿童的敏感期之类的；观察孩子；我看书了之后就有时候去验证一下，孩子是不是这样的；学习没有规划；习惯睡前看书；遇到问题的时候看书；因为平时都没有时间；在幼儿园很少有时间；学习氛围浓厚；有压力；心理疏导；你追我赶；人人参与；外界对幼儿园的肯定；关系融洽；以身作则；严格要求；不偏心；积极支持老师；家庭；幼儿园没有专门的时间，大家都很忙；工作太琐碎；教师的数量还是比较少；观念上看不进书；购买书籍，报账；外出培训；最需要提升的是理论，理论上我自己一直都觉得是飘的；观察分析这一块还是不够；名师工作室；学习平台；学习共同体。 B1：快乐教育；读书会；园长在管理过程中的50个解决途径；思维导图；核心经验；写作能力、文学鉴赏能力；找到解答困惑的方法与策略；图书馆有一种很好的学习氛围，因为大家都在看书，都在学习，不会干扰你，去想做其他的事情，你也想看书，你也想去获得知识这样一个源泉；自主阅读；专家交流；同事学习；每个人都是自己的老师；App；学习氛围还是挺浓厚的，但是会给老师造成一定的疲惫感；老师都没有一个中午休息过，就天天中午几乎是在学习；我是肯定要把它坚持，而且是肯定很认真地去学这个东西，因为我要给老师们做一个榜样；园所对她们的要求；自律还是欠缺了；没学，尤其是没认真学；外部的这种驱动或者外部的这种组织学习还是很重要的；新老师，她没有那么大的格局和思想；90后不要求，还是会缺少一些自主的动力；她们就觉得工作和生活应该分开；她们学习是为工作而做，而不是为自己而做；幼儿园的工作确实特别的烦琐；我觉得时间这个不是影响她们学习的因素；想学那分分钟，一些过渡的时间，吃饭之前，晚上睡觉之前她们都可以学习；给到一些展示自我的机会和平台；相对完善的学习制度；浓厚的学习氛围；外出学习；时间和财力支持；领导期望；职务变动；管理能力；专业能力；沟通能力；保育保健；时兴的一些教育方法和教育理念；做老师的时候，最有效的学习方式是模仿，观察并且模仿看那些有经验的老师；稍微成熟一点，需要专业上的理论知识，多出去看，多出去观摩其他幼儿园的优质半日活动，通过去观看别人的活动，然后再来研讨，再回来给大家分享，再来形成自己的东西，内化成自己的东西；当园长之后思考。 B2：斯宾塞的快乐教育；捕捉儿童的敏感期；打鸡血的书；儿童交往；更愿意去尝试；睡前看书；外出培训；同事学习；学习氛围很好，落地需要加强；学习的方式可能比较有趣；园外培训的机会和园内培训的学习机会；保健；提问能力。 C1：唐诗宋词；专业的书籍基本没有读了；人文素养提升；解放天性的那种人；方向上面可能有一些指引；迁移；让我很平静地去对待工作当中的一些矛盾，不顺心的事情；最大的缺点就是做事没有目的性，没有计划性，太随性；看书；参加沙龙；幼儿园学习氛围，还是停留在那种让我学的状态；工作本身已经很烦琐了，利用更多的业余的时间要去放飞自我，要去放松；内需；和幼儿园领导的领导方式还有关系；幼儿园老师就是在幼儿园没有时间学习，每天都很多做不完的事情；被迫的。

续 表

<table>
<tr><td>一级开放编码</td><td colspan="3">C2：买回来以后就冷冰冰的搁在那，因为太厚了，那个书真的要静下心来去看；没时间去；觉得自己工作太久了，就像一口枯井一样；更新；共鸣；看书；订阅号；同事；很疲惫；刚到幼儿园的时候，其实是怀着一颗特别想学习的心来的，每天都会去写反思，反思其实就是很没有什么质量的感觉，后来反思感觉没有得到太大的反馈或者是什么样子就少了；年轻的都很爱学习；足够多的时间让我们自己去思考和反思，不能让我们永远都疲于应付这些事务性的东西；真的没有时间去做这些事情，所有的老师都很忙；老师们肯定不想去，不是很愿意去这样，因为觉得也是很浪费时间的；最讨厌跟别人打分，感觉头疼；我觉得可能老师说最开始不愿意，但是后面就习以为常了，可能又觉得这一个要做的事情了；更系统指导孩子；专业理念和师德挺好；专业知识需要提升；主动性的一点特别重要；身临其境。</td></tr>
<tr><td rowspan="6">二级轴心编码</td><td>类　属</td><td>属　性</td><td>维　度</td></tr>
<tr><td>专业成长动力</td><td>积极程度
主动程度</td><td>积极—消极
主动—被动</td></tr>
<tr><td>学习行为与内容</td><td>专业书籍
政策文件
民国时期女性传记
保教管理
唐诗宋词</td><td>读—不读
看—不看
读—不读
学习—不学习
学习—不学习</td></tr>
<tr><td>学习动机</td><td>办园方向
指导教师
修养
问题
人文素养
自我</td><td>明确—含糊
科学指导—不会指导
提升—不提升
寻求解决—熟视无睹
需要—不需要
更新—不变</td></tr>
<tr><td>学习时间</td><td>睡前
周末</td><td>看书—不看书
学习—不学习</td></tr>
<tr><td>学习成效</td><td>内心
找问题
压力
尝试
平静</td><td>丰盈—空虚
找到问题—无法找到问题
有—无
愿意—不愿意
平静—怨天尤人</td></tr>
</table>

续 表

二级轴心编码	学习途径	书本 同行 孩子 App	阅读—不阅读 谦虚—自满 发现—管理 利用—不利用
	学习存在问题与改进	氛围 问题 主动阅读 时间 制度 管理者 教师数量 家庭 观念 内驱力 落地	浓厚—不学习 深入—不深入 喜欢—枯燥 充足—紧缺 有激励—无激励 率先垂范—只要求教师做 充足—缺少 无后顾之忧—有后顾之忧 难—易 强—弱 多—少
	学习需求	专业理念 专业师德 专业知识 专业技能	可以落实—难以落实 需要—不需要 需要—不需要 需要—不需要
	学习环境	外界 关系 园长 学习共同体 平台	肯定—否定 融洽—紧张 支持—不支持 有—无 有—无
三级选择编码	核心类属：专业成长动力 情境类属：工作太忙，表表册册太多，时间不足 因果条件：学习需要、学习动机、职务变化		

通过对学习需要、学习动机、学习行为与专业成长动力关系访谈结果的三级编码分析得出如下结论：幼儿教师的学习需要、学习动机、学习行为与其专业成长的积极性与主动性密切相关。学习需要是学习动机和学习行为产生的基础。学习需要越强的幼儿教师，其专业成长动力越

足。幼儿教师对专业知识和专业能力表现出较高的学习需要，具体表现为观察、分析和指导幼儿的知识与能力，保育和保健的知识与能力。由于幼儿教师的职前培养体系中保育与保健内容不足，导致幼儿教师保育与保健专业素养不能适应实践需要。成为制约很多幼儿园，尤其是民办幼儿园保教质量提升的重要因素。其中，非学前教育专业毕业的幼儿教师对专业理论的学习需求最大。幼儿教师在专业理念上最大的问题在于理念和行为脱节，因此需要理念如何更好落实到具体工作中的策略性指导。相比较而言，师德上的学习需求最少。

幼儿教师的学习动机是导致学习行为产生的直接原因，调查发现幼儿教师的学习动机有内部动机和外部动机两种。内部学习动机主要表现：为提升自我修养而学习；为自我更新而学习。外部学习动机主要表现：为明确办园方向而进行政策学习；为工作而进行专业学习。其中幼儿教师在不带任务的非专业学习中体验最好。幼儿教师的学习受时间不足、工作繁杂、照顾家庭、学习观念、内驱力和自律不足的制约。但是这些并不对幼儿教师专业成长起决定作用。学习需要和学习动机强烈的幼儿教师，会挤出时间，利用睡前和周末进行学习，有终身学习和全时学习的理念，时时都在学习，处处都在学习。幼儿教师所在幼儿园的学习氛围、自主学习时间、学习制度保障、自我学习态度、学习内容与成果的落地等对其学习动力和专业成长动力产生影响。

学习对教师专业成长动力的价值表现为通过学习使幼儿教师的内心变得更丰盈，更开放更包容，力量感增加；能正视并准确找到工作中存在的问题，分析问题和解决问题的思路更明确；工作中更愿意尝试新的方法；让幼儿教师以更加平静的心态对待工作中的问题。外界相关团体和个人对幼儿园的肯定，幼儿园融洽的人际关系，园长以身作则和支持幼儿教师学习，教师学习共同体的建立等，可以有效促进教师的专业学习和成长。幼儿教师职务的提升，被赋予其更多的责任感和价值感，可以促进其专业成长动力。幼儿园领导方式是否以人为本是影响教师专业学习和成长动力的重要因素。

（三）影响幼儿教师专业成长动力的因素

表 3.9 幼儿教师专业成长动力影响因素访谈结果三级编码

一级开放编码	A1：我每天都很积极；源于对这个事业的一种热爱，还有对团队的一种责任；充沛的精力，清晰的思路，去迎接各种各样的挑战；一个统筹规划的这种能力；整个氛围都很和谐，很好；有时间更多地去考虑专业成长；管理；真诚；对老师就像对自己家人；一种尊重；一种认同；一种发自内心的欣赏；特别感动；对团队的感召；说感谢；并不是高高在上；所以你不管多累，都觉得我们要应该团结起来；大家都很努力；很轻松的一种氛围；关于公平，我觉得这个很重要，非常的重要；个人从来不搞特殊，班子成员的也不能搞，事情都必须是公平、公开和公正的，老师一起商量；主人翁精神；消极情绪；超出能力范围，必须做；不传染，自己消化；很短暂；做其他事情；跟孩子相处；沉浸于很童真的世界里边会放弃很多浮躁。孩子就给了进行取舍的答案，这样一来的话，就不会那么累了。团队精神就是无所畏惧、敢想敢干；最大的精神财富。 A2：接受到任务的时候最积极；联合几个老师，咱们一起就想一下方法；我就看书；上级领导友好单位对我们的大力肯定；肯定之后的这种愉悦的心理很重要；同事之间的这种肯定；表扬一下，就会更努力地去做好这件事；钻研专业知识；易出现消极情绪是不被理解的情况下；领导的不理解；一直忙；压力特别大；自己手上面的活也特别多的时候；园长她很会做工作，就跟你疏通；老公特别支持；安抚情绪。 B1：给大学生上课；成就感；把自己现在能够建构的经验分享给别人；就觉得自己成长了；就觉得自己还是挺有价值的；能够推动我之后的一些工作，更想努力地去做这个事情；消极情绪第一个就是出现了一些麻烦的时候；有一些老师提出可能对你的不认可；会有挫败感；他人对我情绪的一种疏导；自我调节；自我反思。 B2：状态；自己很开心；小朋友；观念上；和园领导发生冲突。 C1：得到肯定和认可的一种状态；我觉得我做了以后没有多少意义；可能会刺激你，主动地去学习；做了很多工作被没有得到肯定和认可；老师他不理解；暗示自己没必要。 C2：处于比较放松的状态，可以自己去把控节奏；觉得比较自在，很舒服；如果没有这样的空间让我去想的话，我会觉得就很累；有自己的空间去思考；我觉得这些东西坚持工作任务，反正都要做，我还是会尽力去做好；我觉得它就是一份工作，不会影响我的生活。

续 表

<table>
<tr><th></th><th>类 属</th><th>属 性</th><th>维 度</th></tr>
<tr><td rowspan="3">二级
轴心
编码</td><td>专业成长动力</td><td>积极程度
主动程度</td><td>积极—消极
主动—被动</td></tr>
<tr><td>内部动力</td><td>职业信仰
责任感
爱
成就感
价值感</td><td>有—无
强—弱
童真—烦躁
有—无
有—无</td></tr>
<tr><td>外部支持</td><td>真诚
尊重
认同
欣赏
感动
氛围
公平
归属感
家庭
肯定
理解
自主权</td><td>真诚—表里不一
尊重—不尊重
认同—排斥
欣赏—否定
感动—理所应当
轻松—紧张
公平—偏袒
有—无
支持—不支持
有—无
有—无
多—少</td></tr>
<tr><td>三级
选择
编码</td><td colspan="3">核心类属：专业成长的积极性与主动性
因果条件：内部动力、外部支持</td></tr>
</table>

通过对影响幼儿教师专业成长动力因素访谈结果的三级编码分析得出如下结论：影响幼儿教师专业成长动力的因素有教师自身因素和外部环境因素。幼儿教师自身通过学习所形成的教育信仰和职业信仰是重要的内部要素，正确的教育信仰和职业信仰激发对职业的热爱、工作的责任心和发自内心对幼儿的爱。幼儿教师强烈的成就感和自我实现价值感是其不断成长的内部动力。

幼儿园管理者的管理模式和管理风格是影响幼儿教师专业成长的重要外部因素。管理者在管理过程中创设真诚、公平、接纳和理解的氛围对幼儿教师专业成长起推动作用。真诚的环境是相互尊重、相互认同、发自内心的相互欣赏、相互肯定和相互理解的环境。真诚和公平的环境会营造一种轻松的氛围，让幼儿教师产生归属感、轻松感和自主感，从而为专业成长提供适宜的环境。当幼儿教师遇到问题或困难时幼儿园领导给予的真诚疏导、理解、关注、支持将会推动其专业成长。家庭核心成员，尤其是伴侣对幼儿教师的支持、情绪上的安抚会对幼儿教师的专业成长起积极作用。幼儿园在管理过程中需要给予幼儿教师适当的自主权，相对合理的自主时间和空间，这样会激发幼儿教师的归属感，产生专业成长的需要和行为。

（四）幼儿教师从业动机、职业成就感与专业成长动力

表 3.10 幼儿教师从业动机、职业成就感与专业成长动力访谈结果三级编码

一级开放编码	A1：因为李主任是在教管中心层面，可能在教育的话语权就比我们大得多了，其实我当时根本不知道要过去；都是文件已经在我们政务网上面公布出来了，他才给我打电话，我都不是第一时间知道；这样一来，就对我是个很大的挑战；文都下来你肯定要去；乐观的心态；最大的收获就是有一个执行力非常强的，整体执行力、思想、专业水平相对较好的团队；上级领导、同行或者同事的认可；老师信任、肯定；小朋友和家长喜欢；永川区十大魅力校长（幼教中唯一一个）；督导评估优秀级；连续七年，每一年都是农村幼儿园的第一名；连续六年先进领导集体；明晰了幼儿园存在的不足。 A2：喜欢这个职业；自我成长；我觉得孩子的那种天真活泼可爱；儿童身上是有一种很强大的这种治愈的那种力量在里面的，他就有很强大的力量。 B1：特别喜欢孩子；积极的能量；真实；单纯的工作环境；假期比较充足；更精准的认知儿童；对老师的要求还蛮高的；不会失业。 B2：因为选择了这个专业，所以我才选择了职业；感受是非常不好的，感觉一天除了累就没有其他的感受，可能满满的全是负能量；收获就是认识了一群非常可爱的孩子，结交了一群非常好的家长朋友；我自己的各方面的技能都有得到提升与成长，包括我的思想；幸福感还是比较低。 C1：我以前觉得我前半辈子都是属于活在很懵懂的那种状态，我的所有都是父母帮我安排；30 岁以前的话，我自己觉得我的思想境界也没有这么高；我觉得自己活得比较有意义点的时间是我 30 岁以后，确切地说应该是 35 岁以后的这段时间；在幼儿园看到的都是这种生机勃勃的这种景象；发自内心的愿意和他们在一起，就看到他们很天真的一面，自己都觉得很值得。 C2：学了这个专业，不知道该找什么工作；我觉得没有什么太大的情绪波动；对职业幸福感现在还没有特别的感觉；以前没想过到幼儿园工作。

续 表

	类属	属性	维度
二级轴心编码	专业成长动力	积极程度 主动程度	积极—消极 主动—被动
	从业动机	任命 平台 职业情感 职业认知 专业	自愿—被动 高—低 热爱—不热爱 积极—消极 本专业—非本专业
	职业成就感	团队 同事 孩子与家长 领导 幸福感 成长感	积极、上进—消极、被动 认可、信任—怀疑 喜欢—不喜欢 认可—怀疑 高—低 高—低
三级选择编码	核心类属：专业成长动力 因果条件：从业动机、职业成就感		

通过对幼儿教师从业动机、职业成就感与专业成长动力访谈结果的三级编码分析得出如下结论：幼儿教师的从业动机与专业成长动力有一定的关系。幼儿教师的从业动机主要有内部动机和外部动机两种。内部动机是基于幼儿教师通过学习形成的对幼儿教育正确的认知，主要表现为对职业的热爱和对幼儿的热爱。外部动机是基于外部需求而产生的动机，主要表现为听从父母的安排或遵照教育主管部门行政命令而从事幼儿教育工作。

幼儿教师充足的职业成就感对专业成长动力起积极影响。幼儿教师的职业成就感主要来自同事、领导、家长的认可和积极评价。与幼儿相处，向幼儿学习，发现幼儿身上闪光点，体验到与幼儿相处的快乐和幸福是职业成就感的重要来源与表现。相对明显的职业成长感对幼儿教师专业成长起积极促进作用。发自内心对幼儿的喜欢和欣赏是专业成长动力的重要来源。通过不断学习，所形成和不断完善的对幼儿教育职业的积极认知能促进幼儿教师专业成长动力。

第二节 问卷调查设计及结果

一、研究工具

基于本研究的问题，著者编制了《幼儿教师学习与专业成长的调查研究问卷》，旨在通过量化的路径，了解幼儿教师学习的内部动力、外部支持及幼儿教师专业成长动力之间的关系。《幼儿教师学习与专业成长的调查研究问卷》主要由以下四个部分构成：研究对象的基本情况、幼儿教师学习的内部动力量表、幼儿教师学习的外部支持量表、幼儿教师专业成长动力量表。其中幼儿教师学习的内部动力量表及幼儿教师专业成长动力量表为 Likert 五点量表，幼儿教师学习的外部支持量表主要为六点量表。

问卷的编制以学习哲学和人本主义哲学为理论基础。首先，阅读教师学习、教师专业成长、幼儿教师学习和幼儿教师专业成长等相关文献，为明确幼儿教师专业成长动力构成、学习从哪些方面影响幼儿教师专业成长这两个问题提供借鉴。在此基础上设计《幼儿教师学习与专业成长动力访谈提纲》。通过访谈所搜集资料分析发现，幼儿教师专业成长动力充足的表现是：学习和工作的积极性与主动性强，幼儿教师工作与学习互相融合，幼儿教师开展幼儿教育工作的过程也是学习的过程。因此该量表题项主要围绕访谈分析得出的这一内涵特征编制形成。本研究主要从学习需要、学习动机和学习的主动性三个维度对学习内部动力进行考察。幼儿教师学习的外部动力是幼儿教师所在幼儿园的外部支持。访谈还发现，幼儿教师所在幼儿园为教师专业成长所提供的时间、空间、培训、学习氛围等外部支持对专业成长动力有显著影响，也可用问卷调查的形式进行验证和分析。幼儿教师职务、职称、获奖、骨干教师称号等基本情况对专业成长动力有一定影响，也可用问卷调查的形式进行验证和分析。在此基础上确定了调查问卷结构由研究对象的基本情况、幼儿教师学习的内部动力量表、幼儿教师学习的外部支持量表和幼儿教师专业成长动力量表构成。

问卷初步编制完成以后，首先，向 1 名心理学专业博士、3 名幼儿园园长，3 名幼儿园保教主任，3 名幼儿教师征询问卷题目的表述方式和问卷内容，根据意见进行修改。其次，向 2 名高校学前教育专业教师和 2 名“教师口语”课任教师征询问卷语句是否有歧义，表达是否流畅和通顺，进一步修改和完善问卷，形成共有三个分量表的初始问卷。其中幼儿教师学习的内部动力量表共分 3 个维度，包括学习需要、学习动机及学习主动性，共包含 32 道题项；幼儿教师专业成长动力量表理论构想为单维度，共 9 道题项；幼儿教师学习的外部支持量表包括幼儿园是否提供专门时间、场所、外出学习、园内培训、读书交流及学习氛围 6 道题项。再次，向 4 名学前教育学专业教师征询意见并修改，最后形成除基本信息外共 47 道题项的问卷初稿。问卷初稿形成后对幼儿教师学习内部动力量表及幼儿教师专业成长动力量表进行了项目分析、因素分析等，保证其具有良好的信效度。由于幼儿教师学习的外部支持量表主要为外显测量变量，因此仅对幼儿教师学习的外部支持量表进行了信度分析。

二、研究对象的选取

本研究共开展两次问卷调查，对样本的选取采用方便取样的方法，第一次调查了C市幼儿园园长任职资格培训班和C市幼儿园骨干教师脱产置换培训班的260名幼儿教师，回收有效问卷244份，问卷回收率94%。对问卷进行探索性因素分析及信度检验等形成正式问卷后，开展了第二次调查。第二次调查C市Y区幼儿园教师教学技能培训班和C市C区幼儿园骨干教师培训班300名幼儿教师，回收问卷244份，问卷回收率81%，第二次回收数据后进行了验证性因素分析，并对数据进行统计分析。统计分析软件采用R Studio。

三、项目分析

采用项目分析方法对预试问卷的幼儿教师学习的内部动力量表及幼儿教师专业成长动力量表题项鉴别度进行筛选，剔除鉴别度低的题项，具体采用临界比值法和相关分析法。其中临界比值法采用临界比（CR）作为鉴别度指标，根据量表总分区分出高分组和低分组，其中得分为前27%者为高分组，得分为后27%者为低分组，求出高、低分两组的每个题项得分平均数，进行独立样本t检验。其中，达到统计学显著的题项鉴别度良好，可保留；而未达统计学显著的题项鉴别度差，应考虑删除或修改。临界比值分析结果表明，问卷L19题项差异未达显著，因此予以删除。相关分析法是根据各题项得分与量表总分的积差相关系数来筛选题项，相关系数未达显著的题项予以删除。根据临界比值及相关系数值，L19题项临界比值未达显著，L31题项与总分的相关系数低于0.20，因此删除这两道题项，具体结果见表3.11及表3.12。

表3.11 幼儿教师学习内部动力量表项目分析结果

题　号	临界比值	与总分相关系数	题号	临界比值	与总分相关系数
L1	12.38**	0.45**	L17	5.72**	0.28**
L2	9.42**	0.43**	L18	7.77**	0.45**
L3	12.08**	0.50**	L19	2.86**	0.20**
L4	9.74**	0.42**	L20	7.14**	0.35**
L5	6.04**	0.39**	L21	6.33**	0.39**
L6	2.25**	0.22**	L22	6.39**	0.42**
L7	3.79**	0.25**	L23	8.22**	0.45**
L8	9.17**	0.44**	L24	7.69**	0.40**
L9	12.10**	0.55**	L25	12.58**	0.55**
L10	18.42**	0.61**	L26	17.21**	0.62**
L11	14.87**	0.53**	L27	17.21**	0.64**
L12	10.95**	0.39**	L28	17.13**	0.60**
L13	7.30**	0.29**	L29	18.70**	0.63**
L14	14.72**	0.58**	L30	18.55**	0.63**
L15	7.58**	0.38**	L31	2.47**	0.18**
L16	8.04**	0.41**	L32	13.49**	0.52**

注：* 表示 $p<0.05$，** 表示 $p<0.01$。

表3.12 幼儿教师专业成长动力量表项目分析结果

题　号	临界比值	与总分的相关系数
D1	15.28**	0.78**
D2	21.51**	0.83**
D3	18.53**	0.87**

续　表

题　号	临界比值	与总分的相关系数
D4	17.57**	0.72**
D5	20.48**	0.86**
D6	19.29**	0.82**
D7	19.99**	0.81**
D8	19.03**	0.77**
D9	13.40**	0.59**

注：* 表示 $p<0.05$，** 表示 $p<0.01$。

（一）探索性因素分析

对项目分析筛选后的题项进行探索性因素分析。首先，进行 KMO 样本适当性检验和 Bartlett 球型检验，判断数据是否适合进行因素分析。专业效能部分问卷的 KMO 统计量为 0.88，Bartlett 球型检验的χ^2值为 930.45，自由度为 66，$p<0.001$，适宜进行因素分析。幼儿教师学习内部动力问卷的 KMO 统计量为 0.86，Bartlett 球型检验的χ^2值为 3647.98，自由度为 496，$p<0.001$，适宜进行因素分析。专业成长动力部分问卷的 KMO 统计量为 0.92，Bartlett 球型检验的χ^2值为 1418.58，自由度为 36，$p<0.001$，适宜进行因素分析。其次，采用最大似然法及直接斜交转轴法进行因素的抽取。由于学习部分各因子间相关系数较高，皆在 0.3 以上，因此选取直接斜交转轴法进行旋转。探索性因素分析的标准为：①保留特征值大于 1 的因素；②项目因素负荷值大于 0.40；③项目只在一个因素上负荷值大；④简约原则，在保证各问卷累计方差变异解释率不降低的情况下，每个维度保留 3—5 个题项。依据以上原则，专业效能部分问卷经过第一次探索性因素分析，仅提取一个因子，该构念可能与研究假设相同，为单维度构念。学习部分问卷经过多次探索性因素分析，提取得到特征值大于 1 的因子共 3 个，共解释方差变异的

54%。专业成长动力部分问卷经过两次探索性因素分析，提取得到特征值大于1的因子1个，与理论构想的单维度相符合，共解释方差变异的61%。

表3.13 学习部分探索性因素分析结果

题　项	学习主动性	学习需要	学习动机	共同性
L35	0.95			0.89
L36	0.95			0.88
L34	0.81			0.73
L30		0.85		0.70
L29		0.82		0.67
L32		0.70		0.49
L31		0.69		0.52
L26		0.54		0.37
L19			0.67	0.41
L38			0.57	0.48
L40			0.54	0.37
L18			0.49	0.42
L7			0.43	0.17
特征值	2.60	2.73	1.69	
累计方差变异解释率54%	0.20	0.21	0.13	
内部一致性系数：Cronbach's Alpha：0.83	0.93	0.85	0.71	

表 3.14 幼儿教师专业成长动力因素分析结果

题　项	因子	共同性
D3	0.87	0.75
D2	0.82	0.67
D6	0.78	0.61
D7	0.78	0.61
D4	0.65	0.42
特征值	3.06	
累积方差变异解释率	61%	
内部一致性系数：Cronbach's Alpha：	0.88	

由表 3.13 可见，幼儿教师学习内部动力三因素中，学习主动性共 3 个题项，因素负荷量在 0.81—0.95 之间，学习需要共 5 个题项，因素负荷量在 0.54—0.85 之间，学习动机共 5 个题项，因素负荷量在 0.43—0.67 之间。由表 3.14 可见，专业成长动力为单维度构念，共 5 个题项，因素负荷量在 0.65—0.87 之间。学习部分量表的各维度内部一致性系数分别为 0.93、0.85、0.71，根据各层面的内部一致性系数标准，$0.70 \leqslant \alpha$ 系数 < 0.8 时，可认为层面的信度高，因此学习量表三维度内部一致性系数高。学习总量表的内部一致性系数为 0.83，专业成长动力量表为 0.88，就整个量表而言，信度系数佳。因此，根据探索性因素分析结果及 Cronbach's Alpha 系数判断，两个量表都具有良好的结构效度和信度。

（二）验证性因素分析

在探索性因素分析的基础上，本研究还采用验证性因素分析，对幼儿教师学习内部动力三因素量表及专业成长动力量表进行了理论模型的拟合度检验。

选取 C 市 C 区幼儿园骨干教师培训班和 C 市 Y 区幼儿园教师教学

技能培训班300名幼儿教师发放修改后的问卷，回收有效问卷244份，问卷回收率81%。以回收的数据进行验证性因素分析。对于学习部分，尝试进行了三因子模型和二因子模型的拟合度比较，基于幼儿教师学习的主动性与动机可能属于同一个维度，因此，验证性因素分析尝试比较二因子模型和三因子模型。同时对幼儿教师专业成长动力的单维度模型进行拟合检验。

由表3.15可知，学习部分三因子模型在拟合指标方面皆优于二因子模型。学习部分三因子模型的绝对拟合指数（GFI）及调整后拟合指数（AGFI）均高于0.90，渐进参加均方和平方根值RMSEA为0.06，标准化残差均方和平方根SRMR值为0.05，都说明模型拟合度良好。另外，CFI、TLI、NFI、IFI都超过可接受的标准值0.90。比较学习部分三因子模型和二因子模型可知，三因子模型拟合度高于二因子模型，因此，理论假设的三维度得到支持。由表3.16可知，专业成长动力部分单因子模型中，卡方检验P值大于0.05，说明理论假设的模型与样本模型相符，统计学上无显著差异。该模型的绝对拟合指数及调整后拟合指数均高于0.90，RMSEA值为0.03，SRMR值为0.02，皆说明模型拟合度非常好。另外，CFI、TLI、NFI、IFI的值都超过0.90。因此，验证性因素分析的结果表明幼儿教师专业成长动力为单维度构念，模型拟合度好。

表 3.15　学习部分验证性因素分析拟合指标

模型	χ^2(df)	P 值	RMSEA [90%置信区间]	SRMR	CFI	TLI	NFI	GFI	AGFI	IFI	AIC	ECVI
三因子模型	124.29 (62)	<0.01	0.06 [0.05—0.08]	0.05	0.97	0.96	0.94	0.93	0.90	0.97	8809.44	1.71
二因子模型	260.99 (64)	<0.01	0 .11 [0.10—0.13]	0.10	0.90	0.88	0.87	0.84	0.77	0.90	7664.66	1.21

表 3.16　幼儿教师专业成长动力验证性因素分析拟合指标

模型	χ^2(df)	P 值	RMSEA [90%置信区间]	SRMR	CFI	TLI	NFI	GFI	AGFI	IFI	AIC	ECVI
单因子	6.3 (5)	0.278	0.03 [0.00—0.09]	0.02	0.97	0.96	0.94	0.99	0.97	0.99	2398.99	0.11

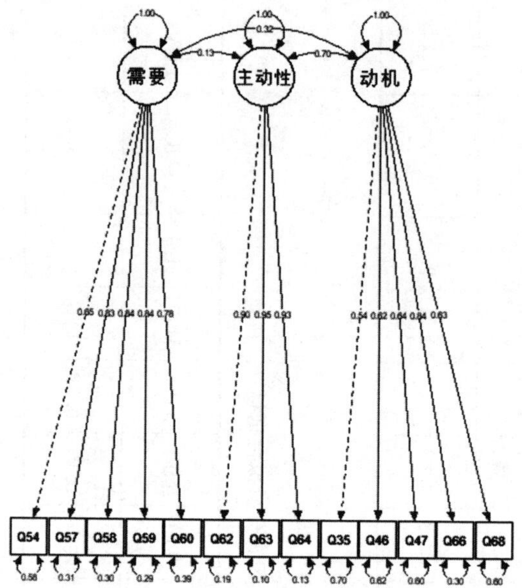

图 3.1 幼儿教师学习内部动力三因子模型的标准化解值图

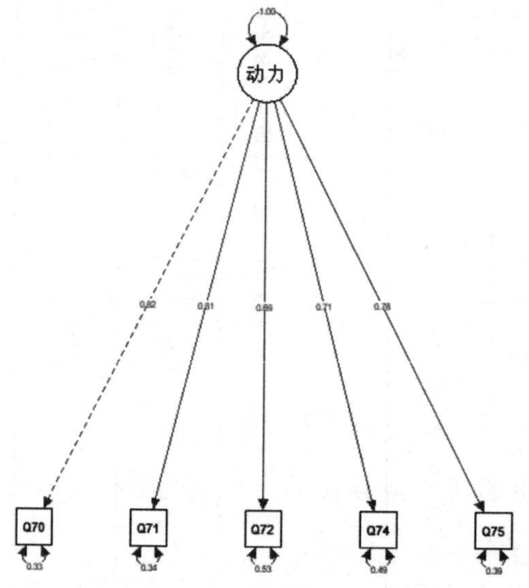

图 3.2 幼儿教师专业成长动力测量模型的标准化解值图

本研究在学习哲学和人本主义哲学理论及质性研究结果形成的理论基础上，编制形成《幼儿教师学习与专业成长的调查研究问卷》。问卷包括三个部分，分别旨在测量幼儿教师学习内部动力、学习外部支持及幼儿教师专业成长动力。问卷共进行两次发放调查，第一次发放问卷为预试问卷，第二次为正式问卷。预试问卷发放后进行项目区分度分析、探索性因素分析、内部一致性信度分析，形成结构效度、信度良好的正式问卷。其中，经过探索性因素分析，学习内部动力提取出三个因子，分别命名为"学习主动性""学习需要""学习动机"，正式问卷形成并发放后，对问卷中幼儿教师学习内部动力量表及幼儿教师专业成长动力量表的测量模型进行验证性因素分析，学习内部动力测量模型及专业发展动力测量模型拟合度皆良好。另外，采用 Cronbach's α 系数进行信度分析，两个量表的信度系数都高于 0.8，因此，本研究所使用的调查工具的信效度良好。

四、调查结果

对正式发放后回收的 244 份问卷的数据进行分析，采用的统计软件为 R Studio，对数据进行了描述性统计、相关分析、方差分析、多元回归分析及中介效应分析，旨在了解幼儿教师专业成长动力情况、影响因素，以及尝试验证本研究提出的以下基本假设。

假设一：幼儿教师专业成长动力与幼儿教师的学习内部动力、幼儿园学习资源支持呈正相关。假设二：幼儿教师的内部学习动力对幼儿园学习外部支持及幼儿教师专业成长动力起到部分中介作用，即幼儿园外部学习资源的支持部分通过幼儿教师内部学习动力的中介作用，进而影响幼儿教师专业成长动力。

对数据进行清理，对异常值和缺失值进行筛查，数据无缺失值，对14个异常值进行检查后考虑删去，保留230份问卷数据进行后续统计分析。对数据进行了正态检验，虽然样本数据基本符合正态分布，同时鉴于调查样本为230≥200，属大样本，因此满足参数统计的基本正态假设，可进行后续方差分析、回归分析等统计分析。

（一）被调查者基本信息

从被调查者的基本信息来看，研究覆盖了不同职务类型、年龄段、教龄段的公办、民办幼儿教师，样本具有一定的代表性。由于幼儿教师群体本身的性别比例显著不均衡，因此样本中男性幼儿教师仅占很小的比例。表3.17显示了被调查者的基本信息。

（二）幼儿教师专业成长动力与幼儿园外部支持条件以及教师学习内部动力呈正相关

幼儿教师专业成长动力与幼儿园学习外部支持资源及学习内部动力各维度的描述性统计见表3.18。由于各量表、各维度题项数不同，因此采取题项均分的形式呈现均值及标准差。而学习外部支持由于不全为五点量表，因此未呈现题项均分，而呈现总分的均值及标准差。由表3.18可见，幼儿教师专业成长动力题项均值为4.14，说明其成长动力较为充足；学习内部动力题项均值为4.03，说明其学习内部动力也较为充足；而学习外部支持总分均值为14.37，量表总分为25分，因此学习外部支持较不充分。

表 3.17　被调查者基本信息

	性别		职务						年龄					教龄						第一学历					第一学历专业	
	男	女	教师	班主任	保教主任	副园长	园长	其他	20	20—29	30—39	40—49	50	1—3	4—6	7—15	16—25	26—33	34以上	初中及以下	高中	中专	大专	本科	学前教育	非学前教育
人数	9	235	88	75	11	22	38	10	18	101	60	52	13	72	54	55	44	11	8	4	18	100	104	18	172	72
比例%	3.7	96.3	36.1	30.7	4.5	9.0	15.6	4.1	7.4	41.4	24.6	21.3	5.3	29.5	22.1	22.5	18.0	4.5	3.4	1.6	7.4	41.0	42.6	7.4	70.5	29.5

表 3.18 幼儿教师专业成长动力、学习内部动力及外部支持的描述性统计

	均 值	标准差	N
专业成长动力	4.14	0.66	
学习内部动力	4.03	0.53	
学习需要	3.89	0.78	230
学习的主动性	3.88	0.79	
学习动机	4.25	0.55	
学习外部支持	14.37	4.52	

注：学习外部支持变量为量表总分的均值、标准差，其余为题项均分的均值标准差。

对幼儿教师专业成长动力、学习外部支持及学习内部动力进行相关分析，结果表明，教师专业成长动力与学习支持资源呈显著、低度正相关（$r=0.35$，$p<0.001$），与学习内部动力呈显著的正相关，相关程度为高相关（$r=0.66$，$P<0.001$）。幼儿教师专业成长动力与学习主动性呈显著的、中等程度正相关（$r=0.65$，$P<0.001$），与学习动机呈显著的、高度的正相关（$r=0.77$，$P<0.001$），与学习需要呈显著的、低度正相关（$r=0.21$，$p=0.001$）。

（三）教师个人特征不同组别专业成长动力差异分析

根据不同的职务、获得不同级别荣誉称号进行幼儿教师专业成长动力方差分析，结果如表 3.19 所示。方差分析结果发现，以上因素不同组别的幼儿教师专业成长动力存在差异。此外，著者还检验了不同年龄、教龄及第一学历水平组别教师专业成长动力的差异，结果显示，年龄、教龄、第一学历水平不同组别专业成长动力并无差异。

不同职务组的幼儿教师专业成长动力方差分析显示，方差齐，F 检验具有显著性，即不同职务组幼儿教师专业成长动力不完全相同，$F(3, 226) = 4.23$，$\eta^2 = 0.05$，$\omega^2 = 0.045$，$p = 0.006$。由于关联强度系数$\omega^2=0.045$，根据 Cohen（1988）的观点，ω^2的值大于 0.138，表示一种高度关联强度；ω^2的值介于 0.059 至 0.138 之间，变量间属于中度关联强度；ω^2的值小于 0.059，变量间属于低度关联强度。① 因此，职务能够解释专业发展动力变异量的 4.5%，两者关系属于低度关联强度。保教主任/副园长的专业成长动力高于教师（$p=0.01$，$d=0.65$），保教主任/副园长的专业成长动力高于班主任（$p=0.02$，$d=0.55$）。

获得不同级别荣誉称号的幼儿教师专业成长动力方差分析显示，方差齐，F 检验具有显著性，即不同级别荣誉称号组别的幼儿教师专业成长动力不完全相同，$F(2, 227)=4.47$，$\eta^2=0.04$，$\omega^2=0.03$，$p=0.01$。由于关联强度系数$\omega^2=0.03$，因此，所获得荣誉称号能够解释专业发展动力变异量的 3%，两者关系属于低度关联强度。获得园级优秀称号的教师专业成长动力高于无称号的教师（$p=0.01$，$d=0.46$）。

表 3.19　不同职务、不同级别荣誉称号组别的教师专业发展动力比较

	M±SD	N	F	P	事后检验
职　务					
教　师	4.02±0.63	86	4.23***	0.006	
班主任	4.04±0.75	67			保教主任/副园长>教师**
保教主任/副园长	4.42±0.56	41			保教主任/副园长>班主任*
园　长	4.23±0.56	38			
荣誉称号					
无	4.02±0.68	120	4.47**	0.01	
园　级	4.32±0.57	62			园级>无**
区县及以上	4.18±0.65	48			

注：*表示 $p<0.05$，**表示 $p<0.01$，***表示 $p<0.001$。

① 吴明隆：《问卷统计分析实务：SPSS 操作与应用》，重庆：重庆大学出版社，2010 年版，第 354 页。

就是否主持过课题组别幼儿教师专业成长动力进行独立样本的 T 检验，结果发现主持过课题的幼儿教师专业成长动力高于未主持过课题的幼儿教师，差异具有统计学意义。结果如表 3.20 所示。

表 3.20 是否主持过课题组别教师专业成长动力独立样本 T 检验

是否主持过课题	M±SD	N	t	P	Cohen's d
是	4.29±0.61	60	2.19	0.03*	0.33
否	4.08±0.67	170			

注：*表示 $p<0.05$。

（四）不同的学习外部支持条件下教师专业成长动力差异分析

以不同的学习外部支持条件分组，对教师专业成长动力进行方差分析及独立样本的 T 检验，结果如表 3.21 所示。外出培训频率不同组别的幼儿教师专业成长动力方差分析显示，方差齐，F 检验具有显著性，即外出培训频率不同组别的幼儿教师专业成长动力不完全相同，$F(2, 227)=5.96$，$\eta^2=0.04$，$\omega^2=0.03$，$p=0.003$。由于关联强度系数 $\omega^2=0.03$，因此，外出培训频率能够解释专业发展动力变异量的 3%，两者关系属于低度关联强度。外出培训频率高的教师专业成长动力高于外出培训频率中等的教师（$p=0.03$，$d=0.46$），外出培训频率高的教师专业成长动力高于外出培训频率低的教师（$p=0.01$，$d=0.50$）。

园内培训频率不同组别的幼儿教师专业成长动力方差分析显示，方差齐，F 检验具有显著性，即园内培训频率不同组别的幼儿教师专业成长动力不完全相同，$F(2, 227)=8.99$，$\eta^2=0.07$，$\omega^2=0.06$，$p=0.0001$。由于关联强度系数 $\omega^2=0.06$，因此，园内培训频率能够解释专业发展动力变异量的 6%，两者关系属于中度关联强度。园内培训频率高的教师专业成长动力高于园内培训频率低的教师（$p<0.001$，$d=0.85$）。

园内读书交流频率高的幼儿教师专业成长动力方差分析显示，方差齐，F 检验具有显著性，即园内读书频率不同组别的幼儿教师专业成长动力不完全相同，F（2，227）= 7.33，η^2= 0.06，ω^2= 0.05，p = 0.0008。由于关联强度系数ω^2=0.05，因此，园内读书交流频率能够解释专业发展动力变异量的5%，两者关系属于低度关联强度。园内读书交流频率高的教师专业成长动力高于园内读书交流频率中等的教师（p=0.03，d=0.46），园内读书交流频率高的教师专业成长动力高于园内读书交流频率低的教师（p<0.001，d=0.62）。

表 3.21 不同外部学习支持条件下幼儿教师专业成长动力差异分析

	M±SD	N	F	P	事后检验
外出培训频率					
低	4.03±0.74	72	5.96***	0.003	
中	4.08±0.64	99			高>低**
高	4.36±0.53	59			高>中*
园内培训频率					
低	4.02±0.65	154	8.99***	0.0001	
中	4.26±0.65	51			高>低**
高	4.56±0.47	25			
读书交流频率					
低	4.00±0.65	103	7.33***	0.0008	高>低**
中	4.10±0.68	63			高>中*
高	4.39±0.59	64			

注：*表示 p<0.05，**表示 p<0.01，***表示 p<0.001。

就幼儿园是否提供专门学习场所、是否提供专门学习时间分别分组对幼儿教师专业成长动力进行独立样本的T检验，结果表明，主持过课题的幼儿教师专业成长动力高于未主持过课题的幼儿教师，幼儿园提供专门学习场所的幼儿教师专业成长动力高于未提供学习场所的教师，幼儿园提供专门学习时间的幼儿教师专业成长动力高于未提供专门学习时间的幼儿教师。独立样本T检验的结果如表3.22所示。

表3.22 不同学习外部支持下幼儿教师专业成长动力T检验

	M±SD	N	t	P	Cohen's d
是否提供专门学习场所					
是	4.20±0.62	184	3.36	0.0009***	0.52
否	3.87±0.74	46			
是否提供专门学习时间					
是	4.22±0.62	172	3.17	0.0017**	0.51
否	3.89±0.71	58			

注：*表示 $p<0.05$，**表示 $p<0.01$，***表示 $p<0.001$。

（五）分层回归分析

以幼儿教师学习内部动力、学习外部支持为自变量，幼儿教师专业成长动力为因变量，进行序列回归分析。回归分析前进行了数据极端异常值、线性、正态性假设的判定，删去极端值一个，保留229个样本数据进行分析，数据基本符合正态分布，同质性的前提。自变量之间存在一定的相关，多重共线性诊断结果显示自变量的方差膨胀因子（VIF）小于2，容忍度大于0.85，因此不存在多重共线性问题，且样本量足够。第一层放入幼儿教师学习外部支持，第二层放入幼儿教师学习内部动力，依次进行分层线性回归分析。

分层回归分析结果如表3.23所示。第一层放入的学习外部支持变量可显著预测幼儿教师专业成长动力（$\beta=0.36$，$P<0.001$），模型能够

解释幼儿教师专业成长动力变异量的16%。第二层放入学习内部动力变量，总模型依然显著，能够解释幼儿教师专业成长动力变异量的46%，在控制学习外部支持变量后，幼儿教师学习内部动力仍可以显著预测幼儿教师专业成长动力的变异，此时模型对幼儿教师专业成长动力变异的解释率增加30%。

表3.23　分层回归分析结果

	第一步				第二步			
	b	SE	β	t	b	SE	β	t
学习外部支持	0.29	0.04	0.40***	6.52	0.15	0.04	0.20**	3.83
学习内部动力					0.28	0.02	0.58***	11.17
R^2		0.16***				0.46***		
ΔR^2		0.16***				0.30***		
F		42.53				95.41		

注：*表示p<0.05，**表示p<0.01，***表示p<0.001。

（六）中介效应分析

基于幼儿教师的内部学习动力对幼儿园学习外部支持及幼儿教师专业成长动力起到中介作用的假设，进行学习外部支持对专业成长动力的影响路径中学习内部动力的中介效应分析。中介效应分析中采用Bootstrap取样方法对中介效应进行检验，设定样本量为1000，以估计中介效应量的95%置信区间。中介效应分析结果如表3.24所示，图3.3为中介效应图。中介效应分析可见，学习外部支持对专业成长动力回归系数c为0.29（p<0.001）；学习外部支持对学习内部动力的回归系数a为0.52（p<0.001）；学习外部支持及学习内部动力对专业成长动力回归模型中，学习外部支持的回归系数b为0.28（p<0.001），同时学习内部动力回归系数c'为0.15（p<0.01）。因此，中介效应检验中

直接效应 c'=0. 15，间接效应 ab=0. 14，经 Bootstrap 检验，中介效应量置信区间不包括0，中介效应显著。c'<c 且 c'≠0，因此，该中介效应为部分中介。

表 3. 24　幼儿教师学习内部动力对外部支持与专业成长动力的中介效应

因变量=专业成长动力	效应量	SEboot	Bootstrap 95%置信区间 下限	上限
自变量=学习外部支持				
直接效应	0. 15[a]	0. 10	0. 07	0. 22
学习内部动力的间接效应	0. 14[a]	0. 02	0. 09	0. 20

注：a 表示置信区间不包含 0。

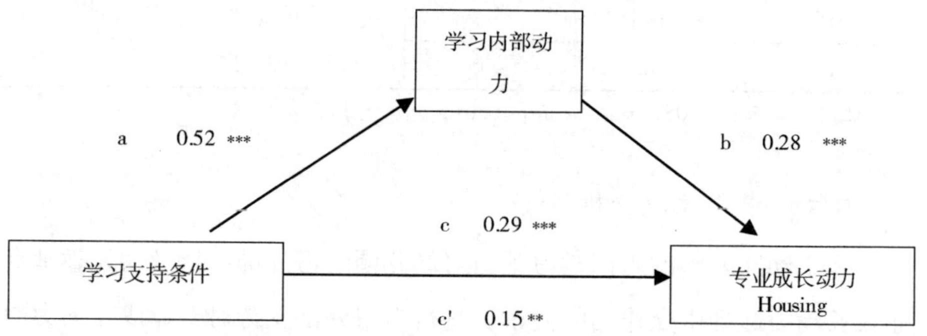

图 3. 3　幼儿教师学习内部动力对外部支持与专业成长动力的中介效应

五、讨论

本部分的调查结果主要描述了所调查幼儿教师的专业成长动力水平，分析了幼儿教师专业成长动力水平与其职务、所获荣誉、主持课题等教师个人特征性因素，与幼儿园提供外部学习支持、教师内部学习动力等因素之间的关系。通过方差分析及独立样本的T检验，检验了先前所提出的假设，即不同职务、所获不同荣誉、是否主持课题教师的专业成长动力有所不同。同时，幼儿园提供的外部学习支持能够预测幼儿教师的专业成长动力，幼儿教师的内部学习动力能够预测幼儿教师专业成长动力，且学习内部动力对外部支持对专业成长动力的影响起到部分中介作用。因此，量化研究通过相对较大样本的调查分析验证了质性研究形成的理论假设。

首先，根据职务、所获荣誉等教师个人特征性因素分组进行的方差分析结果表明，园长和保教主任专业成长动力高于教师、班主任。获得园级优秀称号的教师专业成长动力高于未获得任何称号的教师。以是否主持课题分组进行的独立样本T检验表明，主持过课题研究的教师专业成长动力高于未主持过课题研究的教师。

其次，幼儿园提供的外部学习支持也对幼儿教师专业成长动力产生影响。独立样本的T检验结果表明，幼儿园为其提供了专门学习场所、学习时间的教师专业成长动力高于未获得该支持的教师。方差分析的结果表明，获得幼儿园提供的外出培训频率、园内培训频率、园内读书交流频率高的教师其专业成长动力高于获得支持频率低的教师。其中，园内培训频率与幼儿教师专业成长动力呈中等强度的关联，其他因素皆与幼儿教师专业成长动力呈低强度的关联。

再次，回归分析的结果表明，幼儿园提供的外部学习支持及教师学习的内部动力能够预测幼儿教师的专业成长动力，且在控制了外部学习支持的条件下，教师学习内部动力依然能够预测幼儿教师专业成长动力，且教师学习的内部动力对幼儿教师专业成长动力变异的解释量高于外部学习支持。进一步的中介效应分析验证了研究假设，即幼儿园提供的外部支持对于幼儿教师专业成长动力的影响部分通过教师学习的内部动力中介而实现。

最后，本研究中调查的对象仅从 C 市选取，因此样本具有一定的地域特征，同时由于参与培训班的幼儿教师本身的成长动力可能是偏高的，因此也可能存在选择偏差，一定程度上影响了样本的代表性。本研究中的幼儿教师专业成长动力相对较高，学习内部动力相对较高，可能与所选样本的特征相关，因此，本研究的结论推广受到一定的限制。然而，调查结果显示幼儿园为教师提供的学习外部支持不足仍是需要关注的问题。同时，本研究中对于幼儿教师学习及专业成长之间关系的探索仍需在其他幼儿教师样本群体中进一步验证。

第四章

学习视野下幼儿教师专业成长动力深度剖析

幼儿教师专业成长是在幼儿园具体教育实践场域中的成长，推动幼儿教师专业成长的动力由内部动力和外部动力构成。内部动力是相对外部动力而言的，源于幼儿教师自身的动力，主要由生命理解、信仰、需要和动机等构成。外部动力是相对内部动力而言的，源于幼儿教师所在的幼儿园外部环境对幼儿教师专业成长的推动力。幼儿教师的内部动力通过学习形成，幼儿园外部环境能否助力幼儿教师专业成长的关键在于其是否有利于幼儿教师的学习。学习是将外部动力内化，调和内外动力，让力量和谐共生，在幼儿教师身体内流动，推动幼儿教师专业成长的关键。

第一节　幼儿教师专业成长的内部动力与学习

幼儿教师专业成长的内部动力是整个动力系统的主轴，外部动力要转化为内部动力才能推动幼儿教师专业成长行为的产生。本研究通过调查发现，信仰、需要、动机等内部动力与专业成长高度相关，这三种内部动力背后还有一个深层次的生命理解，它们共同构成幼儿教师专业成长的内部动力（如图 4.1）。

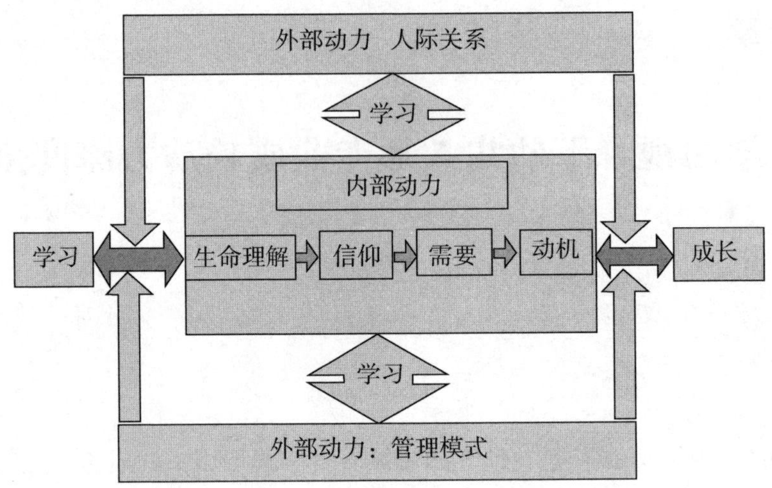

图 4.1 学习与幼儿教师专业成长动力关系图

一、幼儿教师的生命理解与学习

（一）关于生命理解的代表性观点

人之谜是宇宙之谜的核心，而生命之谜又是人之谜的中心。① 生命观是人对生命的看法、态度和理解。在马克思主义理论体系中，关于人的理论认为生命观是个体或群体对人的生命本质的认识，是对生命本质、生命过程、生命价值、生命意义和生命归宿等问题的理解。② “我从哪里来；我是谁；我到哪里去”三个问题构成人类探索生命的三大核心主题。古今中外的哲学家、心理学家、社会学家、人类学家和教育学家对相同的问题给出了不同的答案。

① 姜国峰：《论马克思生存论视域下的生命观变革》，载《兰州学刊》，2012 年第 2 期，第 204 页。

② 胡广来，仓伟：《成人学习中“生命观”的缺失与回归路径》，载《中国成人教育》，2017 年第 18 期，第 12 页。

1. 西方关于生命理解的几种代表性观点

西方对生命的理解主要存在四种观点：第一种观点是实体论、一元论或预成论的生命观。认为人的生命是给定的，只有唯一的本质解释，寻求对人的生命的绝对解释和终极理解。例如，被誉为西方哲学始祖的泰勒斯（Thales）认为水是生命的原质和动因。① 阿那克西曼德（Anaximander）认为生命出于一种简单的原质，它是无限的、永恒的而且无尽的。“万物所由之而生的东西，万物消灭后复归于它，这是命运规定了的，因为万物按照时间的秩序，为它们彼此间的不正义互相补偿。”② 赫拉克利特（Herakleitus）认为火是生命的实质；万物都像火一样，是由别的东西的死亡而诞生的。“一切产生于一、一产生一切”，一就是神。③ 心理学家弗洛伊德认为基于生物性冲动的本能是生命的原始动力。以福禄贝尔（Fröbel）为代表的教育学家从上帝造人的视角出发，认为人的生命是上帝本性的张显。

第二种观点认为人的生命的本质是精神主体的自我创造与发展。代表人物是德国哲学家黑格尔（Hegel），他认为人的生命是一种超越物质的精神性存在，精神的实质是自由，是对物质的超越。“理念正如同灵魂向导默久里神，真正是各民族和世界的领域；而精神，即这位向导的理性的、必然的意志，是世界历史的种种事件的指导者，而且一向就是。按精神的这种指导职能来认识精神，便是我们当前的工作的目

① ［英］罗素：《西方哲学史（上卷）》，何兆武，李约瑟译，北京：商务印书馆，2016 年版，第 52 页。

② ［英］罗素：《西方哲学史（上卷）》，何兆武，李约瑟译，北京：商务印书馆，2016 年版，第 54 页。

③ ［英］罗素：《西方哲学史（上卷）》，何兆武，李约瑟译，北京：商务印书馆，2016 年版，第 72 页。

的。"① 理性是一切自然生命和精神生命的无限素材与无限形式，是宇宙的实体。②"精神的实质是自由，物质的实质是重量。物质在自己以外，而精神在自身以内具有中心，精神是自足的存在。精神是自身均一的无限，是纯粹的同一性，这同一性把自己同自己分离开，作为自己的另一个东西，作为和共相对立的'向自有'及'内自有'。"③ 这种生命的理解赋予人主动性和自由。

第三种观点是生命哲学流派的生命观。生命哲学反对生命的机械论，赋予生命的本质以非生物学的意义。认为生命是富有创造性的活动，是一种可以自由释放的能量，是非物质的、不能度量的连续体，非实体和非理性。生命哲学与传统哲学相比，生命哲学强调生命的生成和过程，而非强调本质。领会、说明和体验是认识精神世界的方式。生命哲学的代表人物有叔本华、尼采、伯格森等，叔本华认为感觉是人的生命意义同一性的基础，感觉背后的自在之物是生物冲动的意志。尼采则认为意志具有超越性和创造性，二者共同构成生命意义本身。伯格森认为人内心深处的具有绵延性的生命感觉推动着人们不断创造个人生活。④

第四种观点是马克思对人的生命的理解。马克思立足于人生活的社会实践理解人的生命，认为人的生命是在生命实践中展开自身并领悟和通达自身"存在"的存在者。人的生命生存是人在生活实践活动中自

① ［英］罗素：《西方哲学史》，何兆武，李约瑟译，北京：上午印书馆，2016年版，第306页。

② ［英］罗素：《西方哲学史》（上卷），何兆武，李约瑟译，北京：商务印书馆，2016年版，第306页。

③ ［英］罗素：《西方哲学史》（上卷），何兆武，李约瑟译，北京：商务印书馆，2016年版，第307页。

④ 张懿，夏文斌：《论马克思的生命观对西方哲学的三重超越》，载《广东社会科学》，2018年第2期，第69页。

觉展开的感性对象性活动，而非抽象的实体。[①] 马克思认为人不仅有生物性的自然属性，而且人具有源自内部的价值需要和追求。人作为类的特质就在于人是自由的、有意识的生命活动，在现实性上是一切社会关系的总和。[②] 马克思最终从人真实生活场域的社会关系上理解生命，这也为本研究提供重要的指导。幼儿教师的专业成长与其教育生活中的他人所构成的社会关系的性质密切相关。

2. 中国关于生命理解的几种观点

生命观是中国文化的重要组成部分，主要贯穿在道家文化、儒家文化和佛家文化中。道家文化中蕴藏着丰富的生命智慧，重生乐死、生死俱善。老子和庄子是道家思想的最具代表性的人物。他们将对人的生命的理解放置到整个宇宙天地和自然中，而不仅仅局限于人类社会中。老子主张天地万物之生的总原理是道。“道者，万物之所然也，万理之所稽也。理者，成物之文也。道者，万物之所以成也。”[③] 主张“人法地，地法天，天法道、道法自然”[④]，人的生命生成有自然之道，那生命的运行也要尊重自然之道。老子既重视人的肉体生命，也重视人的精神生命，主张在自然中将人的精神生命与肉体生命合二为一。老子期望将肉体生命与精神生命融合于天地自然中，从而实现生命的死而不亡。庄子将生命完全融化于天地自然之间，生命由天地所造，在天地中运行，复归天地自然。他希望人可以肉体生命和社会文化生命，解救被困于现实

① 姜国峰：《论马克思生存论视域下的生命观变革》，载《兰州学刊》，2012 年第 2 期，第 205 页。

② 中共中央马克思恩格斯列宁斯大林著作编译局：《马克思恩格斯文集》（第一卷），北京：人民出版社，2009 年版，第 501 页。

③ 冯友兰：《中国哲学史》（上），重庆：重庆出版社，2009 年版，第 145 页。

④ 冯友兰：《中国哲学史》（上），重庆：重庆出版社，2009 年版，146 页。

生活中的生命。[①] 庄子追求幸福，认为“凡物皆有道，而各得其德，凡物各有其自然之性。苟顺其自然之性，则幸福当下即是，不需外求”[②]。

儒家文化生命观贵生慎死，将对死的恐惧和逃避转化为对生的追求。孔子在《论语·先进》中说“未能事人，焉能事鬼”，“未知生，焉知死”。在《论语· 雍也》中指出“务民之义，敬鬼神而远之，可谓知矣”，主张敬鬼神而远之。[③] 儒家尤其注重孝道，并将孝与生命的延续合并在一起，主张不孝有三无后为大。中国古代的重丧葬与祭祀文化也是儒家期望将生死连接起来的表现。孔子也主张顺应天命，乐天知命。“子曰：‘不怨天，不尤人；下学而上达。知我者其天乎。’”“子曰：‘君子有三畏：畏天命，畏大人，畏圣人之言’”。[④] 与道家生命观将人的生命放置于整个天地自然中进行理解不同，儒家将人的生命放置到人类群体的社会文化生活中，追求礼仪。认为人之真性情的自由流露必须合乎礼仪规定。儒家认为德是生命中最重要的内容，当物质生命与仁、义、礼等德的要求冲突时，主张舍物质生命而成全德性。因此，在儒家眼中，肉体生命只是精神生命的存在形式，生命的本质是精神生命或社会道德生命。因此，主张用对“仁”“义”“礼”等德性的追求超越死亡，实现永生。[⑤] 对于人性，孔子主张“性相近，习相远”，其人性观为人通过学习提升人性、发展人性提供了无限的空间。

佛教自西域传入中国，在中国生根发芽，并融入中国文化中。佛家极为重视生与死的生命理解，生死观构成其哲学的核心体系。佛家看似

① 卢冰：《论老庄生命观的异同》，载《湖北社会科学》，2017 年第 1 期，第 103-109 页。
② 冯友兰：《中国哲学史》（上），重庆：重庆出版社，2009 年版，第 190 页。
③ 冯友兰：《中国哲学史》（上），重庆：重庆出版社，2009 年版，第 54 页。
④ 冯友兰：《中国哲学史》（上），重庆：重庆出版社，2009 年版，第 53-54 页。
⑤ 梁玉敏：《论儒释道生命观及现代价值》，载《求索》，2013 年第 9 期，第 108-109 页。

消极理解生死，却在以终极的积极看待生死，以大慈悲关怀生命，追求超越生死的不生不灭。佛家站在过去、现在和未来的时间连续体上看待生命，将生命分为肉体生命和灵魂生命，生命的本质是灵魂生命而非物质的肉体生命。佛家认为在宇宙系统中存在因果循环的业力报应。存在天道、人间道、修罗道、畜生道、饿鬼道、地狱道六道轮回，人今生在哪个道，来生去哪个道，往生在哪个道互为因果。佛家追求终极的善，主张善有善报、恶有恶报。人的生命中充满贪嗔痴的苦，人生修行的目的就是在于通过发善心、做善事，去贪嗔痴，最终实现超越生死、顿悟成佛。对于生命，佛家讲众生平等，以大慈悲心关怀所有生命，以成就他人来成就自己。佛家以去私欲，修心性为追求，认为生命是无边苦的历程，死是生的终点又是生的开始。生死轮回最苦，人应该通过心性和行为的修养，以对生命的终极关怀，超越生死，领悟生命的本质。

（二）生命理解在幼儿教师专业成长动力系统中的定位与价值

生命观是世界观的有机构成部分，幼儿教师对生命的理解在其专业成长的动力系统中处于最深层次，在幼儿教师专业成长动力系统中直接决定着幼儿教师的信仰。观念虽然不等于行动，但正确的观念是正确行为的前提条件。幼儿教师作为生命的主体，对生命的理解影响着价值观、儿童观和教育观，影响专业成长与工作的积极性与主动性，进而影响幼儿教师的教育行为。幼儿教师如果仅仅从生物学的角度理解生命，往往会认为人是动物的一种，将生命看成是物质的或肉体的。认为自己从娘胎里来，由肌肉、骨骼、血液、毛发构成，身死生命即刻消亡。生命的历程就是从身体的出生到身体的死亡，最长不过一百多年。这种纯物质的生命观极易导致幼儿教师陷入过度的物质追求，而缺少精神追求。主要表现为以工资收入、身体享受、物质工作环境和社会地位作为自己从事幼儿教育的主要追求。当这些外部物质追求无法满足时，就会出现消极情绪和职业倦怠。在工作中表现出过强的自我中心特点，移情能力较差，较难站在幼儿、家长和同事的角度思考问题，较难出现基于精神生命关怀的发自内心的爱和奉献，人际关系会陷入僵硬的状态；过于追求物质回报，而不能做到发自内心的付出。具有这种生命理解的幼儿教师面临当前我国的幼儿教育普遍表现出的工资收入相对较低、工作内容繁杂、工作量大、工作对象具有幼稚性和复杂性等问题时就会出现内部需求与外部现实的矛盾。具有这种生命理解倾向的幼儿教师其专业成长动力难以持续和丰盈。

如果幼儿教师侧重从精神维度理解生命，就会认为精神生命是人的生命本质，而非物质生命。人作为高级动物与其他动物的区别就在于人是具有精神属性的。人的精神是独立于肉体的，人的生命追求应以精神追求和道德追求为主。当精神与物质发生矛盾时，舍物质而取精神。具有这种生命理解取向的幼儿教师在工作中追求精神的满足，面对专业成长和工作中遇到的问题有坚韧不拔的精神；具有一定的职业信仰，职业道德感较强，具有较强的责任心和使命感；职业成就感需求较强，当遇到相对宽松的工作氛围和外部积极评价时专业成长的积极性与主动性较强；相反，当遭遇不适宜的环境时，容易走向自我的封闭，出现适应困难。

如果幼儿教师侧重从基于积极生命定向的自我实现视角理解生命，就会允许生命差异的存在，同时信任、尊重自我生命和他人生命，能较好地处理物质生命和精神生命的关系。马克思和罗杰斯均具有从这种视角理解生命的观点，将对人的生命理解置于具体的场景和活动中，赋予人的生命以自由性、创造性和巨大的潜力。具有这种生命理解取向的幼儿教师较容易形成自我定位和自我价值的正确认知，适应能力较强，能在有限的环境中积极主动地实现自我价值，具有适度的责任感和使命感；较易以积极、主动的态度投入到专业成长和工作中；遇到专业成长瓶颈和工作困境等不良环境时，不容易陷入迷茫和沉浸在消极情绪中，在内部需求与外部环境产生失衡时，能积极寻找平衡点。同时，在对自我生命价值有正确认知的基础上，能正确认知他人的生命价值，对每个幼儿、同事、家长的生命价值给予充分的理解、信任和尊重。在争取自身生命价值实现的同时，为他人生命价值的实现提供力所能及的支持与帮助。较容易形成和谐的人际氛围，内部自我呈现开放的状态。能够将生命价值实现与专业价值实现有机融合。具有这种生命理解的幼儿教师其专业成长动力带有持续性，容易丰盈。

（三）幼儿教师通过学习形成并完善自己的生命理解

个体的生命理解不是先天的，而是后天逐渐形成并变化的，其过程受个体生命所在生态圈的自然环境、历史、文化、政治、经济等方面的影响。个体是在具体的生活场景中通过不断的学习来建构自己的生命理解的。幼儿教师所从事的幼儿教育工作是一个为了释放、提升和成全生命，在生命过程中展开的职业。因此，对幼儿教师的生命理解具有更高要求。幼儿教师生命理解的形成与提升是后天学习的结果，是伴随着学习的深入而逐渐形成和提升的，主要有自在的学习和自为的学习两种途径。自在的学习是指幼儿教师和从事其他职业人群一样受历史、文化、政治、经济的影响，潜移默化、自然发生对生命的理解。

幼儿教师为满足幼儿教育职业要求而进行的自为学习，可以不断完善和提升自己的生命理解。幼儿教师所从事的幼儿教育工作是基础教育的基础，是教育的奠基部分，而教育本质上是人不断提升自己获取、处理和使用知识智慧的生命过程。从历时维度上看，教育本身就是个体和人类族群生命延续的过程。从空间维度上看，教育本身就是人类生命存在的方式。人类通过教育正确认知自己的生命、创造生命、完善与提升生命。① 幼儿教育是学前教育的重要组成部分，人类生命延续历程中积淀下来的众多有待被发现的秘密蕴藏于学前早期这个阶段。因此，幼儿教师应基于整个人类学的视野理解、学习教育学学科和开展幼儿教育活动。

幼儿教师以自为的学习完善和提升生命理解又有两条途径。第一条途径是通过课程学习和阅读进行学习。通过对中国哲学史、西方哲学史、教育哲学、马克思主义哲学等课程的学习或书籍的阅读汲取哲学中关于生命理解的精华，拓展生命理解的视野，以多元的视角理解生命，通过批判性、反思性和辩证性地看待各种生命理解观点，为完善和提升自己的生命理解提供哲学基础。通过对儿童哲学、学前儿童心理学、学前卫生学等课程或书籍的学习，基于对学前儿童身、心、灵的理解来完善和提升自己生命理解。通过阅读福禄贝尔、蒙台梭利、马拉古奇、斯坦纳、陈鹤琴、陶行知、张雪门等学前教育发展历程中具有划时代引领意义的中外学前教育家的专著来完善和提升自己的生命理解。这些教育家专著中的教育思想是基于其人类学、伦理学、哲学、心理学、教育学、社会学、文化学、艺术学、宗教学、医学、数学等多学科背景，经过大量的实践探索而得的精华，对幼儿教师完善和提升生命理解具有重要价值。

本研究通过调查发现，当前幼儿教师对本部分的学习极为欠缺。主要表现为从观念上认为这些专著抽象、晦涩、难懂，难以应用到实践中，进而抽象和笼统地产生专业理论无用的观点。这样的观点严重限制了幼儿教师从根源上认知和理解幼儿教育的前世和今生，同时也阻碍了

① 巴登尼玛，李松林，刘冲：《人类生命智慧提升过程是教育学学科发展的原点》，载《教育研究》，2014 年第 6 期，第 21 页。

幼儿教师理想幼儿教育愿景的形成。研究发现，专业成长水平高、专业成长动力充足的幼儿教师会产生阅读专著的需要和行为。著者发现学前教育教师的职前培养缺少或忽视本分部内容的学习，其根源在于受极度实用主义人才培养观念的影响，过于侧重实践技能的培训。其结果导致幼儿教师职后缺少创生性学习的基础，限制了幼儿教师持续专业成长。

幼儿教师以自为的学习来完善和提升生命理解的第二条途径是在幼儿教育实践中学习。幼儿教师带着自己通过课程学习或书籍阅读所形成的生命观进入幼儿教育实践的现场，在实践中利用先前积累的生命理解指导自己开展教育实践活动。在教育实践活动中通过与幼儿交往，与同事交往，与家长交往和与其他幼儿教育相关社会人员交往持续不断矫正、完善和提升自己的生命理解。尤其是向幼儿学习，幼儿内部情感与体验与外部行为语言一致，具有真诚开放的特点。幼儿万物有灵论的特点，让其形成众生平等的精神特点。乃至于赋予花草树木、鸟兽鱼虫人的灵魂，可与之对话和交流。幼儿的内心世界纯净，充满善和同情，情感丰富，没有仇恨。幼儿的精神世界丰富，可以通过无限的想象，突破现实的束缚，游走于童话世界与现实世界之间，这也是人类无限创造力的源泉。幼儿教师打开心扉、放低身段，虚心向幼儿学习可以完善和提升自己的生命理解。人类学家斯坦纳（Steiner）所创立的华德福教育体系，教师每周教研活动的首要内容就是介绍自己发现的幼儿的优点及对自己的启示。① 研究发现，专业成长水平高、专业成长动力充足的幼儿教师的一大特征就是善于向幼儿学习，虚心向幼儿学习，能在与幼儿的交往中体验到幸福感和成就感。这正如访谈对象 A1 所谈及的（口述实录，略微整理）：

---

① ［奥地利］鲁道夫·斯坦纳：《童年的王国》，潘定凯译，深圳：深圳报业集团出版社，2014 年版，第 128 页。

我的学习第一个肯定是向书本学。第二个就是向同行学，向老师学，参加培训。第三个，我觉得是向孩子学习。我觉得向孩子学习是非常重要。因为书本上的东西，它是一些比较理论的，比如说别人教给你的东西，比如说专家的一些讲座，那些不是基于你自己的实践。就像这些关于我和我们那些儿童的一些故事，我静下心来之后，还要进行整理和收集。因为现在基本上一个星期，像我们正园长就是安排一个半日活动，到儿童身边，和儿童在一起，你就会发现很多你在书本上曾经看到过的一些理论的真实的反应。

然后，这样一个反应过后就会强化对一些观点的认知，而且它会颠覆你心里面的一种对孩子的不信任、不相信。举个例子，其实这个例子我原来也说了很多次。原来我们班上的孩子，他在中班的时候，就在场镇校区，然后大班的时候，就要到白果校区。是大五班的，我很清楚地记得，第一次还是第二次去上他们的课。然后我就打算通过交流谈话方式进行。通过作画来把孩子们到了新园区之后你喜欢的或者是你最感兴趣的地方画下来，孩子们还是很感兴趣。最后到了一个展示的环节，就有一对双胞胎，叫大双和小双。大双就把他的作品拿上来，我们那有个米奇小屋，本身这个孩子就画得很好。然后画了四个小朋友，围抱在米奇小屋旁边。有太阳，有树。我就觉得首先他的画画得很好。我就马上都还没有等他开口，就进行评价。我说，宝贝们你们看，大双小朋友这个画画得很好，他在画这些小朋友在米奇小屋旁边做游戏。这是我的解读。大双他就很干脆地打断了我的发言。他说园长妈妈你说的不对，他说那些小朋友不是在那里做游戏，而是在想有多少个小朋友手拉手可以把米奇小屋围起来。当时我就觉得太羞愧了，完全没有解读孩子的行为而妄加评论。但是我也觉得很欣慰，就是说孩子能够勇敢地来打断我，来挑战我的权威，来把自己的想法阐述出来。当时我就肯定了他的这些想法，给他一些具体的肯定。然后集中教育活动就结束了，接着就是户外活动。我就跟他说，我说大双你不是想验证吗，现在园长妈妈就给你这个权力，你自己去验证一下。他就很开心，他的领导力是很强的。组织一些小朋友去验证了，这些我就没有管他。后来他就回来，跑过来很开心地告诉我：园长妈妈如果小朋友们手拉手，如果拉的直直的，就只需要11个小朋友，如果手不拉这么直，就需要12个小朋友。这就是原始的一个状态。我们下来之后，我就在QQ上面把这个事情记录下来，他所给我的启发就很多了。我还有很多，我基本上每次去上集中教育活动，如果说有空或者是有亮点的，我都会把它记录下来。对我自己的冲击大，就是我们大人那种相信儿童的力量的那种观点，真的是停留在口头上。我们的观念还需要进一步解放，我们的思想还需要进一步解放，然后孩子他才能够真的带给你很多意想不到的精彩，关键是我们如何去支持他发展。

从上面访谈对象A1的陈述可以看出她是一位学习需求很强的园长。能够在日常教学活动中虚心向幼儿学习，看到幼儿身上的闪光点，并反思自己的教学方法与心智模式，这是一位幼儿教师持续成长的关键所在。总之，幼儿教师的生命理解是通过其自在的学习和自为的学习不断完善和提升的，为幼儿教师专业成长动力注入源源不断的能量。

二、幼儿教师的信仰与学习

人基于对生命关系的理解形成信仰，信仰是人对生、死答案追问的结果。许慎《说文解字》对“信”的解释是“信，诚也。从人，从言”。信原义是语言真实，《老子》有“信言不美，美言不信”的论述。延伸意为诚实有信用。也有相信、信任的意思。《论语》有言“听其言而信其行”①。儒家将“信”作为五常之一，《白虎通义》言：“信者，诚也，专一而不移也。”②《说文解字》将“仰”解释为“举也”。原义是抬头向上。《易·系辞上》有言：“仰以关于天文，俯以察于地理。”因古人对天或者尊敬的人行伏地跪拜大礼，双目仰视，故延伸出敬慕、佩服之义。同时，仰还有依赖、仰仗的意思。例如《墨子·七患》有“凡五谷者，民之所仰也”③。由此可见，信仰是人对生死答案的深信不疑和仰赖，是最深层次、最坚定不移的观念，影响着人的思想和行动。

（一）具有代表性的典型信仰

信仰具有超验性、超自然性和超理性。但信仰并非没有理性，并非与理性冲突，而是理性尽善尽美的表现。④ 信仰并非天赋，而是人赋的结果。信仰是绝对的，是真实存在的，同时也是历史的，具有时间性。但信仰并不神秘。⑤ 法国生命哲学家伯格森（Bergson）认为人并非只有现实世界，而是具有虚拟本能，这种虚拟本能催生了神话。人类的信仰大多以神话的形式存在，因此人类的虚拟本能也催生了信仰。人类在种族延续的过程中遇到靠人力无法解决的现实问题，尤其是关于生与死的问题，就会借助想象和思维创造出超越现实的答案，经过数代人的传递最终形成深信不疑并对此依赖的信仰。德国哲学家卡西尔（Ernst Cassirer）认为对死亡的恐惧是人类最根深蒂固最普遍的本能之一。例

---

① 许慎：《说文解字》（第一册），北京：线装书局，2014 年版，第 155 页。
② 冯友兰：《中国哲学史》（下），重庆：重庆出版社，2009 年版，第 22 页。
③ 许慎：《说文解字》（第一册），北京：线装书局，2014 年版，第 111-112 页。
④ ［德］恩斯特·卡西尔：《人论》，甘阳译，上海：上海译文出版社，2013 年版，第 121 页。
⑤ 潘知常：《“无宗教而有信仰”：审美救赎的中国语境》，载《社会科学家》，2019 年第 1 期，第 145 页。

如，人类对鬼神的信仰，是面对死亡无法接受，面对降生无法解释，于是利用想象期望人死以后进入另外一个世界，并在某个节点重新降世为人。人类对山、河、湖、海的信仰是由于面对自然界的干旱、洪水、海啸、地震等无法解释的自然灾害，跳出现实世界的束缚寻找答案，将其视为山、河、湖、海等神发怒的结果，以绝对的尊敬，祈求平安、风调雨顺、五谷丰登和生命延续的结果。西方对于人从哪里来的追问，给出了上帝造人的答案。但对造人过程的不同解释形成犹太教和基督教的不同信仰。当前人类的信仰异彩纷呈，根据所追求、依赖的侧重点不同，将其分为入世信仰、出世信仰和介于二者之间中间阶段的信仰三种类型。

1. 入世的信仰

在人的信仰中，入世的信仰是指以物质追求和依赖为主的信仰。人类种族和个体在生命延续的过程中，首要的需要是生命的保存。人的生命保存与延续需要物质基础，吃、穿、住、行等是构成人的生命活动的有机组成部分，这些活动的开展均需要物质基础。因此，物质需要是人作为有生命生物的基本需要。经济关系之所以是社会生存和发展的基础，主要原因就在于它首先是一种物质关系，可以满足人的物质需求。① 入世的信仰主要表现为对财富、住房、物质环境、职位、功名及其他福利待遇等有助于人保存和发展的物质利益和经济利益的追求和依赖。对物质的信仰是人类延续和个体生命展开过程中最基本的信仰。马克思认为，“人类通过积极的活动来获取所需的外界物，从而满足人的物质需要。”② 人在动物界中脱颖而出，成为“为天地立心，为生民立命”的主体，是人类通过劳动改造自然的结果。人的第一个历史活动

---

① 徐冰：《人之动力论》，沈阳：辽宁人民出版社，1999 年版，第 170 页。

② 中共中央马克思恩格斯列宁斯大林著作编译局：《马克思恩格斯全集》（第 49 卷），北京：人民出版社，1982 年版，130 页。

就是生产满足这些需要的材料，也就是生产物质生活。人改造世界的实践活动，在本质上是一种为了自身特定需求而从事变革世界或创造世界的自觉的物质活动。通过这种活动，既发展了人造客体，也发展了人之需要。在这个不断拓展的人之需要系统中，其基础和核心部分是维持人生存和发展的物质性需要。①

入世的信仰源于对物质生命的理解，将肉体生命看成生命的最核心组成部分，认为人的生命只有现世当下，忽视精神生命对物质生命的超越性。在人生态度上，具有入世信仰的人将现实生活中的物质利益得失、基于生物本能的欲望、人际交往中的恩恩怨怨与利害关系、个人成败作为为人处世的准则。在人生追求上，具有入世信仰的人尤其注重物质财富和功名利禄，并将其作为自我价值实现的表现。在价值观上，具有入世信仰的人与中国儒家思想价值观一致，将人的立身处世的基础放在人与人相处的社会中，将人类所在的社会秩序的建构和维持作为自己的主要追求。

入世信仰类似于存在主义哲学家克尔凯郭尔人生存在领域中的第一个存在领域即审美生活领域，或者又叫感性生活领域。生活在这个阶段人是"俗人"，追求物质需要与感性快乐，具有欲望化的人格。人一旦完全局限于物质追求中，就会被物质欲望拖着存在。追求物质欲望的瞬间满足，最终导致个体陷入空虚与绝望。处于审美生活中的人只关注现在，漠视作为忏悔的过去或作为义务的未来。"除非是考虑到有益于现在，他们是不会关心过去和未来的。"② 因入世的信仰是对外界物质的追求与依赖，这种追求能否获得满足是个体所无法主宰和控制的，即使满足也是瞬时的，难以持久。当外界无法满足个体的物质需要时，极易

① 徐冰：《人之动力论》，沈阳：辽宁人民出版社，1999 年版，第 175-176 页。
② ［美］托马斯·R·弗林：《存在主义简论》，莫伟民译，北京：外语教学与研究出版社，2015 年版，第 175 页。

出现矛盾，陷入消极情绪中。

2. 出世的信仰

出世是佛家文化的用语，佛家认为俗世间充满苦，应通过修行跳出俗世。具有出世信仰的人以绝对的内部精神为追求和依赖的对象。人是物质的，同时又是精神的。人类在种族延续的过程中突破了物质生命，产生了精神生命，这是人之为人和人类之为人类的本质。人的精神生命为人突破现实束缚，游走于神与人之间，为人的想象和创造提供了可能。“精神作为一种力量比人的肉体更富于生命力。”① 马克思也曾提道：“工人必须有时间满足精神的需要，这种需要的范围和数量由一般的文化状况决定。”②

古希腊哲学家亚里士多德对精神做了比较系统的阐述，提出了“第三个人”的论述：“如果一个人之所以为一个人乃是因为他像那个理想的人，那么就必须有另一个更理想的人，而普通的人和理想的人就都应该像这个更理想的人。”③ 这里理想的人和更理想的人就是精神层面的人，他的意思就是精神生命是物质生命存在的依据。其在《论灵魂》中把灵魂看成是与身体结合在一起的。认为身体和灵魂的关系是质料与形式的关系。“灵魂一定是一个物体的形式的内部就潜存着生命的那种意义上的一种实质。实质是现实，因而灵魂就是具有上述特征的身体的现实。灵魂是与实务本质的规定公式相符合的那种意义上的实质。灵魂是身体的目的因子。”④ 在论述灵魂的同时亚里士多德又对心

① 徐冰：《人之动力论》，沈阳：辽宁人民出版社，1999 年版，第 170 页。

② 中共中央马克思恩格斯列宁斯大林著作编译局：《马克思恩格斯全集》（第 23 卷），北京：人民出版社，1972 年版，第 260 页。

③ ［英］罗素：《西方哲学史》（上卷），何兆武，李约瑟译，北京：商务印书馆，2016 年版，第 227 页。

④ ［英］罗素：《西方哲学史》（上卷），何兆武，李约瑟译，北京：商务印书馆，2016 年版，第 238 页。

灵进行了阐述。他认为灵魂是推动身体并直觉可感觉对象的东西，它以自我滋养、思维和动力为其特征。心灵具有更高的思维功能，是不朽的。灵魂最本质的特征就是它让身体成为一个有机统一的整体。人应当尽自己的努力使自己不朽，依照人类生命中最美好的东西而生活。① 亚里士多德充分地论证了精神生命的重要意义，并从哲学层面指引人应该进行不懈的精神追求。

具有出世信仰的人以历时的思维看待生命，认为生命具有过去、现在和未来，三个部分互为因果；在人性上主张性善论，具有慈悲心；在人生追求上，通过向内的精神追求与依赖，追求自我的终极解脱，寻找心灵的安身之所，舍弃对物质财富、性欲、名利等一切身外之物的追求与依赖。具有出世信仰的人在人生态度上，尊重天道，尊重自然，尊重生命，并尽全力身体力行；在价值观上，与入世信仰将自我价值实现放在社会上不同，出世信仰将人生价值的实现放置于整个宇宙自然，力求做到天人合一。

出世信仰类似于克尔凯郭尔人生存在领域中的信仰生活领域，或宗教生活领域，是个体化存在的最高阶段，强调超越理性的信仰。克尔凯郭尔认为，信仰的“跃迁”是进入宗教领域生活的前提条件，同时也是个体化的最高存在形式。在信仰生活领域，操作性的范畴既不是审美领域中的苦乐，也不是伦理领域的善恶，而是罪和恩。② 在此阶段个体将产生绝对的信和绝对的仰，个体的思想和行为完全依赖于绝对的信仰，信仰客体与信仰主体成为有机统一的整体，内部自我与外部自我实现有机统一，绝对自由出现。

---

① ［英］罗素：《西方哲学史》（上卷），何兆武，李约瑟译，北京：商务印书馆，2016年版，第239-240页。

② ［美］托马斯·R·弗林：《存在主义简论》，莫伟民译，北京：外语教学与研究出版社，2015年版，第180页。

3. 中间阶段的信仰

人既有精神性，也有物质性。精神性与物质性交互存在，构成人的复杂性。从人类延续的历时思维看，首先，人是作为大自然物种的一种物质存在。其次，人类在延续的过程中突破了物质现实的束缚，产生了精神，从而“为天地立心，为生民立命”。因此，人的生命既是物质的生命，也是精神的生命。绝大多数人的信仰既有物质信仰也有精神信仰，介于物质信仰和精神信仰之间，即处于中间阶段的信仰。人在宇宙自然中生存，生命的保存需要基本的物质条件保障。因此，对物质的追求与信赖是最基础的。同时，人具有主体性和主动性，不仅需要满足物质的束缚，更需要不断提升自己的价值。因此，精神的追求与信赖也是必不可少的。平衡并整合物质信仰与精神信仰成为人在世间自我价值实现必须要思考的问题。

处于入世与出世中间阶段信仰类型的人，既有物质的追求又有精神的追求，能以精神的追求限制物质追求的膨胀。在基本的生命保存所需的物质追求满足的基础上，其追求生命价值的实现与提升，相信生命的积极定向，并通过自己的行动不断追求自我生命价值实现与他人生命价值实现的有机结合。为人处世积极性与主动性较强，有较强的责任感。类似于克尔凯郭尔人生存在领域中的伦理生活领域阶段，或叫道德生活领域阶段，能够以个人所在的社会公共准则来约束自己的欲念和行为，在合理的范围内追求物质的满足和生物性需求的实现。正如全国德育教育先进个人、中国好人叶连平 92 岁高龄为学生义务辅导 19 年。在接受采访时，叶连平说：“在物质上我要求不高，精神生活要高标准。”当记者问“挣一点点钱没有坏处啊”，他的回答是“我拿着国家的工资啊！取之于民而用之于民”。

人生的意义取决于对这三种类型信仰的整合，正如克尔凯郭尔所说："如果你做不到把审美、伦理和宗教看作三大盟友，如果你并不知道如何去保持不同事物在这些不同领域中的不同表面现象的统一性，那么，人生就缺乏意义，人就必须承认你正确地坚持了你所珍爱的、并能用来说明一切事物的理论，'做或者不做——你都将后悔'。"①

（二）信仰在幼儿教师专业成长动力系统中的定位与价值

信仰是人基于生命的理解所形成的把握世界的一种特殊方式，它反映人的意识特性，它以人的观念的方式介入并指导人的实践。② 信仰在无形中引导并带领人的精神生活与生活实践。信仰具体到幼儿教育和幼儿教师职业，表现为幼儿教师的教育信仰和职业信仰。

幼儿教师教育信仰是幼儿教师对幼儿教育活动、对个体幼儿的发展和社会发展的价值及其实现方式的极度信服和尊重，是幼儿教师教育思想和教育行为的基本准则，是一种超越性、统整性和教育性的力量。③ 这种以极度信服和尊重为特征的精神追求、情感与价值认同使应然引领实然的改进并不断超越。④ 幼儿教师的教育信仰由教育认知、教育情感和教育意志等要素构成，同时又具有认知功能、情感功能和意志功能。⑤ 教育信仰是幼儿教师个人愿景和幼儿园团队共同愿景的基础和根基，愿景与现实将形成一种张力，引领幼儿教师不断从当下现实向愿景方向成长。

教育是生命的历程，幼儿教师有教育信仰才能开展幼儿教育活动，

---

① ［美］托马斯·R·弗林：《存在主义简论》，莫伟民译，北京：外语教学与研究出版社，2015 年版，第 182 页。

② 张晓娟：《教师的教育信仰及其养成》，载《现代教育管理》，2013 年第 2 期，第 96 页。

③ 石中英：《教育信仰与教育生活》，载《清华大学教育研究》，2002 年第 2 期，第 28-35 页。

④ 王珊：《教师的教育信仰：迷失、回归与重建》，载《当代教育科学》，2012 年第 17 期，第 25 页。

⑤ 张璇，高伟：《论教师的教育信仰》，载《当代教育科学》，2010 年第 9 期，第 4 页。

没有教育信仰的幼儿教育只能是一种技术。幼儿教师的教育信仰是幼儿教师对学前儿童、学前教育本质及学前教育理想境界的深层次理解与尊重；是对学前教育尊重生命、释放生命、成全生命、改造与完善人类社会和个人价值的信服与追求；是幼儿教师投身幼儿教育事业，专业持续成长和实现生命价值的不竭精神动力。其本体价值指向幼儿教师生命价值实现、学前儿童身体心灵不断成长和社会相关人员学前教育认知不断完善的高度统一；指向学前教育对于人类完善的责任与使命。① 正如蒙台梭利（Maria Montessori）所说“我的目的（教育）在于所有儿童的发展，我的更大的目的在于人类的最终完善”②。正是这样的教育信仰促使蒙台梭利为了儿童的发展和人类的完善兢兢业业工作一生。瑞吉欧幼儿教育体系的创始人马拉古奇（Malaguzzi）等人看到二战后的意大利生灵涂炭，在思考战争产生的根源以及如何避免战争再次发生等问题的基础上，找到了幼儿教育，希望以幼儿教育为中介增进人与人之间的相互理解和尊重，让人类有更美好的未来。正是这样的教育信仰让马拉古奇带领志同道合的同事在二战的废墟上用自己的双手建立起了早期的瑞吉欧幼儿学校，并逐渐完善。

幼儿教师的教育信仰决定着职业信仰，是职业信仰形成的精神支柱。幼儿教师职业是以生命完善为宗旨的职业，要求从业者具有较高的精神信仰。幼儿教师的学前教育理想、个人专业成长规划、教育态度、教育价值观和教育境界等构成其职业信仰。教育信仰的作用就在于对这些要素进行统摄和整合，为幼儿教师从事幼儿教育工作提供职业情感、职业道德和职业信念。幼儿教师的职业信仰是一种整体性的精神追求与

① 吉喆：《论幼儿教师教育信仰的养成》，载《教育理念与实践》，2016 年第 17 期，第 42 页。

② ［意］玛利亚·蒙台梭利：《童年的秘密》，马荣根译，北京：人民教育出版社，2005 年版，第 356 页。

状态，是幼儿教师在专业学习和教育实践中形成并不断提升的精神结晶，对维系幼儿教师的职业理想与追求、职业道德、职业使命和责任起着重要作用，为幼儿教师专业成长、人生价值的实现和人生境界提升提供内在的原动力。教育信仰和职业信仰是幼儿教师个人愿景和幼儿园共同愿景形成的源泉，如未形成科学的教育信仰和职业信仰也就无法形成科学的个人愿景和共同愿景。愿景与现实构成幼儿教师和幼儿园成长的创造性张力，无愿景也就不可能有张力。

（三）幼儿教师通过学习形成并完善自己的信仰

幼儿教师的教育信仰与职业信仰是幼儿教师基于对生命的理解和对学前儿童、学前教育的正确认知，在学前教育实践中不断感悟、反思和升华中逐渐形成和跃升。幼儿教师的教育信仰和职业信仰不是给定和静止不变的，而是通过学习逐渐形成并不断完善的。教育伴随着人类产生而产生，并伴随着人的延续而发展，教育与人类社会具有相同的历史，在人类发展的过程中随着对教育认知的深化，形成了一些对教育的信仰。例如孔子的“学而不厌、诲人不倦”“有教无类”①。《中庸》所信仰的“天命之谓性，率性之谓道，修道之谓教”②。韩愈所论及的教师职责在于传道、授业、解惑。以及中国传统文化将“师”与“天”“地”“君”“亲”放在一起崇拜的文化均是教育信仰的文化源头。幼儿教师在未专门学习教育学学科和学前教育专业以前，会在社会文化中通过有意识与无意识的学习形成对教育的初步认知，这些在文化中的学习所形成的教育认知成为教育信仰形成的第一步。

幼儿教师在职前培养阶段学习教育学学科和学前教育专业以后，通过教育学原理、教育哲学、教育心理学、普通心理学、教育社会学、教

① 冯友兰：《中国哲学史》（上），重庆：重庆出版社，2009 年版，第 45-46 页。

② 冯友兰：《中国哲学史》（上），重庆：重庆出版社，2009 年版，第 304 页。

育文化学、课程与教学论、中外教育史、中外学前教育史、学前教育学、学前心理学、学前卫生学、儿童哲学、幼儿园课程论、儿童游戏论等课程的学习对教育和学前教育初步形成科学的认知。幼儿教师以教育学学科或学前教育专业课程所学知识为基础，通过对哲学类经典著（《中国哲学史》《西方哲学史》《人论》《存在与时间》《小逻辑》《论自由》《时代的精神状况》《论语》《孟子》《大学》《中庸》《道德经》等）、教育哲学类经典著作（《理想国》《躁动的百年》《教育哲学》《康德教育哲学文集》《哲学的改造》《幼童与哲学》《儿童哲学》等）、教育学类经典著作（《大教学论》《普通教学学》《爱弥儿》《教育漫画》《民主主义与教育》《经验和教育》《什么是教育》等）、学前教育类经典著作著（《人的教育》《童年的秘密》《蒙台梭利教学法》《儿童的一百种语言》《童年的王国》《陈鹤琴全集》等）的阅读在不断反思与总结中形成对教育本质、教育个体价值和人类种族延续与社会发展价值、学前教育本质、学前教育个体价值和人类种族延续与社会发展价值的深入认知与理解，正式形成教育信仰。并在此基础上自然而然形成幼儿教师个体的教育理想、教育情感和职业信仰。

幼儿教师在开展学前教育活动中，将自己的教育认知、教育理想、教育情感、教育热情、教育意志等付诸实践，在实践中通过与幼儿、同事、具有坚定教育信仰的榜样、家长等学前教育要素的互动，通过不断反思和改进逐渐修正自己的教育信仰和职业信仰，并促使自己产生不断提升和完善教育信仰和职业信仰的需求，促使幼儿教师以更加积极和开放的心态进行学习。教育信仰和职业信仰形成和提升的学习是循环往复进行的，并没有严格的程序路线，是互相影响，互相包容的。同时，幼儿教师的教育信仰、职业信仰与学习互相影响和互为因果。学习可修正、提升和完善幼儿教师的教育信仰与职业信仰，教育信仰和职业信仰的修正、提升和完善又促使幼儿教师萌发学习的需要和动机。

研究发现，专业成长动力充足的幼儿教师有明确且坚定的教育信仰和职业信仰，在此基础上形成了明确的幼儿教育愿景和职业愿景。他们对幼儿教育和幼儿教育职业有发自内心的热爱和情怀，这种积极的情感成为幼儿教师专业成长动力的重要来源。在共同愿景的引领下，他们更愿意为自己所追求的理想境界奉献自己的全部力量。他们的内心较为开放、心胸较为开阔，能进行系统的思考，有大局意识。能在自己的幼儿教育工作中体验到职业幸福感和成就感，将个人生命价值与专业价值有机融合。例如访谈对象 A2 所陈述的（口述实录，略微整理）：

> 我觉得作为幼儿老师，最专业的东西应该是看得懂孩子、观察孩子、评价孩子。曾有一位讲师，我排着队去听他的讲座，他当时说有一个人问过他一个问题，他说如果你没有那么好的一个条件，没有那么好的一个建筑，你觉得你在中国怎么办好一所幼儿园。他说到，一定要让咱们的孩子不忘记历史，把咱们中国所有传统的优秀的东西，一定要把它做好，让孩子一定要懂得秋收春种这些东西。面对中国的传统节日，我都要把它做好，让孩子从小对祖国的文化有一种认同感在里面，我觉得有一些东西是理念性东西，一下就会深入我的脑海里，就会对之后的一些工作方向，有所触动。
>
> 我之所以如此投入工作，可能是从小根植于心里面的梦想，我就是要当一名人民教师，完了之后就也没有什么，反正就想把自己的工作做好。情怀吧！包括评区级骨干，当时我的分好像是全园第一名，然后我是把荣誉让出去的。我觉得我都是很积极主动的。我说不清楚，我觉得我热爱教育事业，我喜欢学前教育。

通过对访谈对象 A2 陈述的分析可以看到，她认为幼儿教育最关键的是解读孩子，幼儿园具有传承本民族文化的使命。这促使她在工作中一直关注传统节日和二十四节气资源的开发。扎根于内心深处对自己职业的热爱是幼儿教师专业成长的重要动力。而专业成长动力不足的幼儿教师没有明确的教育信仰和职业信仰，可能有工作目标，但难以形成清晰的职业愿景和教育愿景。缺少学习、工作和成长的热情，倾向于安于现状，把工作和生活分开。当前学前教育师资职前培养和职后培训中对教育信仰和职业信仰的价值未给予充分的重视，导致新入职幼儿教师过于注重物质追求，缺少精神追求、自我实现的价值追求。2012 年教育部颁布的《幼儿教师专业标准（试行）》对合格幼儿教师专业素养结构提出明确要求，第一部分就是专业理念与师德。教育部对学前教育专业师范认证的二级和三级标准"毕业要求"中均强调教育情怀和师德规范。这些内容就是在引导学前教育师资培养重视幼儿教师的教育信仰和职业信仰。

三、幼儿教师的需要与学习

《说文解字》言："需，须也，遇雨不进止须也。""需"具有等待的意思。"等待必有所求，延伸指索取。""用作名词指需用的东西。"① "要，身中也。""要，要（腰），身躯的中部。"古人以腰作为身体储藏精气之所，尤其重视腰在生命中的重要意义。同时，赋予腰精神的意义，例如"不为五斗米折腰"的风骨。延伸指邀请；纲领、关键；将要，即将来临。②《辞海》将"需要"解释为"应该有或必须有；对事物的欲望或要求"③。由此可以看出，需要是人基于生命的需求，而出

① 许慎：《说文解字》（第四册），北京：线装书局，2014 年版，第 1632-1633 页。

② 许慎：《说文解字》（第四册），北京：线装书局，2014 年版，第 1475-1476 页。

③ 现代汉语辞海编委会：《现代汉语辞海》，北京：中国书籍出版社，2011 年版，第 1227 页。

现的欲望或索求。人作为一种生命的存在，其生命过程具有一种朝向积极的正向的定向。加之人的生命具有精神性和自由性，赋予人超越性。因此，需要是人的生命的本性之一。人类在诞生和延续的过程中，正是需要推动着人的物质文化和精神文化的发展。同时，需要也推动人的物质财富和精神财富的增加。人的需要千差万别，影响需要的因素错综复杂。从根源上来看，人的需要主要由信仰决定。一个人的行为是由他的动机所推动的，动机产生的内部原因是需要。

（一）代表性的需要理论

需要是人的动力系统的核心构成要素之一，在人的动力系统中起着连接信仰与动机的桥梁作用。黄希庭在其 1997 年出版的《心理学》一书中将需要界定为“人对客观事物的需求在头脑中的反映。它是以人内部的某种缺乏或失衡状态，表现出其生存和发展对于客观条件的依赖性。当个体需要未获得满足时，就会促使个体开展从事满足需要和寻求平衡的行为活动，产生动机”①。在 2008 年《心理学基础》中将其界定为：“某种只要给予就会有助于改善个体健康幸福的事物或事态。可以是生理的，也可以是心理的”②。在 2015 年的《心理学导论》中指出“需要是有机体内部的某种缺乏或不平衡状态，它表现出有机体的生存和发展对于客观条件的依赖性，是有机体活动的积极性源泉”③。彭聃龄在《普通心理学》中指出“需要是有机体内部的一种不平衡状态，它表现在有机体对内部环境或外部生活条件的一种稳定的要求，并成为有机体活动的源泉”④。由此可以看出，人的需要包括物质需要（或生

① 黄希庭：《心理学》，上海：上海教育出版社，1997 年版，第 89 页。
② 黄希庭：《心理学基础》，上海：华东师范大学出版社，2008 年版，第 200 页。
③ 黄希庭，郑涌：《心理学导论》，北京：人民教育出版社，2015 年版，第 203 页。
④ 彭聃龄：《普通心理学》（第 4 版），北京：北京师范大学出版社，2017 年版，第 370 页。

理需要）和精神需要（或心理需要），对需要的理解越来越强调精神需要和个体生命健康幸福的需要。

关于人的需要的种类划分方式不一，有研究者按照需要的起源将其分为自然需要和社会需要。自然需要是人的生物需要，主要包括饮食、睡眠、排泄和性等。社会需要是作为人类的需要，如交往需要、成就需要、求知需要、自尊需要和权利需要等。按照需要指向的对象可以分为物质需要和精神需要。物质需要指向生命维系所需物品的需要，精神需要指向对精神产品的需要。① 还有研究者将人的需要分为生理需要和心理需要。生理需要类似于自然生物需要，心理需要类似于精神需要。心理需要与生理需要具有不同的特点，主要表现为：首先，心理需要的产生不一定是以匮乏状态为基础；其次，心理需要可以通过经验而被习得。② 当前关于需要的理论，影响最大的是人本主义心理学家亚伯拉罕·马斯洛（Abraham Maslow）的需要层次说。

马斯洛人本主义心理学理论形成过程中受到霍尼和佛洛姆社会文化精神分析理论、惠特海默的格式塔心理学理论、阿德勒的精神分析理论和人类学家本尼迪克特的影响，最终形成了整体的、动力的人格观。马斯洛认为动机是人类存在和发展的内在动力，动机引起行为，需要是动机产生的基础和源泉。人类的需要是一个复杂的系统，需要与动机之间并非简单的对应，只有一种或几种占优势的需要成为行为的主要动机，将人的需要分为两大类七个层次。③

1. 基本需要

基本需要与人的本能相联系，关系个体的生命保存，因缺乏而产

① 彭聃龄：《普通心理学》（第4版），北京：北京师范大学出版社，2017年版，第370页。
② 黄希庭：《心理学基础》，上海：华东师范大学出版社，2008年版，第200页。
③ 叶浩生：《心理学通史》，北京：北京师范大学出版社，2010年版，第355-356页。

生，又称匮乏性需要或缺失性需要。在健康人身上，处于静止的、低调的或不起作用的状态中。主要包括以下四种：第一，生理的需要。它是维持个体生命和人类种族延续的需要，在整个需要层次中处于最原始、最基本、最优先满足的地位，是人与动物共有的需要。如进食的需要、喝水的需要、性繁殖的需要和睡眠的需要等。第二，安全的需要。这也是人与动物共有的低级需要，安全的需要是对组织、秩序、安全感和遇见性的追求。第三，归属和爱的需要。这是人在社会群体中生存，基于人际交往所产生的需要，是追求与他人建立友情，渴望家庭的温暖，希望得到所在团队和组织的认同。这种需要获得满足，会产生归属感；不能被满足就会产生孤独感。第四，尊重和自尊的需要。尊重需要是人类个体对自己尊严和独特价值的追求。一方面，是个体追求别人的尊重。例如，人际交往中他人对自己的认可、重视、赞许、支持、理解等。另一方面，是个体对自己的尊重。例如，个体对自信、成就、独立、自由的追求和期望。尊重的需要如果获得满足，个体就会真诚、开放、透明，产生自信心、价值感、成就感和积极性与主动性。否则，就会产生自卑感和无能感。①②

2. 成长性需要

成长性需要又称心理需要或发展需要，它不受人类动物性本能的支配。这类需要是在人基本需要满足以后产生的，具有如下三个特点：不受人的生物性直接欲望左右；以个体自我潜能的发挥为动力；需要的满足会使个体产生最大程度的满足与快乐。这类需要主要包括三种：第一，认知的需要。人在社会生活中，为了更好地生存和成长，就会产生对周围环境和探索事物发展规律的需求，这类需求就是认知的需要。正

① 叶浩生：《心理学通史》，北京：北京师范大学出版社，2010年版，第356-357页。
② 黄希庭，郑涌：《心理学导论》，北京：人民教育出版社，2015年版，第220页。

确的认知需要可以帮助个体确定活动目标，指导活动方向，设计合理的活动计划和行为。此需要如不能获得满足，就会产生心理上的压力。第二，审美的需要。审美需要属于高级层次的需要，这种需要是人类发展到一定阶段的表现，是对人的成长具有重要意义的社会需要。马斯洛提出，在所有的文化背景下，有一部分人会产生这类需要，并非全部人。有此需要的人，希望自己生活在精神美、道德美、自然美和物质美的环境中。当这类需要无法满足时，会产生心理障碍，阻碍个体成长。第三，自我实现的需要。这是人类最高层次的需要，并非每个人的需要都能达到这个层次。自我实现的需要表现为个体对完整、圆满、公正、丰富、质朴、活跃、美、善良、独特、幽默、真实、自主和人生意义的追求。马斯洛将其描述为个体想要变成越来越像人的本来的样子，实现人的全部潜力的欲望与追求。①②

研究发现，真正能够达到完全自我实现的人只占百分之一。个人之所以不能自我实现主要原因有：个体无法正视、理解或学习关于自我实现所需要的知识，缺乏对自我实现知识的正确认知，使自己处于不确定的状态；人生活在文化环境中，受文化环境的强力影响，让个体无法突破，从而阻碍自我实现；自我实现的人是由成长性需要推动，并非依靠基本需要推动，其发展和持续成长依赖于自己的潜力。③ 人只有自我实现才能是真正的自己，自我实现的存在是人本质的存在。其实质是人超越了物质需要的直接缺失性动机之上的高度精神境界，是人的最高动力。④

马斯洛提出人的需要具有层次性，低层次的基本需要获得满足之后

---

① 叶浩生：《心理学通史》，北京：北京师范大学出版社，2010 年版，第 357−358 页。
② 黄希庭，郑涌：《心理学导论》，北京：人民教育出版社，2015 年版，第 220 页。
③ 黄希庭，郑涌：《心理学导论》，北京：人民教育出版社，2015 年版，第 222 页。
④ 叶浩生：《心理学通史》，北京：北京师范大学出版社，2010 年版，第 358 页。

高层次的需要才会出现。但是这种层次的划分只是一般模式，并非适用于所有人。个人需要结构的发展并不是间断的，而是呈波浪式发展。较低层次需要高峰过去以后，较高层次需要才起主导作用。与此同时，较低层次需要并不消失，只是在人的需要结构中不再占优势并起主导作用。

（二）需要在幼儿教师专业成长动力系统中的定位与价值

需要在幼儿教师专业成长的动力系统中连接着信仰和动机。需要在幼儿教师专业成长中的价值主要表现为以下三点：第一，需要是幼儿教师专业成长内驱力的基础，是幼儿教师专业成长内部动机的源泉。影响幼儿教师专业成长的因素众多，但需要是推动幼儿教师专业成长的主体核心内部要素。幼儿教师只有产生专业成长的需要才有可能激发其进行专业成长活动的动机，进而产生实际的以专业成长为目标的行为。

第二，需要是幼儿教师进行有助于专业成长活动的诱因。在通常情况下，幼儿教师的专业成长行为是由幼儿教师专业成长的内部需要和外部诱因两个方面因素共同驱动的。这正如访谈对象 A1 所说（口述实录，略微整理）：

（影响幼儿教师专业成长积极性与主动性的因素）一个是他自己的内部对专业的认同和需求。当然也不排除外界对他的一个刺激。比如回到我们幼儿园来说，老师们还是非常重视自己的年度考核的。比如说我们的年度考核，就是对老师工作质量的一个评价，当然可能这个体系它不是很科学和完善，但是至少是我们幼儿园实践层面，每年都要搞的一个东西。如果说内部老师有自己一个非常强烈的需求，同时外界对他的一个评价也是非常重要的。所以现在像我们幼儿园的老师，基本上就存在你追我赶的一种状态。所以可能可以跳 10 步，但是有了外在这个刺激他就有可能跳 20 步。比如说像我们有的老师和其他一些老师都是

2011年毕业的，但现在他们可能就分布在不同的层次。我们现在来做一个横向比，都是2011年出来的，会发现像在我们幼儿园的这些老师，他们不光是在师德修养这一块高于某些幼儿园，就是其他面也是高于某些幼儿园。

第三，为促进幼儿教师专业成长所提供的外部条件、激励措施、目标等只有转化成幼儿教师的内部需要才能发挥持续性的最大功效。

幼儿教师的需要与其他人群的需要既具有共性，又具有特殊性。从共性上来看，幼儿教师的需要也是由基本需要和成长性的需要，或者生理的需要和心理的需要构成。按照马斯洛的需要层次理论看，幼儿教师的需要也是由生理需要、安全需要、爱和归属的需要、尊重需要、认知需要、审美需要和自我实现需要构成。学前期是人一生发展的关键期，幼儿教师所从事的教育工作是为了幼儿生命质量的提升和人类社会的延续和完善所进行的工作。幼儿教育的价值和使命对幼儿教师高级需要提出更高要求。幼儿教师在教育信仰和职业信仰的驱动下，在基本需要获得满足的情况下，认知需要、审美需要和自我实现的需要是推动幼儿教师专业成长的核心需要与内部动机。成长性需要的不断产生与实现的过程就是幼儿教师专业持续成长的过程。

（三）幼儿教师通过学习提升专业成长的需要

人的需要由基本需要和成长性需要构成，并呈现出一定的层次性。低级需要由动物性本能所决定，高级的需要则是可以通过学习提升的。幼儿教师的基本需要获得满足后，学习与成长性需要之间呈现出相互影响和相互促进的关系。本研究通过问卷调查分析发现，幼儿教师专业成长动力与学习需要呈显著的正相关（$r=0.21$，$p=0.001$）。一方面，成长性需要的产生促使幼儿教师出现学习动机，并产生学习行为，从而实现幼儿教师持续成长。另一方面，幼儿教师学习的展开与提升促使新的不平衡出现，从而进一步产生更高层次与更多的成长性需要。幼儿教师通过学习可以协调和平衡基本需要与成长性需要，增加成长性需要，让成长性需要成为优势需要，弱化或者限制基本的生物性需要。正如访谈对象 B1 所陈述的（口述实录，略微整理）：

> 通过园内或者园外的培训学习，我的内心有一种渴求，想获得更多东西，更多的专业知识。举一个很简单的例子，我记得之前在阳光尚城作为一名老师就会发现专家说的东西离我很遥远，我就会感觉够不着，但是我很愿意去学、去听。多次这种外出的、园内的讲座培训之后，我会发现越来越渴望跟专家进行对话。渴望他们多讲，我能触碰到他们挂在我面前的“苹果”，最近发展区这个东西，我能够跳一跳就摘到这个果子。而且我更希望，内心也有驱动更想去学习。包括自己会每天阅读一些书籍，特别是专业的书籍，希望在跟别人沟通的时候，也希望在一些管理的工作中，一些教研中需要专业领域支撑的时候，我能够起到示范作用，同时也能够让自己成为一个更专业的幼教人，自己有这个驱动和学习的动机在，有内驱力。
>
> 我发现每一次倦怠的时候，我外出学习，我会带着一个空杯的心态外出学习。真的学习对自己工作的积极性是有一个促进作用的。我倦怠了之后，人有倦怠很正常。我倦怠了之后去学习，发现有新的知识需要落地，需要实践的时候，我就会产生新的动力去做这个事情，去执行这个事情，去落地这个事情。当再次看到这个东西完善的时候，我就会觉得很有成就感。可能成就感就是一种幸福感的来源。

本研究将学习提升幼儿教师专业成长需要分为职前学习和职后学习两个阶段。职前幼儿教师的专业学习主要是通过学前教育专业的课程学习和相关专业书籍的阅读学习让其产生现有关于学前教育本质、学前教育对个体生命发展和人类社会发展价值等认知与从事幼儿教育工作需要更高水平认知之间的不平衡，从而产生对更多学前教育知识与理论认知的需要，促使其学习进一步拓展和深化。幼儿教师在投身幼儿教育事业开展幼儿教育活动后，将所学学前教育理论知识运用到实践中的时候会遇到诸多问题与困境，这些问题会促使幼儿教师产生进一步认知的需要，从而产生自我反思学习、自我理论学习和向行业内专家学习的需要。同时，幼儿教师从业后，幼儿教育职业生活成为其整体生活的重要组成部分。生命的积极定向，促使幼儿教师产生自我专业实现和自我生命实现的需要。这些需要转化为具体的动机和行为，并获得良好环境的支撑，行为出现以后的满足就是幼儿教师专业成长的过程。幼儿教师只有通过不断学习，才能认识到自己的不足，产生不平衡的状态，出现专业成长的需要，产生专业成长的动机和行为。

研究发现，专业成长动力充足的幼儿教师具有较高的学习需要和专业成长需要。能够正确认知现实与理想愿景之间的差距，敢于正视差距，从而产生通过学习逐渐接近理想愿景的需要和思路。这正如访谈对象 A1 和 A2 所阐述的（口述实录，略微整理）：

访谈对象 A1：经过培训学习，应该从自己的内心来讲，它并不是一种满足，而是一种恐慌感。我觉得这真的是一个很真实的体验。这是自己的一种感受，也不是说因为我这次出去学了些什么，就很满足了，我又比原来提升了一些，我就觉得很满足了，其实不是这样的。因为真的是越学习越觉得恐慌。所以现在我就要求我们的老师们，真的要基于这种专业理论知识的学习，比如说我们现在也经常搞一些什么集中教育活动，包括我们的区域游戏活动这些，我们还要更深。比如说我们的“快乐赶场天”，现在好像是把架子搭起来了，但是我们怎样去深入，怎样在这个活动当中实实在在地去让幼儿得到发展，不是说偶尔玩几次，一次赶场赶完了，孩子一点收获都没有。那么我们现在肯定就要思考的是我们的目的是什么，然后在每一次活动当中，你让孩子在里面，要发展什么，就必须要让他达成。我觉得还需要再回过头来再在专业的理论上面去寻求答案。不然的话我们越做得多，可能就越错得多。

访谈对象 A2：培训学习对我专业成长动力有影响。像有一次华爱华老师就说到，当时是举了一个孩子穿珠的游戏案例。她在分析了一个案例之后，孩子发展到什么程度了，其实后面就是一系列的课程。我和张英杰关系特别好，我们就会有一种恍然大悟的感觉，我觉得我们做得不太够。我们应该怎样做，回来之后就会反思。我们把学习的内容拿回来跟老师一起学习，因为有些东西我们是传达不了给老师的。包括我们上一学期教研的一个主线，就是观察孩子这一块，但还是做得不够完全深入，这次我们去尝试了。我觉得是有很大影响。听这种话，你才知道自己的差距在哪里，自己的哪些方面还做得不够，哪些方面需要去努力，觉得应该是这样。看到差距，然后就往上面走。

而专业成长动力不足的幼儿教师往往不能正视或者刻意回避现实中客观存在的矛盾与问题，安于现状的结果就是无法产生学习的需要和成长的需要。使需要处于较低层次，无法向更高层次需要流动和转化。尊重的需要是幼儿教师由基本需要跃升至成长性需要的过渡环节。当前幼儿教师尊重的需要未获得充分的满足，主要表现为家长、幼儿园管理者和社会对幼儿教师不信任、不尊重，在幼儿教师开展幼儿教育活动的场所安装摄像头就是最明显的表现。尊重需要的无法满足成为制约幼儿教师跃升至成长性需要的瓶颈。

四、幼儿教师的动机与学习

动机与需要密切联系，动机基于需要而产生，当人的某种需要没有获得满足时，会推动个体去追求满足需要的对象，产生动机。但需要并不等同于动机，动机在人的动力系统中比需要朝向行为的发生又前进了一步。需要在需要者主观上以意向和愿望被体验着。在人的需要中模糊意识到的，未分化的叫意向。意向虽有一定的指向，但却不知道满足需要的具体方式和途径。在需要体系中被明确意识到并有意去寻求满足的需要叫愿望。静止停留在头脑里，而不付诸行动的愿望不能成为动机。只有当需要推动个体做出行为，并把行为引向特定的目标时，需要才成为有机体活动的动机。所以，动机是激发和维持个体进行活动，并导致活动朝向某一目标的心理倾向或动力。①

（一）动机种类及有代表性的动机理论

1. 动机的种类

动机来源于需要，人的需要的复杂性决定了动机的多样性。不同的研究者对动机种类的划分标准与界定不尽相同。有代表性的观点主要有以下几种：第一，从动机的来源看，可以分为生物性动机（又称生理性动机，或称原发性动机）和社会性动机（也称心理性动机，或称习得性动机）。人是生物性与精神性构成的复合整体。生物性动机是以人作为生物的一个种类的生物学需要为基础的动机，是人的原发性动机，是基于人类种族延续和个体生命保存和维持所产生的动机。例如，进食动机、睡眠动机、排泄动机、趋利避害动机和性动机等。社会性动机是以人的社会属性为基础，源于社会文化需要的动机。社会性动机来源于

① 黄希庭，郑涌：《心理学导论》，北京：人民教育出版社，2015年版，第202页。

人类社会生活的需要，属于人类社会历史的范畴，是人后天习得的。例如，交往动机、成就动机、劳动动机、权利动机和认识动机等。①② 奥苏泊尔（Ausubel）对成就动机进行了进一步划分，认为学校情境中学习者的成就动机包括认知内驱力、自我提高内驱力和附属内驱力。③

有研究者根据引起动机的原因将动机分为外部动机和内部动机。外部动机是源自个体和具体任务之外的动机，由外在因素引起，追求活动之外的某种目标。例如，幼儿教师做科研写论文是为了完成幼儿园布置的任务或评职称，而非自己的专业成长。内部动机源自个体和具体任务本身的动机，该类型的动机出自行为者本人并且行为本身就能使行为产生者的需要得到满足。个体本人从观念上就认为行为本身是有趣的或者有价值的。例如，幼儿教师阅读学前教育类专著就是为了提升自己的专业素养，提升自己的专业境界。外部动机和内部动机都能激发并促进个体的行为。但是外部动机只会让个体付出成功完成任务所需的最少的行动和努力，且一旦外部强化减弱或消失行为就可能终止。内部动机在很多方面优于外部动机。具有内部动机的人，其行为的积极性与主动性较强；乐于从事任务重、有挑战性的工作；理由充分时会改变自己的原有认知；能创造性地完成任务；具有坚持不懈的毅力；主动寻找额外机会完成任务。④⑤

有研究者根据动机在人的行为和活动中所起的作用，将其分为主导

① 黄希庭，郑涌：《心理学导论》，北京：人民教育出版社，2015 年版，第 205-213 页。

② 彭聃龄：《普通心理学》（第 4 版），北京：北京师范大学出版社，2017 年版，第 380-384 页。

③ 陈琦，刘儒德：《当代教育心理学》，北京：北京师范大学出版社，2015 年版，第 216 页。

④ ［美］简妮·爱丽丝·奥姆罗德：《学习心理学》，汪玲，李燕平，廖凤林等译，北京：中国人民大学出版社，2015 年版，第 329 页。

⑤ 黄希庭，郑涌：《心理学导论》，北京：人民教育出版社，2015 年版，第 206 页。

动机和次要动机。人的活动通常是由多方面的动机推动的，是以动机系统的形式发挥作用，在推动人做出行为和开展活动的动机系统中起主导、关键、决定作用的动机被称为主导动机。不起决定作用的其他动机被称为次要动机。在动机系统中，主导动机和次要动机是不断变化和发展的。① 例如，在幼儿教师专业成长过程中，职初期内部动机占主导地位，随着对职业的适应外部动机逐渐占主导地位，进入专家型教师阶段后内部动机又占主导地位。

2. 代表性的动机理论

当前关于动机的理论较多，具有代表性且与本研究密切相关的理论有以下三个：

第一，内驱力降低理论。这是美国心理学家赫尔（Clark Hull）所提出的动机理论，他认为内驱力是中间变量，个体行为是由内驱力激发的，而内驱力来自个体的机体需要。内驱力分为原始性内驱力和继发性内驱力。原始性内驱力是由人的生物性需要产生。继发性内驱力是针对情境而言的，或者是针对环境中的刺激而言的。外部的情境或环境的刺激伴随着原始性内驱力的降低而成为主导性内驱力。他认为个体要出现学习行为，就需要降低需要或由需要产生原始性内驱力。具备外部诱因，且产生内驱力，才能使被强化的习惯产生行动。个体产生学习行为反应潜能是内驱力、诱因和习惯强度的乘积。个体的行为在于降低或消除原始内驱力，原始内驱力降低的同时，个体行为活动受到强化。因此，原始内驱力降低是提高学习行为概率的基本条件。②

第二，成就动机理论。成就动机理论的代表人物有默里、麦克利兰和阿特金森。默里（Murray）对成就需要进行了界定，认为个体的成就

---

① 黄希庭，郑涌：《心理学导论》，北京：人民教育出版社，2015 年版，第 205 页。
② 黄希庭，郑涌：《心理学导论》，北京：人民教育出版社，2015 年版，第 223-224 页。

需要是个体克服障碍，施展才能，力求尽快尽好地解决难题的需要。麦克利兰（McClelland）在此基础上形成了成就动机理论，认为成就动机是一种力求成功并选择朝向成功目标活动的一种倾向。个体的成就动机由力求成功和避免失败两种意向组成。个人行为活动目标的确定与具体的行为由成就动机决定。若个体力求成功的动机高于避免失败的动机，就会确定成功的目标并在行为中付出全力，追求目标的实现。若个体避免失败的动机高于追求成功的动机，个体就会确立极力避免失败的目标。阿特金森（Atkinson）发展了麦克利兰的成就动机理论，将其发展为动机的期望价值理论。提出个体追求成功的动机是个体成就需要、成功的主观期望和成功的诱因之间的乘积。避免失败的倾向是追求逃避失败的动机、失败的可能性和失败的诱因之间的乘积。个体的成就动机就是其力求成功的倾向值减去力求避免失败的倾向值。个体在适宜的环境中如果力求成功的需要大于力求避免失败的需要，就会全力付出，力求成功。①

第二，自我决定理论。由美国心理学家德西（Deci）和瑞安（Ryan）提出。该理论建立的假设是：人是积极的有机体，个体成长和发展动力是与生俱来的，这种与生俱来的成长和发展动力帮助个体努力掌控生活环境中的挑战，并将其整合到自我概念中。自我决定是一种潜能，这种潜能是关于经验的选择，是个体在充分认识自己需要和环境信息的前提下，做出的对行动的自由选择。个体自我决定的这种潜能引导其从事感兴趣的、有益于自己能力发展的行为活动，形成对社会生活环境的灵活适应。自我决定是人类个体的一种需要，而不仅仅是一种能力。自我决定理论认为人类在延续的过程中一直在争取最大的自主性、

① 陈琦，刘儒德：《当代教育心理学》，北京：北京师范大学出版社，2015 年版，第 222-223 页。

自我决定感与他人归属感，以获得胜任感、自主性和归属感三种基本的心理需要为满足。人在感受到效能感的同时，还必须感受到自己的行为活动是由自己决定而非外在支配和控制的，这样才能对内在动机起积极的促进作用。与之相反，在行为活动或任务完成中，个体感受不到自我决定，而是在威胁、强制命令、非接纳式评价、截止日期和强制性目标等氛围下开展任务将会削弱内在动机。该理论将动机分为内在动机、外在动机和内化动机。通过研究发现，外在动机使用不当将会抵消内在动机。内化动机是指由外在因素激发个体对学习活动、意义的内在认同和追求，从而成为学习主导动机。该理论强调外部动机的内化与所有动机的整合。①

（二）动机与情感、价值观

1. 动机与情感

需要除了是动机产生的基础之外，还是情绪产生的基础。情绪是主体根据需要是否满足所做出的心理上的反应。情感是人类个体对自己情绪过程的主观体验，也就是对情的感受，是人类个体在活动中所产生的体验、情绪，以及一般的心境。情感对人类个体动机的计划、思考方面起着重要作用。通常个体感觉如何取决于需求是否被满足以及目标是否被实现。当人在追求一个目标或失去某种事物时，他同样会考虑自己随后会获得怎样的感受，特别是成功时快乐和自豪的情感，失败时悲伤或羞愧的情感。积极且正向的情感对个体动机的思考、分析，从而最终确定动机并激发具体的行为起着积极的促进作用。消极的情感有时也会对人的动机的确定和行为的激发起着积极的作用。② 例如，幼儿教师因自

---

① 陈琦，刘儒德：《当代教育心理学》，北京：北京师范大学出版社，2015 年版，第 232-233 页。

② ［美］简妮·爱丽丝·奥姆罗德：《学习心理学》，汪玲，李燕平，廖凤林等译，北京：中国人民大学出版社，2015 年版，第 342 页。

己的专业素养问题，不能很好地解答家长提出的问题，会出现羞愧感，这种羞愧感会促使幼儿教师产生提升自己专业素养的需要和动机，做出学习的行为。

2. 动机与价值观

价值观与动机密切联系，价值观通过对可以激发并维持行为活动的外部诱因的机制评判而起作用。① 价值观是个体按照外部客观事物对个体自身及社会意义或作用进行评价和选择的标准、原则和信念，是一个人思想意识的核心。动机是个体行为调节系统的一个组成部分，其中价值观起着核心的作用。价值观不仅是人认知范畴的概念，而且具有情感和意志功能。个体价值观影响动机的性质、方向和强度，同时影响人对事物的需要，进而影响人行为的调节。② 价值观为个体正确的行为提供依据，融合于整个人的个性之中，对个体的行为、态度、信念和理想起着支配作用。价值观具有社会历史性，个体价值观是在生活实践中通过学习逐渐形成并稳定下来的。价值观内隐于个体的思想系统中，一般对外表现为兴趣、信念和理想三个方面。

（三）动机在幼儿教师专业成长动力系统中的定位与价值

动机在幼儿教师专业成长的动力系统中连接需要和行为，是推动幼儿教师做出专业成长行为和开展专业成长活动的直接推动因素。幼儿教师的专业成长动机直接导致了幼儿教师专业成长行为和专业成长活动的发生。幼儿教师专业成长动机与专业成长行为之间的关系是辩证的，专业成长动机推动专业成长行为，专业成长行为反过来助推专业成长动机的产生。通常来讲，幼儿教师的专业成长动机并不直接卷入专业成长过

---

① 黄希庭，郑涌：《心理学导论》，北京：人民教育出版社，2015 年版，第 232 页。

② 彭聃龄：《普通心理学》（第 4 版），北京：北京师范大学出版社，2017 年版，第 378 页。

程，而是以专业成长情绪状态的唤醒、专业成长准备状态的增强、专业成长意志的提高和专业成长活动注意力的集中为中介来影响幼儿教师专业成长的过程。犹如催化剂间接地增强与促进幼儿教师专业成长的过程。①

幼儿教师的专业成长动机具有唤醒和引发作用，能够唤醒和引发专业成长行为。当幼儿教师对专业知识、专业能力和专业理念产生迫切的成长与提升需要时，就会引发成长的内驱力，唤起幼儿教师内部动机状态，产生对专业成长的焦急和渴求等心理体验，并最终激发出一定的专业成长行为。幼儿教师专业成长动机还具有定向作用。幼儿教师专业成长动机以专业成长需要和专业成长期待为出发点，使幼儿教师的专业成长行为在初始状态下就指向一定的成长目标，并推动幼儿教师为实现这一目标而努力。幼儿教师专业成长动机还具有维持功能，维持幼儿教师专业成长活动的心向，让幼儿教师在专业成长面临偶尔的干扰和挫折时，仍能保持专业成长行为的发起和维持。幼儿教师专业成长动机还能调节其专业成长行为的强度、时间和方向。②③

专业成长动力充足的幼儿教师以专业提升的内部动机为主，能够自主地将内部动机、外部动机和内化动机进行有机整合：成就动机较强，且主要以力求成功为主。个体的自我决定空间较大，有较大的专业自主权，自我价值能够较好地实现和获得尊重。原始性内驱力保持在最低限度，以继发性内驱力为主。同时，专业成长动力充足的幼儿教师还表现出积极且正向的情感和价值观，能够正确对待和解决从现实向理想愿景

---

① 陈琦，刘儒德：《当代教育心理学》，北京：北京师范大学出版社，2015 年版，第 213 页。

② ［美］简妮·爱丽丝·奥姆罗德：《学习心理学》，汪玲，李燕平，廖凤林等译，北京：中国人民大学出版社，2015 年版，第 328 页。

③ 陈琦，刘儒德：《当代教育心理学》，北京：北京师范大学出版社，2015 年版，第 214 页。

推进过程中所出现的消极情感和困难。内心理想的职业愿景和幼儿教育愿景明确，易于在从业过程中体验到价值感、成就感和归属感。正如B1老师所阐述的（口述实录，略微整理）：

在工作中我还记得去年给大学学前教育本科的学生上课。我就会觉得这一块还挺有成就感的，能够把自己现在建构的经验分享给别人。因为在分享的同时，我体验到了一种成就感，觉得自己成长了，觉得自己还挺有价值的，我就会觉得能够推动我之后的一些工作，我会更想努力地去做这个事情，把它做好，给更多的人去分享。

经历得多了，我在管理的层面就不仅仅是和班上的小朋友互动，和班上的家长打交道，是和更多的人。特别是在招生这一块，就要面向不同的人，不同的家长。而且有一些家长都是前期不会特别对你信任，得通过努力去赢得信任，还得通过自己的人格魅力去打动这些家长，让他们觉得这所幼儿园是值得信任的幼儿园。然后才会更深入地去了解。有些家长他不是看一次，他要把周围好多园看完了再来你这儿看才定得下来。所以招生这一块我觉得对于自己和人沟通的能力是有所提升的。然后和老师们经常进行沟通交流，会让我在自己的分寸感的把握上有所提升，就比如我特别信任的老师在背地里做小动作，但是后期我不会再对这个老师有什么意见，我觉得工作归工作，她这个工作做得不对，那是她现在的格局还不够，现在还没有领悟到，我觉得可以原谅，只要不涉及特别人品的东西。但是会特别警醒我，以后我和老师们的相处方式应该是怎么样的，和她们现在说的每一句话我都会思考，而且不仅仅和领导说的话要思考，和她们说的话我也得思考，而且当听到她们的某些言语的时候，我该怎样去回应，我会思考。比如说她有一点点负能量的东西，但是她其实只是简单地抱怨，我怎么样通过我的话不让她觉得我是在给她洗脑，而且还能让我帮助她消除这种压力感和她这不舒服消极的情绪，我觉得在生活当中一点一滴都会想想去解决，这个也是提升我。然后观察能力方面，比如说接触到家长，我会通过他的肢体动作，通过他的表情来猜测他现在的一个心理活动，特别是招生的时候，猜测他心理活动，你才会知道需求点在哪里，他是更看重你的教育质量，还是更看重你的服务，还是更看重其他方面，然后再从这个块面特别地跟他做一个讲解。

还有就是专业领域的提升，一是出去学习，二是你得经常和老师交流。首先自己得有东西，促使自己去准备很多东西来给他们说，所以就会在这一块有所提升。我觉得副园长和园长的这个平台对我的成长还是很重要的。在其位谋其政，其所想可能就真的不一样，可能在老师的时候，我更多的是想怎么样做一个优秀的老师，但在园长的路上，我就会想怎么样做一个优秀的园长，可能这个平台是挺重要的，对于自己的提升和成长。

专业成长动力不足的幼儿教师以外部动机为主，外部动机内化遇到困难，内外动机难以有效整合：成就动机较弱，习惯安于现状，得过且过，通常以避免最低限度的失败为主。自我决定空间非常小，专业自主权极为有限，自我价值难以获得实现和尊重。内心往往处于封闭的状态，以自我防卫的心理在集体中生活，学习难以进行。以理想愿景的逐渐降低，解决现实困境和向理想愿景推进中所产生的消极情感。不敢正视现实。这正如访谈对象 C2 所陈述的（口述实录，略微整理）：

我是真的很想去学习，积极地推动自己，让自己专业知识更好，但是我觉得我每天真的没有时间。我们工作太忙了，每天的活动一个接一个，然后长期都是早晨起来以后，晚上很晚，回去以后又是带孩子，我的孩子又很不乖，晚上要11点睡觉，我要12点睡觉，早晨很早起床，我每天都很累。在家里面，我老公、孩子外婆和奶奶都很支持我，但是真的抽不出时间来看书，我在家里面买了好多书，看到书的时候都想这个方面要了解那个方面也要了解。买回来以后没有时间看，这是我自己的惰性。可能我真的抽不出时间，我很想看。比如说幼儿园的活动很多，一会儿一个比赛，每个比赛我都要去参加，而且我去参加，我就想做好。对于我而言，悟性不是很高，又花时间比较多，做了以后时间就都过去了，然后也没有更多的时间去看自己想看的东西，提升自己。这个就是最大的困惑。

我其实挺想看非专业的观察儿童的艺术，向儿童学习。像这样的书，我买了好多，就没有看。儿童心理学方面的关于认知情感，这种六册六大本买回来以后就冷冰冰搁在那个地方了，因为太厚了，那个书真的要静下心来去看，我就没有看。想去，但是都没时间去。

访谈对象A2却呈现了不同的信息（口述实录，略微整理）：

反正我有一个习惯，就是睡前的时候看一下书，习惯就睡前看书，比如说遇到问题的时候看书。自己自身工作的需要，我觉得像这些书它对于我来说就像一个营养液，指导我发现问题，解决问题。

因为平时都没有时间。当在幼儿园遇到问题的时候，比如说我要写教研计划的时候，比如说参加一些活动的时候……我除了做这些之外，理论的东西肯定得有，然后这些时候就需要在书中寻求解决方法。

访谈对象A1呈现了与A2相似的信息（口述实录，略微整理）：

我主要是在晚上看书，睡觉之前读书。然后有的时候是周末，周末读的时间稍微长一点。

通过对 C2、A2 和 A1 陈述分析可以看出，专业成长动力充足的幼儿教师学习需要和专业成长需要强烈，学习动机和专业成长动机以内部动机为主，会创造条件，寻找时间进行学习。而专业成长动力不足的幼儿教师逃避问题，不愿正视问题，将不学习的原因归结为时间不足，事情过多。

（四）幼儿教师通过学习确立并完善专业成长动机

幼儿教师的专业成长动机与专业成长需要、情感和价值观密切联系。需要、情感和价值观的复杂性决定了幼儿教师专业成长动机的复杂性。幼儿教师的专业成长动机由外部动机和内部动机、生物性动机和社会性动机、主导动机和次要动机等组成。幼儿教师所从事工作的性质对幼儿教师专业成长的动机提出了高要求。要求幼儿教师应以认知动机、成就动机、自我实现动机等内部社会性动机作为主导动机，外部动机需要转化为内化动机才能更好地发挥激发和维持专业成长行为的价值。幼儿教师专业成长动机的提升与优化主要通过学习实现。通过对问卷调查结果的分析发现，幼儿教师专业成长动力与学习动机呈显著的、高度的正相关（$r=0.77$，$P<0.001$），学习动机在幼儿教师专业成长动力影响因素中起显著的中介作用。

首先，幼儿教师通过学习形成和提升认知动机和自我提高动机。幼儿教师只有通过学习才能形成对学前教育和幼儿园教师职业的正确认知。认识到学前儿童身上充满秘密，为了人类的未来，应对学前儿童身上的秘密进行探索。认识到幼儿教师所从事的学前教育对幼儿、对幼儿所在家庭、对社会和对整个人类种族的延续与完善所起的重要作用。幼儿教师只有通过学习才能对学前教育和幼儿园教师职业形成正确的认知，才能让幼儿教师感受到从事幼教工作所需要的专业素养与自身现有专业素养之间的不平衡，才能产生提升专业素养的需要，形成认知内驱力、自我提高内驱力等内部动机。《礼记·学记》中“虽有至道，弗学不知其善也……学然后知不足……知不足然后能反也”就很好地解释了学习与幼儿教师专业成长动机的关系。幼儿教师只有通过学习才能发现学前教育的博大精深、有待学习的内容众多，才会产生专业成长和自我提高的内部动机。这正如访谈对象 B1 所述（口述实录，略微整理）：

从这个职业里面我觉得第一点是更精准地认知了 3 到 6 岁孩子每一个年龄段的发展特点，让我真正地去了解了儿童，认知到了儿童心理。可能以前没有了解这个行业的，会觉得这个孩子很聪明，这个孩子很听话，这个孩子太怎么样，会给人家贴标签。但是真正认识这个行业之后，我觉得孩子他在这个年龄段应该是有这个特点，或者说他比其他的孩子只是这一块，它的发展不一样而已。所以就会更精准地去认知到儿童，然后我觉得这是蛮大的收获。其次，在这个行业当中，我觉得对幼儿老师的要求还蛮高的、挺高的，它不仅仅是带孩子玩或者是做游戏，它对幼儿老师的每一个块面都有成长跟提升。比如说一些文案的制作，要策划活动，还包括一些物资的准备活动环节，写方案，写简报。一些文案的书写，一些教玩具的制作，感觉是比较综合性能力的提升。琴棋书画，吹拉弹唱，环境创设。别人都说幼儿老师是什么室内的设计师，是搬运工，是清洁工，又是什么医生，一会儿又变警察。它职业其实角色比较多变，我就觉得是各个技能都在提升。你想即使不做这个行业，你出去，你每一个事情都做得很好，无论去哪儿，无论哪一行都可以就业，完全不会失业，你知道吧。

幼儿教师提升认知内驱力和自我提高内驱力等内部专业成长动机的学习主要通过以下途径进行：第一，职前教育学学科和学前教育专业课程学习。第二，职前与职后学前教育相关书籍的阅读与其他相关理论的学习；第三，幼儿教师职后学历提升进修学习或专业素养提升培训。第四，幼儿教师在幼儿教育工作实践中所进行的学习。

其次，幼儿教师通过学习形成并提升自己的成就动机和自我实现动机。成就动机和自我实现动机是基于幼儿教师的成就和自我实现的高级需要而出现的，这种高级动机是通过学习出现和提升的。幼儿教师主要通过榜样的学习形成并提升自己的成就动机和自我实现动机。幼儿教师在从业过程中，会直接或间接地接触一些当下和历史上有成就和自我实现状态非常好的榜样。例如，最美乡村教师、最有爱心教师等，有些榜样教师在物质条件和专业基础均不利的情况下依然做出高成就和达到自我实现，幼儿教师通过对榜样先进事迹的学习可以激发其追求成就和自我实现的动机。同时，幼儿教师通过对历史上具有榜样作用教育家事迹的学习也能激发其成就动机和自我实现动机。例如，幼儿教师通过了解陶行知、陈鹤琴等教育家的职业生涯，可以明晰陈鹤琴和陶行知从事学前教育的初心是为了办中国化、大众化的学前教育，是为了民族的未来办学前教育。为了实现自己的教育目标他们在战火中，在物质条件极度匮乏的条件下，全身心投入自己所追求和向往的事业中。这些榜样精神和事迹可以进入幼儿教师的心，激发起幼儿教师追求成就和自我实现的感情与动机。

再次，幼儿教师通过学习提升自己的交往动机和归属动机。幼儿教师在教育实践中会发现幼儿教育工作是一项复杂的工作，需要团队合作完成。个体的工作需要与幼儿交往、与家长交往、与同事交往、与幼儿教育其他相关人员交往，交往的能力是幼儿教师专业成长的重要能力之一。如若幼儿教师的实际交往能力无法满足工作需要，就会产生不平衡，这种不平衡促使幼儿教师产生提升自己交往能力的需要和动机。同时，幼儿教师是在幼儿园这个集体中跟团队成员合作开展教育工作，在实践中幼儿教师会发现具有团队合作能力更容易实现自己的教育目标，更容易得到团队成员的认可，更容易实现自我价值。幼儿教师通过反思学习和观察学习也会激发其寻求团队归属的需要和动机。在团队中与团队成员和谐相处，共同成长是需要学习和修炼的。

第二节　幼儿教师专业成长的外部动力与学习

如果把幼儿教师的专业成长比喻成树苗的成长，幼儿教师专业成长的外部动力就类似于树苗正常成长所依赖的水、温度、土壤和阳光等外部条件。树苗纵然有长成大树的基因和潜力，但是如果没有适宜外部条件的支持，也很难使潜力变为实力。与此类似，幼儿教师作为人，具有与生俱来向正方向成长的定向和潜力，但是如若遇到不适宜的外部环境，这些潜力也就无法变成现实，正向的定向也会被歪曲。影响幼儿教师专业成长的外部动力主要是幼儿园管理和幼儿园团体的人际交往氛围和模式。幼儿园管理和幼儿园人际交往相互影响，相互制约，二者密不可分，共同成为影响幼儿教师专业成长动力的外部核心要素。

一、幼儿园管理

（一）幼儿园管理的内涵及价值

幼儿园作为一个团队存在，其正常运转离不开管理。幼儿园管理的含义有广义和狭义之分。广义的幼儿园管理是指主管幼儿园教育的政府部门、行政管理人员和幼儿园内部管理人员遵循一定的教育方针和保教工作客观规律，采用科学的工作方式和管理手段，将人、财、物等各因素合理组织起来，调动各方面的积极性，优质高效地实现国家所规定的培养目标和幼儿园工作任务所进行的各种一般职能活动。① 狭义的幼儿园管理是指幼儿园内部的管理，即幼儿园管理者按照国家教育方针和政策法规的要求，遵循幼儿身心发展的规律，通过履行计划、组织、领导、控制和创新等职能，对幼儿园里的人、财、物、时间、空间、信息等资源进行科学的组织和合理的调配，充分调动各方面的积极性，不断提高保教工作质量，促进幼儿健康成长的活动过程。②

本研究所指的幼儿园管理是狭义的幼儿园管理，是以园长为核心的管理人员对幼儿园进行的管理。幼儿园管理是用科学的管理方式，对影响幼儿园运行的各种要素进行组织和调配，其关键是调动幼儿园成员，尤其是幼儿教师的积极性与主动性，目的在于人的成长和保教质量的提升。人的成长绝不仅仅是幼儿的成长，幼儿成长目的的实现有赖于幼儿教师的成长、幼儿家长的成长和幼儿园管理人员的成长。由此可以看出，幼儿园管理的终极目标是促进幼儿园内部人的成长。如何实现人的成长，调动人的积极性与主动性是幼儿园管理的核心。

（二）幼儿园管理模式与幼儿教师专业成长

所谓幼儿园管理模式是幼儿园管理中呈现出来的样态。当前我国幼儿园管理实行园长负责制，这是由《幼儿园工作规程》和《幼儿园管理条例》明确规定了的，由园长全面负责幼儿园保教管理和行政管理，教职工参与民主管理，非行政组织进行监督。③ 因此，幼儿园园长的管理理念和管理能力在幼儿园管理模式的形成过程中发挥着主导作用。当前我国幼儿园内部管理呈现出两种典型的模式，即以人为本的民主型管理和以权为本的权威型管理。

① 邢利娅：《幼儿园管理》，北京：高等教育出版社，2011 年版，第 10 页。
② 张慧敏：《幼儿园组织与管理》，北京：人民邮电出版社，2014 年版，第 26 页。
③ 张慧敏：《幼儿园组织与管理》，北京：人民邮电出版社，2014 年版，第 35 页。

1. 以人为本的民主型管理

以人为本的民主型幼儿园管理模式以人性本善为前提，关注、关怀和支持人的成长，尊重每个人的价值，公平、公正地对待每一个人。幼儿园管理者能够正确认知自己在团体中的角色和定位，将自己视为教师开展保教活动的服务者、支持者和合作者，而非高高在上的主宰者。注重为幼儿教师的学习和专业成长提供空间、时间、政策和资金的支持，为每位幼儿教师的价值实现提供平台和机会。本研究通过对问卷调查结果进行分析发现，幼儿教师专业成长动力与幼儿园学习支持资源呈显著的正相关（$r=0.35$，$p<0.001$）。重视幼儿教师个体学习的同时，还应注重幼儿园团队组织的学习，为幼儿教师学习搭建共同体；视幼儿园管理为所有幼儿园团队成员的事情，吸引和调动每个人参与幼儿园管理；具有海纳百川的胸怀，允许并接受不同观点的存在，尊重、正视每个人的观点、想法，在尊重个人想法的基础上引导全体成员形成共同愿景；鼓励成员自动承诺或加入共同愿景；幼儿园管理中具有浓厚的人文关怀，能够真诚的理解和关心每位成员。① 这正如访谈对象 A1 所说（口述实录，略微整理）：

在管理上，如果说我干了这么多年的管理，如果是有什么法宝的话，我觉得其实就是两个词语：真诚和公平。

首先是真诚。我觉得我对我们的老师真的就像对自己的家人一样，不是说物质上要提供多少，而是对他们的一种尊重，一种认同，还有一种发自内心的欣赏。我觉得特别感动的就是上一学期期末的时候，我们每次要放寒假之前总要开个总结会。我想给她们一个惊喜，就写了一篇文章，名字叫《时光不老我们不散》。当时我

① 胡春平：《如何构建以人为本的幼儿园管理模式》，载《求实》，2008 年 S2 期，第 2 页。

们幼儿园有接近50位老师，我把她们每个人名字的最后一个字，全部写在这篇文章里。知道这件事情的就只有给我做PPT的杨主任，我跟杨主任说对谁也不能讲。杨主任在给我做PPT的时候，把每位老师的照片贴了上去。然后把我的文章穿插着放进去。当时我在展示自己那篇文章时，读到最后，那种氛围，你就会看到老师们情不自禁地流下眼泪。所以它就是一种对团队的感召。在生活当中，其实能够这样真心地去对待老师的管理者还是不多的。我觉得我真诚地对待他们，尊重他们，包括我们的那些炊事员。哪怕他们为我做了一件很微小的事，我都会跟他们说感谢，他们觉得没有必要，但我还是会认真地说谢谢。他们会觉得很奇怪，我说这是我发自内心的一种对他们的尊重。所以这样一来，你不管多累，都觉得我们应该团结起来。所以说幼儿园这么多年的发展，没有过不去的坎，这是大家共同努力的结果。

这就是我说的真诚。再比如说，我们所有的去参加比赛的老师，他们要去参加比赛，我在头一天或者是在他们比赛的当天，会发短信去认可他们。就算他们没有取得好的名次，我也会跟他们说，非常的棒，根本不会去计较他们为什么这次没取得好的名次。所以对老师们来说，这是很轻松的一种氛围。

其次是公平，我觉得这个很重要，非常的重要。我们评优、评先、评职称都坚持公平公正，而且要一以贯之。对任何人都是这样的。我个人从来不搞特殊，然后也要求我们的班子成员也不能搞，什么事情都必须是公平、公开、公正的，都是和老师们一起商量的。所以大家就有那种主人翁精神，并不是谁说了算。这样一种氛围一旦形成之后，就不会出现大的问题，也不会因为什么闹矛盾，或者总是把心思放在钩心斗角上面，都没有。反正就自己一心去做好自己的业务工作，搞好自己的教育教学工作。

我们的老师对我影响很大。有的时候，讲起我们的老师，我就很感动，真的。这是一种只有真正经历过才懂的感受。其实有很多这样的故事，比如说我们的老师要请假，她都会有一种亏欠的心情。她不会很理直气壮的。我举个例子，像我们谭老师，是非常优秀的一位老师。她的家在重庆，因为年龄比较大，怀小孩，要了很久才要上，就需要一些特别的照顾、保胎。医生要求她在家里面休息两个星期，她就给我打电话，她不是说她身体受不了了，她要请假那种，她完全不是这种口气。她用很谦逊的语气，好像生怕给别人增加负担，觉得很对不起，医生叫她要休息两周，她真的觉得很不好意思，她说幼儿园的人都这么忙。我对她说，现在你所有的重点就是一定要把你的小宝宝安安心心地生下来。因为谭老师很不容易的。结果一个星期之后，她就回来了（感动地流下眼泪）。你说有多少老师可以做得到？她巴不得给你休得越长越好。可她一周自己就回来了。像这些事情还有很多。大家都是这种状态。一种氛围一旦形成了之后，就没有那种偷奸耍滑的人，大家都是心往一块想。所以这种团队氛围的形成，我觉得很不容易，也是我们最宝贵的财富。不是说我们的活动做得多好，这些我觉得都是其次。关键就是我们的老师在这个团队里边，有没有归属感。归属感，包括我们的临聘人员，我从来没有把他们当成临聘人员看待。比如说在昨天的总结会上，我就专门提出，我尤其要感谢的就是我们这些工资少，做的事情和其他老师一样的同事。我要让她们有一种归属感，一种幸福感，还有一种获得感，这样才行。所以基教科的邓志彬科长，他在很多场合就表扬我。他说幼儿园成立了这么多年，临聘人员这一块，从来没有任何的不良的反映。所以我真的还是很感谢我们的老师。

大家都是非常积极的，很努力的，包括去考研究生，有好几位老师已经考上了，马上下学期就去读。那么在正式老师的这种学习氛围的影响下，我们临聘的老师也受到影响，现在我们的临聘人员当中都有几个在读本科了。我觉得这就是一个氛围。原先我都不知道，后来自己去报了名，在考试现场看到了我们幼儿园的两个临聘人员。

我们提出的一种团队精神就是无所畏惧、敢想敢干。这个也是我们最大的精神财富。我也希望我们的老师们、孩子们能真正地在这样和谐的环境中成长。

时光不老　我们不散①

——献给我的团队

踩踏着人生不平的韵律，提笔落墨，与往事对坐，所有的相遇在这一刻轰然而至。因为遇见，人世的烟火更加绚烂；因为遇见，生命的期许更加绵长。

这一场遇见，让我们有机会与四季对话。三月的桃（陈小桃）花映红脸颊；夏日的睡莲（康中莲）清新质朴；怒放的秋菊（陈晓菊）与枝头的大红苹（谭第苹）果细说着收获的喜悦；蜡梅（吴雪梅）不畏严寒恣意绽放，清香扑鼻。兰（秦德兰、张宜兰、吴秋兰）花草点染的岁月静（朱静）好！这一年又一年四季的轮回哟，我们不曾辜负。

① 此文为重庆市永川区来苏幼儿园园长陈小桃所作，经协商，同意著者以公开的形式呈现于本书中。

这一场遇见，让我们有幸与周遭倾心。倾心于独处时候的琴（宋琴）声悠扬；倾心于遥望七彩晚霞（李红霞）信手写下的美妙诗（马栅诗）篇；倾心于共赏漫天飞雪（刘映雪）时的欣喜若狂；还有燕（陶燕）子飞过时的举头凝望，大江（朱斗江）东去不复返的无限感慨，以及那在平淡但不平凡的岁月中凝聚的那份真挚的情感，那如玉（刘学玉）、如碧（龙友碧）、如璐（谭璐）、如瑾（高良瑾）的情感。

这一场遇见，让我们有幸与孩子共舞。有婷婷（张婷）袅袅的姿态，有娟（冯正娟、张文娟）秀不老的容颜，有睿（康雪睿）智优雅的谈吐，有润（杨道润）物无声的细腻，有大声欢（阳欢）笑的放纵，有各美（周济美）其美的张扬，有勤（杜小勤）勉上进的追求，有明艳（刘享艳）如花的绽放，有念念（刘念）不忘必有回响的坚持，更有花自芬芳（刘邦芳、叶河芳）蝴蝶自来的从容（黄利容）。与孩子在一起，我们也在童心的世界里不断成长。

这一场遇见，让我们有幸与未来交手。成为一道光（蒋达光），晔晔（黄晔）生辉，照亮漫漫长路；成为能兴建（刘兴建）精神家园的能工巧匠，让自己和家人吉祥（陈诗祥）围绕，生活富（王运富）足；成为一颗独一无二的珍（肖珍）宝，散发出迷人的魅力，既能利（洪德利）己亦能利他；成为行业的英（孙海英、黄英）雄豪杰（张英杰），以周全（李再全）的思路、思想、思维迎接美好的幼教之春（阳钱春），让快乐的来幼团队红红（杨庆红）火火！

时光，总是温婉如花，让我们在转身之间，遇到幸福。秀（袁国秀）美江山如此多娇，亲爱的，请一定记住：时光不老，我们不散！时光不老，我们不散！

2019 年 1 月 16 日

在另外一次访谈中 A1 也传达了类似的信息（口述实录，略微整理）：

我们会制定自己的管理规章制度，制定规章制度的核心是解决现实问题，制度制定的指向是解决内驱力。我们制定制度的流程一定是先征询老师的意见，然后是支委会、园务委员会讨论，最后是贯彻执行。一定不是园长和其他管理人员先制定，然后通知老师执行。制度执行的时候最重要的就是公平和严格，班子成员带头遵守示范。我自己在幼儿园工作 8 年没有一次迟到早退。我自己的事情不管是公事还是私事需要外出我都会写好请假条让副园长签字。有些家庭的事情我本来可以以开会或者学习的名义去，不会有人深究，但是我不会这样做，我都会将具体事由在假条上写清楚。只有领导带头遵守，老师们才能自觉遵守。我们每年的九月份是制度修改月，针对前面一年制度执行中遇到的问题从下而上搜集意见，对制度进行修改。因为制度是老师们一起制定的，所以他们愿意执行，因此幼儿园内部的人际关系很和谐，这么多年我们没有因评优、评奖或者评职称而发生矛盾。

我们幼儿园的精神文化是用共同的价值追求凝聚人心。我们的目标：三个女人一台戏，我们要做到好戏连台，戏戏精彩！我们的保教承诺：我的岗位我负责，我在岗位你放心！我们的团队精神：无所畏惧，敢想敢干！以多样的机会和平台凝聚人心。我们的理念：可以不成功，但不能不成长。我们的行动：从不搞“点将式参赛”，机会面前人人平等。我们所有的成长和表现的机会对幼儿园所有老师都是公平的，绝不会因为有些老师跟我关系好就优先考虑，我经常说的话是手心、手背都是肉。例如区级、市级比赛的机会都不会指定人去参加，而是先在幼儿园内部公开比赛。老师们去参加比赛前我要一个个打电话或发短信关心、鼓励，比赛结束后不管结果如何都要再次关心。我们的园本教研口号：人人参与。我们的团队口号：相亲相爱的一家人，我们以真诚的情怀态度凝聚人心。真诚鼓励、真诚欣赏、真诚引领、真诚沟通。做园长一定要真诚对待自己幼儿园的老师，不管是教师还是保育员乃至保安，也不管是编制内的还是编制外的，我们一律平等地真诚对待。每年春节我会逐一给每个老师打电话或者发短信，不管他是离我很远还是就在我旁边。我们要相信老师，这一点很重要。有一年因我们孩子太多，超出标准需要增加两个班级，但是没有老师，这时候我们的保育员老师临危受命，保育员老师说："我不会让这个班的孩子觉得我们这个班的老师不行。"一个月过去，这个班的保教活动开展得非常成功，受到了家长和小朋友的认可。我们有个保教主任正在休产假，但是幼儿园马上开学，很多事情急需保教主任参与，怎么办呢？如果出于人道的考虑我不应该让她提前回来，但是确实没有办法，我不敢给她打电话，而是心惊胆战地给她发了一条短信："静静妹，幼儿园即将开学很多事情急需处理，能否提前结束产假回来上班？"发完信息我很忐忑，如果她拒绝我，工作怎么开展。结果不到十分钟就收到了她的回复"没问题"。我当时就流下了眼泪（说的时候眼睛湿润，声音哽咽）。

著者为了保证研究对象所陈述的信息真实，在选择访谈对象的时候每个幼儿园选取两个人。访谈对象 A2 的陈述可以证实 A1 的信息可信（口述实录，略微整理）：

我们陈园长就是一个非常以身作则的人。我觉得她有很多的优点，很敬佩她。

首先，她每天早上基本上是第一个来到幼儿园的。下午她基本上都是在我们走之后才下班。从她对自我的要求来说，她对自己的要求非常严格。其次，她对老师的要求也很高，她提到目之所及都是精美。我觉得她最为重要的一点就是她从不偏心于任何一个人，比如比赛的参赛老师，她从来不会内定。我们幼儿园的任何一个比赛绝对是园内进行公开选拔。她会给每一位老师机会，也会积极地去支持帮助老师。包括保教处也是这样，我觉得这就是从上而下的一个观念吧。

我觉得幼儿园的管理很重要，幼儿园的制度很重要，幼儿园的园长很重要。我始终觉得幼儿园的中层干部必须在业务能力上有所担当。还有就是必须要有愿意做出牺牲、有牺牲精神的人存在。因为很多老师的矛盾就是幼儿园为什么不能够这样做，我觉得老师的矛盾真正指向的是行政班子。虽然园长和老师之间不存在竞争的关系。但是中层干部和老师之间是存在的。所以中层干部在做任何事情的时候，必须得顶头上去，完了之后在拿荣誉的时候，退下来。我觉得中层干部真的是中坚力量，上传下达，一个纽带一个纽带协调，既要把园长的话委婉地交代给老师，也要把老师的意见问出来，然后传达给园长。我觉得中层干部太重要了，真的就是担当，能够懂得牺牲的。

通过上面研究对象 A1 陈述可以看出，她认为自己在幼儿园进行管理的“法宝”有两个：其一，是真诚。真诚地对待每个老师，包括幼儿园临聘教师、保安和炊事员。这里面核心的是给予发自内心的尊重、认同和欣赏。其二，是公平。把公平、公正作为解决矛盾、冲突和问题的首要原则，自己带头示范。研究者发现除了研究对象自己所提到的真诚和公平的两个“法宝”，还有三个“法宝”，首先是绝对的人文关怀。能够设身处地地理解团队成员的处境，并给予发自内心的关心。特别注重在细节处对“处境不利”的团队成员进行关注、关心和尊重。其次是注重团队的凝聚力，团队成员归属感、幸福感和获得感的获取。这样的管理理念和模式让整个幼儿园团队形成了强大的凝聚力和明确的共同愿景。激发出团队内所有成员的奉献精神、学习动机和成长动机。最后是率先垂范。要求团队做到的，自己以高于他人的要求率先做到。为团队成员树立榜样，用自己的真行动、真尊重、真关怀影响团队成员形成良好的文化氛围。

2. 以权为本的权威型管理

以权为本的权威型幼儿园管理将团队成员作为控制和支配的对象，其前提是不相信团队成员，认为团队成员如不被控制就无法顺利完成本职工作和既定目标，对团队成员的信任度较低。幼儿园的重大方针决策往往由核心领导层尤其是园长决定，团队成员只能服从并执行。较少听取或只是象征性听取团队成员的意见，并未真正尊重和理解团队成员的想法和观点。较难容许不同观点的存在，往往以自己的观点代替团队成员的观点作为共同的观点。惯性防卫较为严重，且难以被自己所觉察。倾向于以职权管人，缺少温度。管理者将自己视为高于团队其他成员的存在，有权力决定利益和资源的分配，而非平等的合作者、服务者和支持者。较难公平、公正地对待每位团队成员，团队成员的个人价值难以获得应有的尊重。管理者的价值成为整个团队的价值。管理者的自主权过大，团队成员的自主权严重受限。团队有一定的目标，但是难以形成共同愿景，个人只是尽力完成本职工作，不会有更多付出，更难以产生奉献精神。纵使团队内个体成员的专业基础较好，但难以形成凝聚力，难以创造愿景和现实之间的张力。整个团队只能维持正常运转，沉溺于现状而无法自拔。幼儿教师个人和幼儿园团队处于封闭的状态，严重束缚了个人与团队的学习和成长。“‘强权就是公理’是一条自我毁灭的道路。‘对生命中的事物施加干预意味着同时伤害他们和自己，突出自己的人拥有微小且显著的力量，不突出自己的人拥有强大且神秘的力量’。”① 从访谈对象 C2 所陈述的内容可以看到权威型管理的影子（口述实录，略微整理）：

幼儿园没有强制，但是它的方式其实就是在默默地强制。你自己若想往上面成长，就必须自己逼自己去写论文。同时幼儿园也会强调，让大家基本上都去参与，所以每次都要去写论文。关于论文这个东西，我是一点都不想写。我觉得我可能对论文有什么误解，我觉得写论文是一件很严肃、程序很多的事情，必须要很细致地去做，要去做调查或怎么样，我觉得我平常写的那些根本就不是论文，所以我很排斥。但是为了完成园里交代的任务，也会去写自己心里面觉得不是很满意的那种论文。

以前幼儿园如果有赛课，有时候会指定，有时候会让大家报名，心里面其实都蠢蠢欲动，想去报名，但是对自己没有自信，就觉得好像不行。这一次刚好时间太紧了，人家通知出来以后可能一个星期就要赛课，然后领导觉得我有一堂课好像比较契合这个主题，让我去改一改参加。然后，我想了一下，我觉得其实我心里面还是比较开心的，我想让自己有机会去锻炼一下，就这样子，所以也是指定也是自愿的感觉。

幼儿园要检查的东西很多，每月要月考评，PPT 要陈述，要看现场。看现场的那天，全部老师都要跟她（园长）去各个园区去

① ［美］卡尔·罗杰斯：《论人的成长》，石孟磊，邹丹，张瑶瑶译，北京：世界图书出版公司，2015 年版，第 35 页。

看，半天时间又没了，然后还要花个半天时间来做月考评，月考评的时候也是大家都坐在这个地方，每个人都上去，要评哪个等级，根据你讲的和看的综合起来。有一点被迫的感觉，有的老师肯定不想去，不是很愿意去，因为会觉得很浪费时间。但是可能出于领导层面的考虑，领导们会觉得用这样的一种方式可以很好地促进大家展示。园长可能也想用这样一个统一的方式，激励大家好好去做。但是大家可能都不愿意参加考评，认真做就行了，为什么非要这样来评。我最讨厌给别人打分了。我觉得大家都认真地做就好了，你不要去给人家打分，我觉得很头疼。

我觉得它就是一份工作，我会调节自己的工作情绪。不要影响我的生活，我的生活还是我的生活，就是尽我的能力做到多少就是多少。我绝对不会去强迫自己非要做得多出色，我觉得自己能够做成什么样子，就是我自己的样子就行。

C1 与 C2 同在一所幼儿园，C1 的观点可以印证 C2 的观点（口述实录，略微整理）：

幼儿园的学习氛围，还是停留在那种让我学的状态。可能更多的人不知道是职业倦怠还是怎么样，或是因为工作本身已经很烦琐了，他们想利用更多的业余的时间去放飞自我，要去放松，但我也没有具体去了解过每个人工作之余要怎么去学习，怎么去生活。

我觉得是不是跟老师的职业倦怠有很大的关系？比如说我，我觉得你要我去学习，学的时候我还是会认真地去学，但我在业余时间的学习可能就没有那么主动了。还有就是老师自身的这种内需，成长的需要。比如说，我觉得我现在的知识储备，不需要学习，我一样可以把生活过得很好，过成我自己想要的样子。或者我不介意和人家聊天的时候没有谈资，或者是我没有能说出什么东西来，可能我不觉得自己需要这种学习。应该还和幼儿园领导的领导方式有关系，但是我觉得像其他的幼儿园，有的老师很爱学习，或者什么时候规定时间要读书要怎么分享，我们也有，我们现在每个星期一下午周前会的时候，会有老师的读书分享，但绝大多数老师是被迫的。要求老师有分享，然后才去看书。而且看的书还并不是和专业有关的书籍，都可能是比较随意选择的。随便说一下，她讲她的，我不知道书里面写的是什么。

我现在得到的肯定不多。因为我觉得我做了以后没有多少意义，但不是说我为了要去怎么样才去做这个事情。有时候可能人就是这个样子，可能人性还是有一些东西在里面，但是我还是凭着我的这种责任心，我还是会尽力地去做，但可能就没有那种积极性，主动性就没有那么强。以前出现消极情绪会交给时间慢慢地淡化，现在就自己会给自己一种暗示，觉得没有必要。

通过对C1和C2陈述的分析可以看到C幼儿园具有典型的以权为中心的权威型管理特点。幼儿园管理者习惯于以指令、命令、指派、检查和监督的形式进行管理。幼儿教师缺少自主性，只能不情愿地服从。表面服从的结果是内心深处的深度排斥，违心地完成自己分内的工作，缺少工作热情。最明显的表现就是幼儿教师将工作与自己的业余生活完全分开，工作绝不会影响业余生活。既然在工作中无法实现自我价值，只能在业余生活中找寻自我价值，放飞自我。结果是一方面逃避工作现实，另一方面个人愿景逐渐消失，最终失去学习和专业成长的动力，陷入现实困境无法自拔。

二、幼儿园人际关系

（一）幼儿园人际关系的内涵及价值

人具有社会性，交往的需要是人社会需要的重要组成部分。幼儿园是幼儿教师专业成长的生态圈，幼儿教师与生态圈内其他人的人际关系对其专业成长有重要的影响。所谓幼儿园人际关系是指幼儿园内部人员，包括幼儿教师、幼儿园内部管理人员、幼儿园后勤服务人员（包括保安、伙房工作人员、保洁等）等在沟通和交往中所建立起来的直接的心理上的联系。① 以人为本的民主化管理理念与模式有助于形成真诚、民主、开放、尊重、和谐、轻松的人际交往氛围和模式，助力幼儿教师个人和团队的学习，最终为幼儿教师个人和团队的成长提供适宜的环境。反过来，良好的人际关系也将有助于幼儿园进行以人为本的民主型管理。研究发现，幼儿教师非常看重与同事之间的人际关系，人际关系不和谐是导致消极情绪出现的主要原因，正如访谈对象 B1 和 A2 所说（口述实录，略微整理）：

访谈对象 B1：我出现消极情绪的时候第一个就是出现一些麻烦的时候，会有一点消极的情绪，比如说在管理的过程中，老师可能会提出一些对我的不认可，或者是老师制造了一些管理中的麻烦，特别是我信任的那些老师，但对我来说也是一个成长，前期就有这样的事发生。我就发现其实园长和老师们之间，我们刚开始建园的时候都是特别好的，虽然都是来自各个园并不太熟，但是在建园初期大家都辛苦付出了很多。看着房子从一个水泥地基变成了现

① 郭念锋：《心理咨询师基础知识》，北京：民族出版社，2005 年版，第 165 页。

在的一个样子。大家一起集中了十天左右。然后做招生宣传，做环创，其实关系就挺好。可是后期慢慢地在一些管理中，我就发现太近的关系也是不太适合管理的，太远了也不行，得很好地把握这个尺度。当我信任的这些老师，她们在背地里做了一些小动作的时候，虽然她们可能并不是针对我，但是她们为了自己的一些利益而做出一些没有师德师风的事情，我会觉得是很失望，很失落，然后我也会有一点消极的情绪在里面，会有挫败感在里面。

访谈对象 A2：出现消极情绪是在不被理解的情况下，比如说有时候老师对保教处工作安排不理解，还有包括来自领导的不理解。因为保教处它毕竟是一个上传下达，跟一线老师联系最紧密的机构。比如说你安排一项工作，其实你是为了整个幼儿园的发展，但是老师会觉得很累，你这样去安排，她可能就会出现不理解。可能跟我们自己的沟通度有关。有时候你去理解老师，但是领导就不理解你了。比如说上学期期末，老师们一直忙，忙到最后我说最后一个月的月考评取消，因为老师们也都提出来最后还要搞一个什么节，叫什么记不住，反正就还有很多工作要做。然后陈园长当时就很生气，说这是我们的底线，对老师的考评，做好常规保教，这就是我们的底线，为什么不能坚守？你根本就不应该问我这个问题。当时心里面就有点委屈了，所以就几次跟老师之间可能有些东西没有沟通好。领导好像在没有特别了解情况的时候，对你有一个工作上的批评。觉得压力特别大，那个时候就想放手不干了。

良好的人际关系能够打开幼儿园团队成员的心扉，出现信任、理解与共情、真诚的合作与帮助、真实、一致，团队成员有归属感和凝聚力，能够助力幼儿教师的学习和专业成长。团队成员之间相互依赖大于竞争。相反，僵硬的人际关系，将会使幼儿园团队成员的内心大门封闭，出现强烈的惯性防卫心理，出现冷漠、不信任、钩心斗角、矛盾重重，互相猜忌，难以进行合作。团队成员对团队难以形成归属感和荣誉感，团队凝聚力较低，处于松散状态。团队成员之间竞争关系大于依赖关系。最终结果是束缚和阻碍幼儿教师的学习和专业成长。

（二）助力幼儿教师专业成长的人际关系特征

幼儿园有益于幼儿教师学习和专业成长的人际关系尽管不完全相同，但是具有一些相似的普遍性特征。主要有以下几个方面：其一，真诚透明。所谓真诚透明是指幼儿园团队成员的言行与内心保持高度一致，每个人所说和所做的是内心情感体验的表达，能够保持高度一致。而非表面一套，背后一套，所说与所做并非内心真实的情感体验。所谓透明是指团队内每个成员的内心大门都是打开的，每个人的思想和观点都可以在团队内流动，自由进出每个人的内心。其二，无条件接纳团队内每个人。幼儿园团体内每个教师都是独一无二的存在，每个人都有其独特的价值。有助于幼儿教师专业成长的团队能够欣赏和接纳每个人，不仅能接纳每个人的优点，还能接纳每个人的不足，允许每个人有自己的个人愿景和心智模式。其三，善于倾听和移情性理解。这里的倾听和移情性理解是指别人的观点能够入自己的心，能够与别人产生共鸣。或者自己可以不赞成别人的观点，但通过倾听能够理解别人的观点。而非表面好像在听，实际习惯性的防卫心理坚不可摧，别人观点完全无法进入自己的内心。当别人遇到困境或者出现过失时，首先是站在当事人的角度理解其过失，而非一味地指责和批评。倾听和理解也是学习产生的重要条件。其四，有共同愿景。团队越是允许和接纳个人价值和个人愿景，个人就越能接纳别人，共同的愿景才可能形成。不接纳和尊重个人的团队，不可能形成超越个人的共同愿景。共同愿景是团队成员发自内心对理想境界的追求，共同愿景促使团队内每个个体充分发挥个人优势，共同致力于实现大家的目标。共同愿景让团队成员成为相互依赖的合作者，而非相互嫉妒的竞争者。

这正如马丁·布伯（Martin Buber）所言："完美的人……不会干涉生命中的个体，他不会将自己强加于其上，但是他会帮助所有生命获得自由。通过他的合一，他带领大家达到合一，他解放了万事万物的本性和命运，也将其中的'道'解放。"[①] 这也正如罗杰斯所言："当得到别人的接纳和重视时，个体往往会对自己更加关注。当人们得到移情式的倾听时，他们能更准确地聆听丰富的内在体验。当一个人理解与重视自己，自我与其体验更加一致。个体由此变得更真实与真诚。这些倾向会使个体成为促进自我成长的有效强化者。他们将会更自主地成为真正的人、完整的人。"[②] 总之，真诚、一致、透明、开放、接纳、理解和有共同愿景的人际交往氛围会让幼儿园团体和幼儿教师个人的生命由刻板走向灵活，由静止走向流动，由被动和依赖走向主动和自主，由惯性自我防卫走向接纳，由现实走向理想。

（三）阻碍幼儿教师专业成长的人际关系特征

幼儿园团队良好的人际关系能够助力幼儿教师学习与专业成长，为成长提供适宜的外部条件。相反，不良的人际关系将阻碍幼儿教师的专业成长，改变幼儿园团队和成员正向的成长轨迹。幼儿园管理者的管理理念和模式对幼儿园人际关系的形成起着关键作用。以人为主的民主型管理模式有助于形成促进幼儿教师专业成长的人际关系。而以权为主的权威型管理将会形成封闭、僵化、呆板、紧张等的人际关系，阻碍幼儿教师的学习与专业成长。明确阻碍幼儿教师专业成长的人际关系特征是

① ［美］卡尔·罗杰斯：《论人的成长》，石孟磊，邹丹，张瑶瑶译，北京：世界图书出版公司，2015年版，第32页。

② ［美］卡尔·罗杰斯：《论人的成长》，石孟磊，邹丹，张瑶瑶译，北京：世界图书出版公司，2015年版，第90页。

改变的首要条件。明确了特征相当于正视和理解团队人际关系的现实问题，如能形成共同愿景，在共同愿景的引领下，僵化、封闭和呆板的人际关系才可能向灵活和开放的方向流动。

阻碍幼儿教师专业成长的人际关系具有如下特征：第一，封闭是其首要的特征。团队内的绝大多数成员的自我价值无法获得应有的尊重，权力集中在少数人手中。团队成员逐渐隐藏自己内心的情感体验和想法，外部表现出顺从的言行，但内心充满不满和排斥。个人内心被封闭起来，也导致团队成员之间无法坦诚相待，习惯性防卫大于真诚接纳。幼儿教师内心的封闭将会导致两个方面的后果：一方面，导致自己内部情感无法释放，其结果就是压抑的情绪逐渐堆积，最终导致职业倦怠。另一方面，导致外部信息无法进入自己的内心。内部释放和外部进入的过程就是学习与交流的过程。外部信息被排斥在外的结果就是学习通道被堵塞，专业成长之门被封闭。第二，无法形成共同愿景。幼儿园团体内部个人价值、个人想法和观念无法获得尊重的结果就是无法形成共同愿景。基于个人愿景而又超越个人愿景的共同愿景是幼儿园团队全体成员的承诺，共同愿景的作用是整合团队内所有成员的力量和优势，汇聚人心和力量，激发团队成员的热情和奉献精神，为了实现大家内心深处的愿景而倾注全部力量。共同愿景可以最大限度地减少消耗。阻碍幼儿教师专业成长的人际关系中只有任务和短期的目标，团队成员只会被动完成任务和目标，缺少热情、激情和奉献。

第五章

学习视野下提升幼儿教师专业成长动力的建议

国学大师南怀瑾提出我们正在进入“新认知科学”时代，这个时代要求人类把对意识的知性理解与修炼身心意识的感性过程结合起来，尽量做到科学知识与精神修炼的整合。这将会真正架起沟通东方文化与西方文化的桥梁，要求个人和集体必须同时修炼。这样才能滋养人的生命，丰富人的生活乃至自然界的生命。① 幼儿教师通过学习来实现自己的专业成长，学习是推动幼儿教师专业成长的动力源。幼儿教师是生活在幼儿园生态圈中的生命体，学习和专业成长受幼儿园生态圈的影响。幼儿教师的学习和专业成长与其所在的整个幼儿园团队的学习和成长是相互联系、相互影响和相互制约的。幼儿教师的专业成长除了靠幼儿教师个人投入学习以外，还必须有幼儿园整个团队共同对学习和成长进行连续不断的投入。

本研究从学习视野对幼儿教师专业成长动力进行研究，认为要提升幼儿教师专业成长的动力需要架起幼儿教师个人学习与幼儿教师所在幼儿园整个团队学习之间的桥梁，学习型幼儿园就是这个桥梁。建设学习型幼儿园要求幼儿教师和幼儿园团队进行四项修炼，持续不断地进行学

---

① ［美］彼得·圣吉：《第五项修炼：学习型组织的艺术与实践》，张成林译，北京：中信出版社，2018 年版，第 27 页。

习，持续不断地让心灵向更积极的方向转向，这样才能为幼儿教师的专业成长找到源源不断的动力。学习型幼儿园通过幼儿教师和幼儿园团队的系统学习和交流互动，使教师个人和幼儿园团队更具活力和生命力，实现持续更新、不断成长和整体提升的目的。

第一节　幼儿教师进行自我超越修炼

只有通过幼儿教师个人的学习，幼儿园作为一个组织才能学习。幼儿教师个人学习不能保证幼儿园组织学习。但是，没有幼儿教师的个人学习就不会有幼儿园组织的学习。幼儿园的活力来自幼儿园的教师，幼儿教师是有自己的意志、头脑和思维方式的。如果幼儿教师自己没有足够的动机去挑战自己、挑战工作中的难题，就不会有专业成长。

一、自我超越的内涵及特征

《说文解字》对“超”的解释是“跳也”，有跳跃的意思。原义指跳过、跃上。延伸指超过、胜过。[①] 对“越”的解释是“度也”，有度过的意思。原义指跨过、跳过。延伸指激昂、远扬。又有抢夺的意思。[②]《现代汉语辞海》将“超越”解释为“超出；越过”。[③] 从词义上来看，“超越”具有竞争的含义，带有一点获取对人或物的支配或控

① 许慎：《说文解字》（第四册），北京：线装书局，2014 年版，第 1584 页。
② 许慎：《说文解字》（第四册），北京：线装书局，2014 年版，第 1585 页。
③ 现代汉语辞海编委会：《现代汉语辞海（最新修订版）》，北京：中国书籍出版社，2011 年版，第 130 页。

制的意思。但同时也可以表达一种特殊的精通和熟练程度。[①] 本研究中的“自我超越”是指幼儿教师要有持续超越自己从事幼儿教育所需综合素养的愿望，有持续不断的学习热情和动力。从安于自己工作的现状到转向自我超越是幼儿教师持续成长所要进行的第一项修炼。幼儿教师的自我超越尽管以从事幼儿教育的能力和技巧为基础，但它又不局限于这些能力和技巧。幼儿教师的自我超越尽管需要幼儿教师精神的成长，但它也不局限于幼儿教师精神的开放和拓展。它是指幼儿教师把自己所从事的幼儿教育工作和自己的生命当成一件创造性的艺术作品，从主动创造的视角展开自己的工作生活，而非以被动反应的观点去开展自己的工作生活。幼儿教师的自我超越是学习型幼儿园建设的精神基础。

幼儿教师的自我超越基于幼儿教师的教育信仰和职业信仰，来源于对幼儿教育愿景的追求和对自己所从事的幼儿教育工作创新的追求。在幼儿园中，有幼儿教育愿景的教师才可能去超越，既超越别人也超越自我。幼儿园的发展基于幼儿教师的成长，而幼儿教师的成长基于其内心对美好幼儿教育愿景的向往。自我超越的幼儿教师是持续不断学习，追求工作尽善尽美的教师。自己所做之事总期望做到极致，这样的幼儿教师才能超越自我，才有持续成长的动力。自我超越之所以能持续实现，除了幼儿教师个人的天赋外，最根本的原因是不断学习和实践。幼儿教师自我超越的过程是一个“学习—实践—再学习—再实践”的循环往复的过程。

当幼儿教师进行自我超越的修炼时，当自我超越成为幼儿教师生活的重要组成部分时，表现为两个方面的行动。一方面，幼儿教师不断明晰对自己最重要的是什么。大多数幼儿教师用大把的时间来应付工作中

---

① ［美］彼得·圣吉：《第五项修炼：学习型组织的艺术与实践》，张成林译，北京：中信出版社，2018 年版，第 7 页。

的各种“繁杂之事”，以至于忘记了从事这个职业的初心。结果，关于什么对幼儿教师是最重要的东西，却只有一种模糊的，甚至是不准确的认识。另一方面，幼儿教师在不断学习如何更清晰地观察现实。有些幼儿教师不了解自己真实的工作状态和自己专业成长中存在的真实问题，或者虽然了解但尽量回避现实。幼儿教师在朝着既定理想目标成长的过程中，清楚地了解自己当下的位置，是件至关重要的事。幼儿教师的幼儿教育愿景、工作愿景和明确的现实位置之间会生长出“创造性张力”。自我超越的意义就是学习如何在幼儿教师的工作与学习生活中，不断生发和保持创造性张力。幼儿教师的学习绝不仅仅是获取更多的专业知识，而是拓展实现幼儿教育工作生活中发自内心渴望成果的能力。例如让幼儿教育真正回归生活的能力。

正在进行自我超越修炼的幼儿教师具有以下三个方面的特征：第一，这些幼儿教师总是生活在持续不断的学习状态中，永远走在学习的路上，学无止境，成长无止境。自我超越的幼儿教师非常了解自己的无知、无能和需要改进的地方，且越学习对自己无知、无能和需要改进之处的了解越清晰。这种了解让幼儿教师更加自信、更加包容和更加谦卑。第二，正在进行自我超越修炼的幼儿教师的教育愿景和目标背后，都有一种特别明确的目的和特别强烈的使命感。对这样的幼儿教师来说，建立在教育信仰和职业信仰基础上的教育愿景和工作愿景是一种召唤。这样的幼儿教师把“现实”看成盟友，而不是敌人；这样的幼儿教师学会了如何观察和运用变革的力量，而不是抵制这种力量；这样的幼儿教师有深入探究的好奇心，致力于不断改进和提高观察现实的准确性；这样的幼儿教师会感受到自己与他人、与生命本身，都在不断进行沟通。① 第三，正在进行自我修炼的幼儿教师表现出较强的延迟满足能力。在开展幼儿教育的过程中能够考虑长远的价值和目标，而非急功近利。

学习型幼儿园之所以需要幼儿教师的自我超越，是因为幼儿教师的全面成长，是幼儿实现卓越教育目标的基本要素。幼儿教师个人的成长将会带来整个幼儿园组织的成长。幼儿教师个人的幸福是受全面的个人成长所影响的。只在工作之余追求个人充实和完善，忽视在工作中所投入的那部分重要的生命，就等于限制了幼儿教师获得幸福和完善人生的机会。

二、自我超越修炼的建议

幼儿教师要理解自我超越的精髓，不能仅仅把它理解成一种理念，一种形而上的道理。还必须把它视为是一系列可以在幼儿教育工作中实践的方法和原则，且是可以通过实践产生好的效果的方法和原则。就像达·芬奇是通过不断练习才成为艺术大师。幼儿教师要进行自我超越，建议遵循以下的原则和实践方法。

（一）形成个人愿景

幼儿教师的教育信仰是幼儿教师在幼儿教育实践活动中，对幼儿教育观念和幼儿教育实践表现出来的价值态度和行为准则。由幼儿教师的教育自觉、教育自律和教育自省几个层面构成。② 幼儿教师的教育信仰

① ［美］彼得·圣吉：《第五项修炼：学习型组织的艺术与实践》，张成林译，北京：中信出版社，第 2018 年版，第 145 页。

② 贾凌昌，张红：《哲学语境中的教育信仰》，载《当代教育科学》，2015 年第 7 期，第 3 页。

是教师个人的内心力量，属于精神范畴。① 幼儿教师的教育信仰是对幼儿教育应有价值的坚定期待与尊崇，是幼儿教师的精神动力。② 幼儿教师的职业信仰是对自己所从事的幼儿教育工作理想状态的坚定期待与尊崇。正确的职业信仰奠基于正确的教育信仰，基于正确的教育信仰和职业信仰产生幼儿教师的个人愿景，即幼儿教师个人对理想幼儿教育和理想幼儿教育职业生活状态的明确期待。幼儿教师的个人愿景发自内心。

大多数的幼儿教师因缺少对幼儿教育追本溯源式的理解与认知，未能形成教育信仰和职业信仰，也就几乎没有真正的个人愿景。仅有短期的目的或目标。这是幼儿教师缺少专业成长持续动力的主要原因之一。当幼儿教师按照自己所期待的愿景开展幼儿教育工作时，自然就会全身心地投入到工作中和专业成长中，这时候的幼儿教师才是热情满怀、精力充沛的。他们在做自己喜欢做、必须做的事情，即使面对挫折和障碍，也能坚韧不拔。幼儿教师的教育愿景和职业愿景，是幼儿教师所渴望的未来图景。从本质上说，幼儿教师的教育愿景和职业愿景是内在固有的，不是相互比较的。渴望它，是因为其内在的价值，而不是因为它把幼儿教师个人带到和别人相互比较的某个位置。基于相互比较的竞争式愿景也许在过渡阶段是合适的，但它很难能引领幼儿教师走向卓越。愿景与现实之间是有矛盾的，为自己的教育愿景和职业愿景而坚持自己立场，正是高水平自我超越的典型特征。当达到无间隙的境界时，一个人的愿景和行动之间，连头发丝都放不进去。

（二）保持必要的张力

幼儿教师的幼儿教育愿景、职业愿景、个人专业成长愿景和现实之

① 田友谊：《我国教育信仰研究的回顾与反思》，载《上海教育科研》，2014 年第 11 期，第 25 页。

② 刘晖，张勇：《论中国民间教育信仰的形成及其对国民性的形塑》，载《教育学报》，2015 年第 4 期，第 15 页。

间存在一定的差距。幼儿教师想要保持持续成长的动力，需要正确看待个人愿景与现实之间的差距。必须将愿景与现实之间的差距看成自己持续专业成长的力量源泉，而不能因为愿景和现实之间有差距就感到气馁和看不到希望。如果愿景和现实之间没有差距，愿景也就失去动力价值。幼儿教师的愿景和现实之间的差距，是一种创造性的张力。可以激励幼儿教师向理想的幼儿教育愿景、职业愿景和专业成长愿景逐渐靠拢。但同时，也可能降低教育愿景、职业愿景和专业成长愿景向现实靠拢。具体取决于幼儿教师的教育信仰、职业信仰和个人愿景是否坚定、明确。

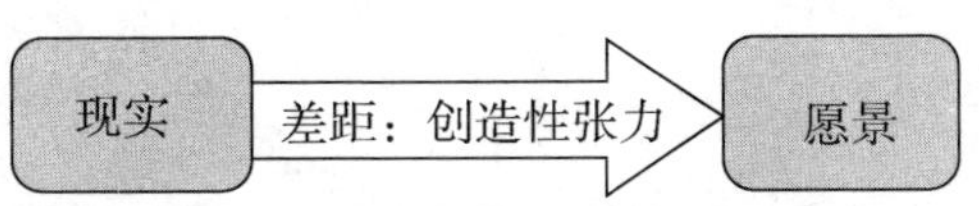

图 5.1　现实与愿景之间的创造性张力

愿景与差距之间的创造性张力会带来焦虑、沮丧、压力、失望等消极的情绪。例如，幼儿教师对幼儿教育活动的愿景是生活化、游戏化，在与幼儿共同的生活中展开教育，但现实中由于幼儿园管理、幼儿人数过多、场地限制、材料限制等现实问题导致无法按照理想的生活化和游戏化的愿景开展幼儿教育。再例如，幼儿教师希望有自主学习的时间和空间，但现实却因为日常事务过多而无法进行自主学习。这个差距就会导致幼儿教师产生沮丧甚至绝望的情绪。我们要意识到的是，这些消极情绪并非创造性张力本身，而是情感张力。

幼儿教师必须清楚地辨析创造性张力和情感张力。当幼儿教师的个人愿景未获实现时，产生消极情绪，就会产生舒缓消极情绪的强烈需要和动机。最直接的做法就是降低个人愿景，使愿景更接近现实。幼儿教师的教育愿景、职业愿景和专业成长愿景是产生创造性张力的一个端点，也是幼儿教师在任何时候都能完全掌控的一个端点，只要对它进行

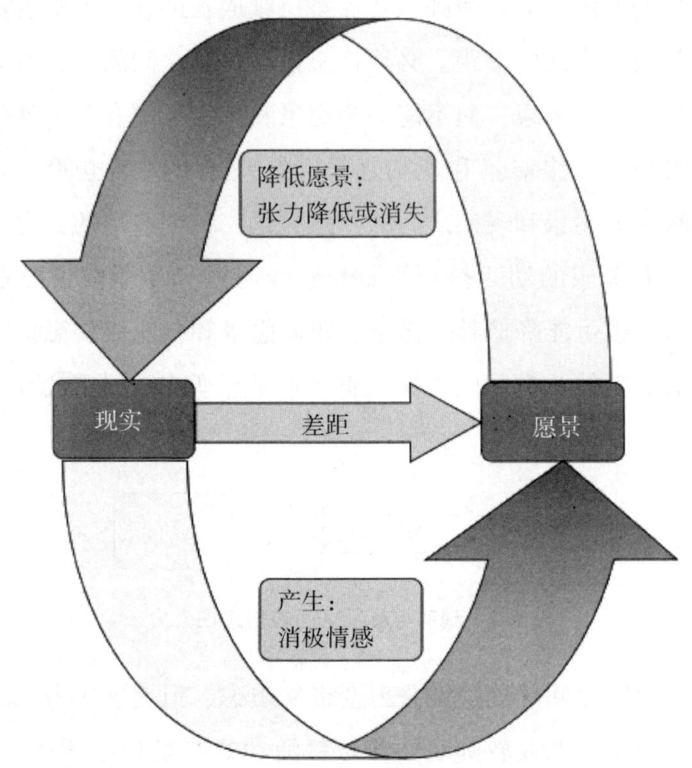

图 5.2　情感张力对创造性张力的消极影响

调整，负面的情绪就会获得舒缓。但是，与之相伴随的是创造性张力的减弱。以牺牲愿景，牺牲幼儿教师真正想要的东西为代价获得情感暂时满足，得不偿失，会降低幼儿教师专业成长的动力。

幼儿园组织和个人如对情感张力的承受力不足，就会侵蚀幼儿园集体和个人的各类目标。其表现就是降低评价标准或者刻意回避现实存在的困境。情感张力的作用机制，是一种带人走向平庸，走向麻木，走向安于现状的妥协机制。幼儿教师如果能正确理解愿景与现实之间的创造性张力，就会用另外的方式缓解情感压力，而非采用降低愿景的方式，这样愿景便成为一股活跃的推动力量。

幼儿教师如能正确地理解和把握愿景与现实之间的创造性张力，那将具有以下几个方面的积极助益：首先，以积极的心态理解“失败”。将失败看作自己的不足，看作愿景与现实之间差距的体现，是一个学习的良机，它能够澄清人们对现实的不当理解，能够揭示某些成长策略或教育策略的有效性并未满足预期，能进一步提升教育愿景、职业愿景和专业成长愿景的清晰度。失败并非毫无价值。其次，幼儿教师正确理解和把握创造性张力能够生长更多的毅力和耐心。面对幼儿教育和专业成长中的困境，坚持自己的愿景，并不断探索解决困境的策略，使其不断靠近愿景。再次，幼儿教师正确理解和把握创造性张力将使其面对现实立场发生根本性转变。现实不再是万丈深渊，不再是敌人，而是朋友。对现实的准确而深入的认知，与对愿景的清晰认知同等重要。如果幼儿教师将现实视为敌人，视为万丈深渊，就会掉入其中无法自拔。就会让幼儿教师用偏见和先入为主的观念理解现实，而不是通过观察来理解现实。正如弗里茨（Fritz）所言，“去假定现实与观念中的预想相似，比自己亲眼观察现实要容易和方便得多。”① 幼儿教师进行自我超越修炼，一方面，就是明确自己的幼儿教育愿景、职业愿景和专业成长愿景，并在内心做出郑重的承诺。另一方面，就是对现实的准确理解与把握，不能有半点臆测。“所有创造都是在一定的约束条件下实现的。没有约束条件就没有创造。”②

（三）以承诺真相化解结构性冲突

在幼儿教师朝着愿景的专业成长状态趋近的过程中有另外一种观念，即认为自己缺乏实现理想专业成长愿景的能力，或认为自己不配拥

① ［美］彼得·圣吉：《第五项修炼：学习型组织的艺术与实践》，张成林译，北京：中信出版社第2018年版，第158页。

② ［美］彼得·圣吉：《第五项修炼：学习型组织的艺术与实践》，张成林译，北京：中信出版社，2018年版，第158页。

有所期盼的愿景。这就像两条橡皮筋，当幼儿教师逐渐接近自己理想的专业成长状态时，有一条橡皮筋产生创造性张力，拉着幼儿教师逐渐靠近愿景。另外还有第二条橡皮筋，绑在无能为力或不配拥有理想愿景的观念上。在第一条橡皮筋拉着幼儿教师接近愿景时，第二条橡皮筋却拉着幼儿教师回到无能为力或不配拥有理想愿景的观念上。这种拉向愿景和拉回现实的张力之间，形成的系统就是结构性冲突。幼儿教师越接近实现自己的专业成长愿景，第二条橡皮筋就会越使劲地把他从愿景那里往回拉。最终会耗尽其所有的能量，让幼儿教师对自己所承诺的专业成长愿景产生怀疑。

图 5.3　结构性冲突

结构性冲突如果不解决将严重束缚幼儿教师专业成长动力的持续，解决此冲突的最理想策略就是“对真相承诺”。这种策略远比幼儿教师通常所使用的降低愿景策略、操纵冲突策略和意志力策略更有效。所谓对真相承诺是指幼儿教师自愿抛弃那些限制和欺骗自己，不让自己看到真实现状与问题的习惯；不断反思和质疑自己理解真相的思维方式；不断扩大自己的意识范围，用超常的视野把握自己专业成长与幼儿园生态圈中其他人、其他物和其他事的关系；不断加深幼儿教师对眼下各种事件背后的结构模式的理解和认知。特别是指幼儿教师能觉察到自己行为背后的结构性冲突。因此，要解决幼儿教师专业成长中存在的结构性冲突，首先应明确自己的认知和识别所存在的结构性冲突，以及这种结构性冲突对自己具体行为的影响。自我超越水平高的幼儿教师善于发现运作中的结构模式。善于快速识别和创造性地从内部着手处理冲突结构。

承认矛盾冲突的存在，不与其对抗。一旦冲突结构模式被识别，它就变成了幼儿教师专业成长现实的一部分。幼儿教师对自己专业成长现实真相的承诺力度越大，创造性张力就越强。

自我超越是幼儿园教师个体的修炼，应是自愿的、自主的。幼儿园作为集体对幼儿教师自我超越的任何一点强迫都会产生事与愿违的结果。幼儿园所能做的就是创造一种氛围，让幼儿教师既能创造教育愿景、职业愿景和专业成长愿景，又能感到轻松和安全，让幼儿教师对现实真相的承诺和探寻逐渐成为一种规范，让幼儿教师有勇气突破现状。尤其是有勇气挑战现状中被刻意回避和模糊不清的部分。

第二节 开启明晰并交流心智模式

每位幼儿教师由于其成长经历不同，内部知识体系结构不同，形成了具有个体性的认知和理解世界的心智模式。心智模式常常是幼儿教师意识不到的，但它又实实在在地对其专业成长动力和专业成长行为产生影响。心智模式对幼儿教师专业成长可能产生积极的影响，也可能产生消极的影响。为了避免或减少消极影响，幼儿教师首先要正确认识自己的思维定式，同时敢于与幼儿园组织内的其他人交流自己的心智模式。这样才更有益于自己和幼儿园组织的学习与成长。

一、心智模式的内涵及作用

幼儿教师的心智模式是幼儿教师认识世界、认识自己、认识幼儿教育的本质、认识幼儿教育中的人与物、认识幼儿教育的理想与现实等的思维方式与框架。每位幼儿教师对幼儿教育和自己专业成长都有自己固定的想法、观点及思考的方式。如果幼儿教师想要精进自己的教育行为，提升自己的专业素养，其实真正要做的就是准确认知并改变自己的心智模式，让自己理解和认识幼儿教育和自己专业成长的思维方式更合理有效。

幼儿教师在自己的工作和专业成长历程中，尤其是在学习中经常会出现一些新想法、新观点。但是这些新观点和新想法往往只是停留在观念上，并未付诸行动，并为实现真正的专业成长。主要原因就在于这些新观点、新想法与幼儿教师原有的心智模式不兼容。心智模式将幼儿教师局限在自己习以为常的思考方法和行为方式之中。心智模式不仅决定了幼儿教师如何理解自己的专业成长和幼儿教育，而且决定了如何采取行动。哈佛大学研究者阿基里斯（Achilles）一直致力于研究心智模式，他提出“尽管人们不总是遵照自己所说的理论去行事，但是一定会完全遵照自己实际实行的理论，即心智模式去做”。幼儿教师在从教生涯中逐渐形成的幼儿教育工作太繁杂，没有时间和精力学习；幼儿教师需要拿来就能用的学习内容和学习方式；理论书籍太难读，读不懂；工作和生活应该是分开的，不能让工作影响自己的生活等心智模式都会对幼儿教师的专业成长产生消极影响。面对同样的问题，专业成长动力充足的幼儿教师又会做出截然不同的理解。因此，心智模式是影响幼儿教师专业成长和学习的重要因素。

本研究在此建议幼儿教师明晰心智模式，并不是要判断心智模式的正确或错误，而是因为心智模式经常处于意识之下对观念和行为产生影响，这样就无法对自己的心智模式进行检查，如果不能对自己的心智模式进行检查，也就无从改变它。如此，幼儿教师原有的心智模式就会严重束缚幼儿教师新观念、新想法、新行为的产生，真正的学习和专业成长也就无从产生。这也是今天的幼儿教育改革举步维艰的主要原因之一。例如，今天幼儿园教育活动中仍然存在将幼儿园的集中教学活动称为“上课”；将幼儿园称为“学校”；将幼儿称为“学生”；将幼儿去幼儿园称为“去读书”；乃至教育主管部门在发布文件时也是用“中小学（幼儿园）”等等。以上这些例子，粗看只是一种语言表达的习惯问题，但是这种习惯也是心智模式的体现，由此可以看出仍然有相当部分幼儿教育工作者或者管理者以看待学校教育的心智模式理解幼儿园教育。“心智模式根深蒂固的惯性力量，会把最杰出的系统思考智慧淹没”①，会阻碍幼儿教师个人和幼儿园集体的学习，能够把整个幼儿园禁锢在过时的、习以为常的做法上。幼儿教师想要更好地成长需要逐步进行心智模式的修炼，让自己的心智模式浮出水面，对其进行检查和挑战，进而达到改善的目的。

二、心智模式修炼的建议

幼儿教师进行心智模式修炼是自己的内部活动，但是这种修炼需要幼儿园组织集体的支持。作为幼儿教师个人而言，主要是提高个人意识水平和反思能力。作为幼儿园而言，是将学习实践制度化和营造探寻并挑战思维方式的文化氛围。具体建议如下：

（一）克服等级管理体系的弊端

在传统的权威型幼儿园组织里，大家主要的信条是控制、组织和管理，具有鲜明的等级体系，采取自上而下的管理模式。幼儿园领导者，尤其是园长以职务赋予的权力开展管理，有明确的规章制度和目标，但

① ［美］彼得·圣吉：《第五项修炼：学习型组织的艺术与实践》，张成林译，北京：中信出版社，2018 年版，第 183 页。

难以形成共同愿景。组织内大多数成员的归属感、集体荣誉感较低，自主权受到极大限制，参与集体运行的积极性与主动性较低。幼儿教师被动按照领导的安排和规章制度“努力”完成自己分内的工作，绝不让工作影响自己的生活。正如研究者在访谈中一位教师所说：“那就是一份工作，是我必须要完成的，但是绝不会让这份工作影响我的生活。”如此，幼儿教师专业成长的动力就会被严重束缚，幼儿教师只有通过幼儿教育工作以外的生活寻求价值感和满足感。幼儿园需要进行文化变革，尤其是管理文化变革，为教师和幼儿园集体的心智模式修炼创设支持的文化环境。学习型幼儿园集体里，大家主要的信条是愿景、价值和心智模式。在幼儿园集体内努力宣传并践行“开放性”和“公德心”是克服等级体系根本弊病的重要原则。

所谓开放性是指幼儿园管理者应带领幼儿园内的所有成员营造一种开放的心理氛围，让所有的幼儿教师打开自己的心扉，以真诚、真心和真情对待彼此。幼儿教师的内心或思想只有处于打开的状态才能展开学习，才能实现专业成长。幼儿教师只有打开自己的心扉才能将心智模式显现出来，彼此心智模式显现出来才能达到化解矛盾和交流学习的目的。所谓公德心是指幼儿园成员在决策时以幼儿园集体的最高利益，而非自己的最高利益作为基本准则。开放性和公德心结合起来代表一种深层的信念，就是说如果幼儿园内的所有教师开发更大的能力去探究并显露各自的心智模式，并对其进行富有成效地探讨，那么幼儿园的管理和幼儿教师的专业成长就可以发生转变。

（二）反思实践

形成教育智慧是幼儿教师专业成长的终极追求。教育智慧的形成要求幼儿教师要不断地学习正确的知识，但是占有知识也只是达到了智慧的一半，还需要教师用心去体悟知识，将所学的知识融化于自己的整个生命中。因此，用心反思是形成教育智慧的关键之一。教师反思已经成为教师教育的热点问题，注重教师反思的教师教育着眼于教学行为的改变，而非只是获得。基本的假设是通过教师自我觉察的改变（包括心智模式的、情感的、社会化的）来实现教学行为的改变，而非单凭标准化的知识的改变实现教学行为的改变；它不仅关注教师“所宣扬的理论”，更关注教师实际采纳的理论及其行为的结果。[①] 2012 年教育部颁布《幼儿教师专业标准（试行）》明确提出要坚持反思、再反思不断提高幼儿教师的专业能力。反思+实践=成长，开展幼儿教育实践是幼儿教师工作的核心，“实践—反思—再实践—再反思”的循环往复过程就是幼儿教师专业成长的过程，反思的过程就是观察自己的心智模式的过程，也就是学习的过程。

在行动中反思自己心智模式的能力是真正卓越的专业人员的特点，正如有研究者所说：“诸如行动中的思考，把你的机智用在你自己身上，以及做中学等属于，说明我们不仅能够思考自己的行动，而且能够在行动中思考行动……当优秀的爵士乐演奏家们一起现场即兴演奏时……他们就在通过交织在一起的参与和贡献，来感觉乐曲的生成和进行方向，他们即使理解乐曲的演进，并根据即时的心理解来调整自己的演奏”。[②]“反思—实践”也是幼儿教师心智模式修炼的精髓。如果幼儿教师在学习中没有反思和人际交往的能力，学习过程就是被动反应式的，而非主动生成性的。幼儿教师主动生成性的学习实践要求在外部因素强迫自己发展之前，就能够显露并挑战自己的心智模式。

---

① 陈琦，刘儒德：《当代教育心理》，北京：北京师范大学出版社，2015 年版，第 98 页。

② ［美］彼得·圣吉：《第五项修炼：学习型组织的艺术与实践》，张成林译，北京：中信出版社第 2018 年版，第 194 页。

（三）明确宣称的理论与实行的理论

理念与具体行为之间是有差距的，当前困惑或制约幼儿教师专业成长的一大问题就是幼儿教师所宣称的理论无法完全在实践中实行，导致学习成就感降低。例如，幼儿教师通过学习形成了应该以游戏化、生活化的形式组织教学，应给幼儿充足的爱和自主选择自己喜欢的活动的权利，实际开展教育活动的时候还是采用高控制的形式进行。宣称的理论和实际实行的理论之间的差距，极可能引起幼儿教师的沮丧、失望的消极情绪和心态，这种情况并非不可以避免，关键是要明确并正确理解它们之间的差距。因此，幼儿教师急需通过审查自己所说的（宣称的理论）和所做的（实际的理论）之间的差距来提高意识水平。

幼儿教师要正确认识宣称的理论和实际实行理论之间的差距，首先要扪心自问的第一个问题是自己所宣扬理论的价值是否是自己真正重视和信仰的。第二个问题是自己所宣扬的理论是否是自己愿景的重要组成部分。如果幼儿教师自己所宣扬的理论并不是自己重视的和信仰的，也不是发自内心愿景的重要组成部分，那么这个差距就不是引领幼儿教师专业成长的愿景与现实之间的张力。而只是现实和幼儿教师向外表达的观点之间的差距，没有力量。

（四）努力做到表达与倾听的平衡

在幼儿园中要建立学习型组织，需要每位成员尤其是幼儿园核心领导成员不仅要会表达自己的观点与想法，还要努力倾听别人的观点与想法，在表达自己想法和倾听他人想法之间寻找平衡点，这样才能真正达到互相学习的目的。两个只关注表达自己观点和想法的幼儿教师在一起，不管他们的观点交流有多么直率和开放，他们的学习也很少会有收获。只注重表达自己的观点和想法，而不倾听或极少倾听他人的想法是制约幼儿教师专业成长、幼儿教师培训和幼儿园管理成效的重要因素。

幼儿教师只会表达不会倾听，就会导致表达失去源头。表达是建立在倾听学习的基础上的。不会倾听意味着内心的封闭，意味着理解难以发生，也就意味着真正的学习难以发生。幼儿园管理者只会表达不会倾听，就会形成“一言堂”，就会导致幼儿园管理决策脱离幼儿园的实际情况，会打消幼儿教师参与幼儿园管理的积极性与主动性，幼儿教师只会消极应付幼儿园领导者的任务。最终导致幼儿园领导和幼儿园其他成员的离心。

当幼儿教师把表达和倾听结合在一起的时候，就会实现学习收获的最大化。当幼儿园管理者把表达与倾听结合在一起的时候，幼儿园的氛围就会变得更真诚、轻松和开放，这就是一种相互的理解和学习。当表达与倾听完美的结合时，个人不仅敢于表达自己内心的想法与观点，而且会邀请他人来理解和探寻自己的观点，他人也会将自己内心的想法与观点表达出来，从而达到真正的交流；让个人更进一步明确自己的观点，并以开放的心态借鉴别人的观点丰富和完善自己的观点。理想的表达与倾听的平衡境界是富有挑战性的，这主要体现在意见不合、矛盾冲突发生时的应对模式。当意见不合和矛盾冲突发生时，继续坚持表达自己的观点，试图让他人接纳自己的观点其结果只能是事与愿违，加大彼此之间的隔阂。

第三节　建立幼儿园共同的愿景

幼儿教师进行自我超越的关键之一是建立清晰的个人愿景，但是光有个人愿景还不能为幼儿教师专业成长提供持续不断的动力。还需要幼儿教师所在幼儿园集体建立超越个人愿景又最大限度整合个人愿景的共同愿景。幼儿园只有建立共同愿景才能真正形成协同合作的力量，才能让幼儿教师专业成长的动力真正充盈。

一、幼儿园共同愿景的内涵及作用

幼儿园共同愿景是幼儿园组织内所有成员共同认同和全力追求的幼儿园理想的发展景象。幼儿园共同愿景是幼儿教师专业成长和从事幼儿教育职业的共同期许，具有凝聚的力量，它可以让幼儿园内的不同个体为共同期待和追求的理想状态全力投入自己的工作和实现自己的专业成长。对于学习型幼儿园建设来说，形成共同的愿景至关重要，因为它是幼儿园集体和幼儿教师个人学习实践的动力来源。幼儿园共同愿景的形成将激发幼儿教师全身心投入自己所追求的理想状态，每个人的奉献精神将最大限度地被激发，而矛盾和自私将被控制在最小的空间。幼儿园如果没有共同的愿景，就不可能成为学习型幼儿园。如若幼儿园缺少每位教师真心渴望的共同目标，维持现状的心态就会自然产生。共同的愿景将会激发提升个体和集体的思维方式和行为。

幼儿园共同愿景能够激发幼儿教师的热情和抱负，使幼儿教育工作成为幼儿教师自我价值实现的核心载体。幼儿园共同愿景能够提振幼儿园集体和幼儿教师个人精神，唤发生气，激发幼儿园集体和个人不断超越平庸或现状的动机与行为。幼儿园集体内的每个成员将会因为核心共同点的形成而更具归属感，关系更和谐，彼此之间将更加真诚与信任，进行更深入合作的可能性增加，幼儿园变成“我们的幼儿园”。这正如马斯洛（Maslow）所言：“个体的工作任务不再与自我相分离……相反，团队成员与其工作任务深度认同，以至其个人自我的界定必须把其工作任务也包含在内。"① 幼儿园共同愿景的建立还会让幼儿教师勇于承担任务，而不是推卸责任。

二、建立共同愿景的建议

幼儿园共同愿景是幼儿园内部全体成员发自内心的幼儿园理想景象。是幼儿园全体成员共同的追求和为之奋斗的目标。正确理解个人愿景与共同愿景之间的关系，明确共同愿景建立的关键点和原则，理解并尽力避免共同愿景建立过程中的消极因素是建立共同愿景的过程中必须注意的内容。

（一）激励并支持幼儿教师建立个人愿景

幼儿园共同愿景基于幼儿教师个人愿景，并最大限度体现和整合个人愿景，如此才能产生凝聚和激发成员的力量，才能培育出奉献精神和承诺投入的意愿、行为。能够让幼儿教师克服消极情感，真心全力付出，义无反顾，坚持不懈的只有个人的愿景。幼儿教师的个人愿景根植于幼儿教师的教育信仰、职业信仰和专业成长信仰，是幼儿教师个人价值追求、愿望和志向的体现。幼儿教师个人愿景越明确、越坚韧、越合理，幼儿园越可能在诸多个人愿景的基础上找到共同点从而建立共同愿景。如果幼儿教师没有建立个人愿景就只能以顺从的方式加入他人的"共同愿景"，难以产生发自内心的奉献精神和力量。幼儿园集体尤其是幼儿园领导在激励和支持幼儿教师建立个人愿景的过程中，一定要学会倾听，给幼儿教师创设宽松、自由和真诚的精神氛围，不要以权力侵犯幼儿教师个人的自主和自由。建议有愿景的幼儿园领导人员在分享自

① ［美］彼得·圣吉：《第五项修炼：学习型组织的艺术与实践》，张成林译，北京：中信出版社第 2018 年版，第 212 页。

我愿景的同时鼓励幼儿教师建立并分享各自的愿景。允许多种愿景共存，聆听所有幼儿教师的个人愿景，探寻超越和整合多样愿景的最佳路线，才能形成共同愿景。

幼儿园共同愿景的建立最好是采取从下而上的方式，在每个幼儿教师个人愿景分析的基础上，找到个人愿景背后的共同点。幼儿教师的个人愿景虽然是个人的事情，但是个人所建立的愿景必须符合幼儿教育的本质规律，应该是科学的、合理的。违反幼儿教育本质规律的、违反科学的、不合理的愿景就不应成为一个具有专业性的幼儿教育从业者的个人愿景。以此为前提，就可以相信共同愿景是一定可以在个人愿景的基础上建立的。最好的共同愿景应该是每个人在共同愿景中都能找到个人愿景的影像。这样幼儿园集体内的所有成员才能真正成为为了共同事业而坚持不懈奋斗的合作伙伴。幼儿园建立共同愿景切忌采取核心领导者闭门造车、自上而下的模式。这样的“共同愿景”在幼儿教师眼里就成了行政命令，是领导者的愿景，并非每个幼儿教师的愿景。无法激发幼儿教师发自内心的奉献精神和全身心的投入行为。

（二）正确理解并识别幼儿教师对待共同愿景的不同态度

幼儿园共同愿景建立是具有过程性的，幼儿园的共同愿景所起的作用表现出层次的高低不同。这与幼儿园建立和推广共同愿景的思维方式、路径密切相关。从幼儿教师对待共同愿景的态度可以正确理解和识别共同愿景的层次，帮助幼儿园领导者和教师体悟共同愿景建立的精髓。第一种态度是对幼儿园共同愿景承诺投入：个体愿景是基于个人愿景，对个人愿景的超越和整合；每位成员发自内心地想要和自愿去实现；共同愿景成为超越个人的被大家公认的“法则”。第二种态度是报名加入愿景：通过对愿景的认知，愿意在“法则的内在精神”范围内做自己力所能及的事情；找到个人愿景与共同愿景的融合部分。第三种态度是对共同愿景的真心顺从：幼儿教师能够辨识共同愿景的优点；会完成任何为了实现共同愿景而分配的任务。第四种态度是对共同愿景的形式顺从：基本认清了共同愿景的优点；会完成分配的不超越自己职责的任务，不会承担多余的任务。第五种态度是勉强顺从共同愿景：不能辨识共同愿景的优点；为了保住自己的工作，勉强完成分配的任务，但不会尽力完成，只是按照要求勉强做；明确表达并非自愿合作。第六种态度是不顺从共同愿景：完全无法辨识共同愿景的优点，甚至排斥共同愿景；不愿意承担分配的任务；明确表示不配合。第七种态度是冷漠对待共同愿景：这是一种“破罐子破摔”的心态；冷漠地对待事和人；在煎熬中艰难度日。

第七种和第六种态度可以归纳为排斥和反对的态度，将会使幼儿教师与幼儿园集体分离，工作与生活分离，基于自我专业价值实现的需要和成就动机难以产生，真正的学习难以发生，专业成长的动力严重受阻，难以充盈。第五种、第四种和第三种态度都是顺从的态度，区别仅仅是顺从的程度不同而已。第五种勉强的顺从处于排斥和顺从的交界点，仅仅是勉强开展工作，专业成长的动力非常低。绝大多数幼儿教师对幼儿园共同愿景态度处于形式顺从或真心顺从阶段。幼儿园有一定的愿景，愿景在推广的过程中，得到幼儿教师的一定认可，能在幼儿园领导的带领下较好地开展工作，有一定的动力。第一种和第二种是投入的态度，幼儿园的共同愿景得到幼儿教师的发自内心的认同，并内化到幼儿教师的个人愿景中，此时幼儿教师的学习动力和专业成长动力将内外交会，并且共同推动幼儿教师的专业成长。特别提出，第三种态度真心顺从处于顺从和投入的交界点。要正确辨识真心顺从和投入的不同，进入投入阶段是学习型幼儿园建设的关键之一。投入将会激发幼儿教师专业成长的热情和力量，不会循规蹈矩，为了共同的愿景，有勇气甘愿冒风险进行改革。而真心顺从，只会照章办事，循规蹈矩。真正投入或加入的幼儿教师有明确且坚定的个人愿景和共同愿景，有真心追求的理想境界。而真心顺从的幼儿园教师只是接受了别人的愿景，当愿景与自我利益发生冲突时，常常舍弃愿景。传统完全以行政命令进行管理的幼儿园组织，一味强调顺从，不关心真心承诺和加入，难以为幼儿教师持续专业成长提供良好的环境。

（三）幼儿园管理者在共同愿景建立中应遵守的原则

幼儿园核心管理者在幼儿园共同愿景的建立中发挥着重要作用，幼儿园能否建立共同愿景与幼儿园核心管理者的自我超越和心智模式密切相关。幼儿园管理者在共同愿景建立和推广的过程中应自己首先承诺投入或主动加入共同愿景。其次应直截了当地描述共同愿景，不要夸大共同愿景的利益。再次是幼儿园管理者应给全体幼儿园教师自由选择的权力，不要试图去说服或者压服任何个人顺从共同愿景。越是试图说服或者压服，越会让人感受到操控，越会产生排斥反应。相反，幼儿园管理者应留出足够的时间和创设自由轻松的氛围帮助幼儿教师开发自己的个人愿景，并帮助他们找到个人愿景和共同愿景的共同点。这样才能让幼儿教师自愿加入或主动投入共同愿景。

幼儿园管理者要把共同愿景融入幼儿园发展的指导性理念之中。幼儿园建立共同愿景是幼儿园持续发展规划中的一部分。幼儿园指导性理念要回答三个核心问题：第一个问题是幼儿园全体成员所追求的理想景象是什么，即共同愿景是什么。第二个问题是幼儿园为什么要像理想的状态那样存在，即幼儿园或者幼儿教师的使命是什么，这是比共同愿景更深远的幼儿园定位。第三个问题是幼儿园怎么做才能符合使命，并从当下去不断靠近共同愿景，也就是幼儿园的核心价值是什么。幼儿园的核心价值应该包括公平、公正、尊重、关爱、平等、公德心、有教育情怀、真诚、开放、包容、理解等。使命是抽象的，共同愿景将抽象的使命变得更具体、更清晰，核心价值应指导使命和共同愿景实现过程中的行为。

第四节　形成团队学习的氛围与制度

幼儿教师个人学习可能无时不在，但幼儿园作为组织的学习却不一定发生。幼儿园团队学习是学习型幼儿园建设的关键。幼儿园团队学习将为幼儿教师的学习提供学习共同体平台，为幼儿教师学习和专业成长提供学习伙伴和资源。幼儿园团队学习氛围与制度的形成，将助力幼儿教师个人学习和专业成长，优化幼儿教师专业成长动力的结构，幼儿教师专业成长的动力由内而外和由外而内交会融通。内部动力与外部动力和谐共生，共同推动幼儿教师的专业成长和整个幼儿园教育质量的提升。

一、幼儿园教师团队学习的内涵及作用

正式团队学习的概念最早见于彼得·圣吉（Peter Senge）的《第五项修炼》一书。他认为团队是组织学习的基本单位，是发展团队内成员整体优化搭配和实现共同目标能力的过程。① 幼儿园团队学习不是幼儿教师个人学习成果的简单相加，幼儿园团队学习必须由幼儿园教师全体共同参与和共同完成，是幼儿园全体教师相互配合、协同合作实现目

① 王雁飞，杨怡：《团队学习理论与相关研究进展述评》，载《心理科学进展》，2012年第7期，第1052页。

标的过程。幼儿园团队学习与幼儿教师的自我超越、心智模式和幼儿园共同愿景密切联系，相互影响。幼儿园团队学习要求幼儿教师在幼儿园领导或者骨干教师的带领下敢于亮出自己的心智模式，并探寻别人的心智模式，进行自我超越。同时团队学习的目的又在于促进幼儿教师的个人超越和幼儿园团体共同愿景的实现。

幼儿园教师团队学习的精髓是“协同校正”①，即每个幼儿教师群体中出现一个整体功能的现象。每个幼儿教师团队内的成员各有自己的特长、优势、目标、基础和分工，但是却能够将个体的能量和精力融合与协调，让其共同作用于共同愿景。幼儿园教师进行团队学习有两个关键方面：首先，对复杂问题要有深入的思考和明晰的理解。幼儿园团队必须尝试挖掘每位教师的思想潜力，达到团队心智超越个人心智的目的。其次，幼儿园教师团队需要有协调一致和具有创新性的行动。这需要幼儿教师之间形成一种真诚、透明、信任和尊重的人际关系。每位幼儿教师都能保持对其他教师的真诚透明，在工作和学习中相互帮助、相互依赖，而非相互竞争。

二、幼儿园教师团队学习的建议

幼儿教师团队学习目的是超越幼儿教师个人学习，整合团体内每位幼儿教师的力量。因此，幼儿园团队学习最关键的是如何打开每位幼儿教师的心扉，达到深度合作学习的效果。团队学习既追求学习过程中的参与、共享、贡献、交流、宽松的氛围，又追求学习成效高于个人学习。因此，“深度汇谈”和商讨成为团队学习的核心。

---

① ［美］彼得·圣吉：《第五项修炼：学习型组织的艺术与实践》，张成林译，北京：中信出版社，2018 年版，第 237 页。

（一）努力做到"深度汇谈"

"深度汇谈"是由美国量子物理学家波姆（Bohm）提出，在波姆的允许下彼得·圣吉进行完善的对话理论。[①] 英文为 dialogue，源自希腊语 dialogos。其中 dia 有"通过"的意思；logos 通常指"意义"，也有"词语"的意思。该词语的原义是"意义的流过……是意义在人与人之间的自由流动，就好像河水在两岸之间的流动"[②]。幼儿园教师团队学习中的"深度汇谈"是指幼儿园教师团队通过对话交流探寻某个议题或进行某项思考、学习时，通过探寻、反思、分享幼儿教师个人和他人的心智模式，达到团体内个人心智模式与他人心智模式的共通共融，汇集成超越个人心智模式的强大团队思维模式，从而体现主动创造的、过程本质的对话学习方式。[③] 深度汇谈不同于"头脑风暴"，头脑风暴与深度汇谈一样均鼓励每个个体表达自己的观点，但头脑风暴最终要挑选出一个胜利的观点。而深度汇谈注重深层次上对每个成员价值的绝对尊重、肯定和理解，所追求的并非唯一的胜利观点，而是所有参与成员均赢得胜利，是团队成员真正发自内心的真诚交流。深度汇谈适用于幼儿园的教研活动、课题研讨以及园所文化建设研讨等需要团队力量的事项中。

幼儿园教师团队要进行深度汇谈需要具备以下四个条件：第一，参与深度汇谈的所有成员必须打开自己的心扉，形成一种真诚、透明、平等和相互尊重的人际氛围，坚决杜绝"一言堂"和"随声附和"。这样

---

① 苑青松：《"深度汇谈"对话模式的理论机制及课堂策略构建》，载《教育学术月刊》，2011 年第 2 期，第 104 页。

② ［美］彼得·圣吉：《第五项修炼：学习型组织的艺术与实践》，张成林译，北京：中信出版社，2018 年版，第 244 页。

③ 苑青松：《"深度汇谈"对话模式的理论机制及课堂策略构建》，载《教育学术月刊》，2011 年第 2 期，第 104 页。

每位参与教师的内心想法、思想观念和能量才能和谐，才能共同奏响美妙的交响乐，让和谐的音乐流过每个人的身体。第二，所有参与深度汇谈的幼儿教师均应先“悬挂自己的假设”。悬挂自己的假设并非放弃或压制自己的假设。而是不固守自己的假设，不将自己的假设作为客观事实，或者唯一正确的假设。是以包容和开放的心态接受其他人对假设的质疑和评论。如果有人先入为主，坚持自己的假设和观点，无论如何绝不妥协，辩争到底，那深度汇谈就绝对无法进行。第三，所有参与深度汇谈的教师必须把其他人看成平等的同事。深度汇谈的参与者只有将其他人看成具有共同愿景、共同事业目标的平等同事才能有安全感，深度汇谈才可能发生。这个条件在深度汇谈中观点不一致时特别重要。在观点不一致时，将对手看成有不同观点的同事，能获得的利益是最大的。第四，在幼儿园教师团队中必须有一位德高望重的人时刻维护深度汇谈的要素和氛围。在传统的等级制管理幼儿园中，形成了管理层尤其是核心领导发布命令、任务、目标和指导思想，普通教师理解、执行和贯彻的习惯。往往是领导的假设成为大家的事实。要进行深度汇谈首先要摒弃或最大限度地控制这种习惯。幼儿园核心管理人员或者骨干教师必须明确学习型幼儿园建设所需要的条件和要进行的修炼。在此基础上准确把握深度汇谈的精髓，维护保持深度汇谈所需要的场景，让所有参与深度汇谈的人的思想观点流动起来。深度汇谈的维护保持者在深度汇谈初步尝试和推进阶段起着非常重要的作用，一旦深度汇谈的方式和氛围形成，深度汇谈的理念为全体成员理解，深度汇谈的成效动人心扉时，每个人都会成为深度汇谈的维护保持者。

（二）在深度汇谈和商讨中寻找最佳平衡点

在学习型幼儿园幼儿教师团队学习中深度汇谈与商讨互为补充，缺一不可，和谐共生，共同助力幼儿园教育质量的提升和幼儿教师个人的专业成长。深度汇谈是发散型的思维，是团队内每位幼儿教师观点的共享与交流，是对影响幼儿园发展和幼儿教师个人成长复杂问题的深入探索，对每位参与者的观点给予绝对的尊重，在分享和交流中发现有意义的新颖观点。而幼儿园在发展中，尤其遇到必须要解决的问题时，必须做出科学的决策时，这时候更需要商讨。商讨是聚合型思维，是在参与者的各种不同观点中权衡利弊，选出最佳的观点。有效的商讨建立在尊重、平等、真诚的基础上，团队成员经过商量和讨论凝聚最佳意见，形成解决问题的结论、思路或具体的应对策略。

学习型团队建设必须深入明晰深度汇谈和商讨的精髓与区别，正确区分两者的相同点与不同点，在深度汇谈和商讨中寻找平衡点，这样才能整合深度汇谈和商讨的精华，并掌握二者之间转化的技巧。幼儿园教师团队经常进行深度汇谈和商讨，会形成一种集体的愉悦，团队成员之间的隔阂将会逐渐消失，个体的归属感、幸福感和力量感逐渐增强。一种新型的特殊人际关系逐渐形成，人与人之间建立起深度的互信和尊重，我与你的关系或者我与他的关系变成我们的关系。团队内的成员更加包容、更加开放、更加真诚、更加谦虚，更愿意学习。

（三）正视并破解冲突和惯性防卫

任何团队、任何人际关系都必然存在冲突，无冲突的团队关系是不存在。冲突既可能成为幼儿园教师团队成长和幼儿教师个人成长的动力，也可能严重束缚成长，消耗团队和个人的精力。学习型幼儿园建设很重要的内容就是要正视冲突，审查冲突，理解冲突，消解冲突。共同愿景在学习型幼儿园建设中起着导向作用，幼儿园在建立共同愿景的过程中必然存在冲突，团队内成员对共同愿景的关注和实现愿景的思路会有不同。学习型团队要努力通过深度汇谈让冲突的观点在团队成员内心深处流动起来，冲突观点流动的过程就是反思和探寻的过程，也是学习发生的过程，更是成长的过程。与学习型幼儿教师团队相比，平庸的幼儿园教师团队面对冲突会表现出两极分化的特征。一种表现为隐藏冲突，回避冲突，表面上看不出冲突，内心深处冲突力量正在逐渐膨胀。另一种表现为僵硬的团队关系。幼儿园领导管理方式强硬，幼儿教师自己的想法无法获得尊重和实现，彼此不妥协和松动，僵硬的感觉无处不在，奉献精神和工作激情难以被激发。

面对冲突会产生惯性防卫，所谓惯性防卫是指为保护自己，把问题和差距隐藏起来，刻意回避自己的不足，其根源是担心暴露自己观念背后的心智模式所带来的尴尬、窘迫、危险等消极情感。它是人为保护自我，减轻心理挫折，求得内心安宁经常使用的潜意识心理机制。①② 惯性防卫是阻碍幼儿教师团队学习和个人学习的重要因素，惯性防卫直接导致幼儿园团队的僵化和幼儿教师内心的封闭，观念和想法无法在团队内流动，别人的思想无法进入教师个人的内心，感到四面都是陷阱和高墙，最终结果是团队和个人学习停滞，无法成长。幼儿教师的惯性防卫是应对现实问题的方式，解决问题需要学习，这种需要来源于已知与未知而又必须知之间的差距。解决问题的办法是探寻，探寻的过程就是学习的过程。已知、未知和必须知之间的差距会产生学习的需要，大多数人会用降低学习的想象来消除学习差距，这也是惯性防卫阻碍幼儿教师学习和成长原因所在。惯性防卫在成功防范了眼下痛苦的同时，也阻止了我们在学习中提高。

要消解惯性防卫，需要幼儿教师团队和幼儿教师个人打开心扉，暴露自己的心智模式，对自我防卫心态的根源进行反思和探寻。通过反思

---

① 姚灶华：《消除教师的“习惯性防卫心理”》，载《中小学管理》，2002 年第 11 期，第 47 页。

② 周元成：《团队学习中习惯性防卫策略》，载《现代企业》，2007 年第 10 期，第 32 页。

和探寻将自己的假设和推理公开出来，接受团队内成员的影响。同时，也要鼓励、感染、支持其他人也这样反思和探寻，这样就能将惯性防卫控制在最小范围内。惯性防卫会阻碍个人与团队的学习和成长，同时也可以创造团队和个人成长的张力。当幼儿教师团队和幼儿教师个人正确识别惯性防卫的时候，惯性防卫就成为现实，就会与共同愿景构成成长性张力。如果团队和个人能意识到惯性防卫就意味着认识到团队和个人的学习处于停滞状态的现实，在共同愿景的引领下就会探寻解决停滞现状的办法。当团队和个人将惯性防卫坦露出来进行反思与探寻时，自我封闭的心门就被打开了，团队的智慧和能量得以开启，幼儿教师团队和教师个人的理解力得到建设，团队就会朝着共同愿景奋力前进。

参考文献

一、著作类

［1］编写组：《马克思主义基本原理概论》，北京：高等教育出版社，2015 年版。

［2］陈琦，刘儒德：《当代教育心理学》，北京：北京师范大学出版社，2015 年版。

［3］陈向明：《质的研究方法与社会科学研究》，北京：教育科学出版社，2018 年版。

［4］冯友兰：《中国哲学史》（上），重庆：重庆出版社，2009 年版。

［5］冯友兰：《中国哲学史》（下），重庆：重庆出版社，2009 年版。

［6］郭念锋：《心理咨询师基础知识》，北京：民族出版社，2005 年版。

［7］黄希庭：《心理学基础》，上海：华东师范大学出版社，2008 年版。

[8] 黄希庭，郑涌：《心理学导论》，北京：人民教育出版社，2015年版。

[9] 彭聃龄：《普通心理学》，北京：北京师范大学出版社，2012年版。

[10] 吴明隆：《问卷统计分析实务：SPSS操作与应用》，重庆：重庆大学出版社，2010年版。

[11] 徐冰：《人之动力论》，沈阳：辽宁人民出版社，1999年版。

[12] 现代汉语辞海编委会：《现代汉语辞海》，北京：中国书籍出版社，2011年版。

[13] 邢利娅：《幼儿园管理》，北京：高等教育出版社，2011年版。

[14] 许慎：《说文解字》（第一册），北京：线装书局，2014年版。

[15] 姚本先：《心理学》，北京：高等教育出版社，2009年版。

[16] 叶浩生：《心理学通史》，北京：北京师范大学出版社，2010年版。

[17] 叶奕乾，何存道，梁宁建：《普通心理学》，上海：华东师范大学出版社，2010年版。

[18] 中共中央马克思恩格斯列宁斯大林著作编译局：《马克思恩格斯文集》（第一卷），北京：人民出版社，2009年版。

[19] 张慧敏：《幼儿园组织与管理》，北京：人民邮电出版社，2014年版。

[20] 曾文婕：《学习哲学论》，北京：人民教育出版社，2017年版。

[21] ［德］第多斯惠：《德国教师培养指南》，袁一安译，北京：

人民教育出版社，2018 年版。

[22] [德] 恩斯特·卡西尔：《人论》，甘阳译，上海：上海译文出版社，2013 年版。

[23] 中共中央马克思恩格斯列宁斯大林著作编译局：《马克思恩格斯全集》（第 23 卷），北京：人民出版社，1972 年版。

[24] 中共中央马克思恩格斯列宁斯大林著作编译局：《马克思恩格斯全集》（第 49 卷），北京：人民出版社，1982 年版。

[25] [古希腊] 亚里士多德：《尼各马可伦理学》，廖申白译，北京：商务印书馆，2003 年版。

[26] [法] 安德烈·焦尔当：《学习的本质》，杭零译，上海：华东师范大学出版社，2015 年版。

[27] [法] 加缪：《加缪全集：戏剧卷》，李玉民译，上海：上海译文出版社，2010 年版。

[28] [美] 安妮塔·伍尔福克：《教育心理学》，伍新春译，北京：机械工业出版社，2018 年版。

[29] [美] 伯克·约翰逊，拉里·克里斯滕森：《教育研究：定量、定性和混合研究方法》，马健生等译，重庆：重庆大学出版社，2015 年版。

[30] [美] 简妮·爱丽丝·奥姆罗德：《学习心理学》，汪玲，李燕平，廖凤林等译，北京：中国人民大学出版社，2017 年版。

[31] [美] 卡尔·R·罗杰斯：《个人形成论》，杨广学，尤娜，潘福勤译，北京：中国人民大学出版社，2004 年版。

[32] [美] 卡尔·罗杰斯：《论人的成长》，石孟磊，邹丹，张瑶瑶译，北京：世界图书出版公司，2015 年版。

[33] [美] 凯瑟琳·马歇尔，格雷琴·B. 罗斯曼：《设计质性研

究：有效研究计划的全程指导》，何江穗译，重庆：重庆大学出版社，2015 年版。

[34] [美] 彼得·圣吉：《第五项修炼：学习型组织的艺术与实践》，张成林译，北京：中信出版社，2018 年版。

[35] [美] 朱丽叶·M. 科宾，安塞尔姆·L. 施特劳斯：《质性研究的基础：形成扎根理论的程序与方法》，朱光明译，重庆：重庆大学出版社，2016 年版。

[36] [美] 托马斯·R·弗林：《存在主义简论》，莫伟民译，北京：外语教学与研究出版社，2015 年版。

[37] [奥地利] 鲁道夫·斯坦纳：《童年的王国》，潘定凯译 . 深圳：深圳报业集团出版社，2014 年版。

[38] [英] 罗素：《西方哲学史（上卷）》，何兆武、李约瑟译，北京：商务印书馆，2016 年版。

[39] [英] 罗素：《西方哲学史（下卷）》，何兆武、李约瑟译，北京：商务印书馆，2016 年版。

[40] [英] 休谟：《人性论》，关文运译，北京：商务印书馆，1980 年版。

[41] [意] 玛利亚·蒙台梭利：《童年的秘密》，马荣根译，北京：人民教育出版社，2005 年版。

二、学位论文类

[1] 崔友兴：《中小学教师专业发展动力生成机制研究》，重庆：西南大学，2013 年，第 16-20 页。

[2] 陈丽霞：《农村初中教师专业发展动力现状调查及管理对策研

究》，大连：辽宁师范大学，2016 年，第 16 页。

[3] 胡梁园：《教师学习共同体实践研究》，喀什：喀什大学，2016 年，第 22-30 页。

[4] 胡婷：《小学教师专业发展内在动力的跨个案研究》，成都：四川师范大学，2010 年，第 13 页。

[5] 金菲：《文化资本视野下教师学习动力激发研究》，芜湖：安徽师范大学，2016 年，第 14-21 页。

[6] 矫立中华：《农村教师专业发展动力问题研究》，哈尔滨：哈尔滨师范大学，2016 年，第 17 页。

[7] 靳海玲：《农村小学教师专业发展动力问题研究》，南充：西华师范大学，2016 年，第 22 页。

[8] 李丹：《农村教师专业发展动力研究》，开封：河南大学，2012 年，第 21 页。

[9] 刘欣：《幼儿园教师“学习与发展”的客观影响因素研究》，上海：华东师范大学，2016 年，第 31-71 页。

[10] 李竹青：《农村初中教师专业发展动力调查研究及分析》，哈尔滨：哈尔滨师范大学，2017 年，第 9-20 页。

[11] 刘胜男：《教师专业学习影响因素及其作用机制研究》，上海：华东师范大学，2016 年，第 20 页。

[12] 沈芳雁：《幼儿教师学习研究——期待与现状》，南京：南京师范大学，2012 年，第 38-65 页。

[13] 索长清：《幼儿园教师文化研究》，长春：东北师范大学，2014 年，第 114-128 页。

[14] 唐俊莉：《高校教师发展的学校支持研究》，大庆：东北石油大学，2017 年，第 12-37 页。

[15] 吴雨宏：《幼儿教师专业发展激励机制研究》，西安：陕西师范大学，2013 年，第 27-35 页。

[16] 曾文婕：《文化学习引论》，广州：华南师范大学，2007 年，第 13-28 页。

[17] 张晓文：《城市初中教师从业动力研究》，长沙：湖南师范大学，2011 年，第 3-64 页。

[18] 庄薇：《幼儿园骨干教师专业发展有效支持策略研究》，北京：首都师范大学，2012 年，第 31-56 页。

三、期刊论文类

[1] 巴登尼玛，李松林，刘冲：《人类生命智慧提升过程是教育学学科发展的原点》，载《教育研究》，2014 年第 6 期，第 21 页。

[2] 薄艳玲：《我国教师学习研究二十年回顾与反思》，载《河北师范大学学报（教育科学版）》，2014 年第 3 期，第 110 页。

[3] 班振：《中小学教师学习共同体发展的困局及未来走向》，载《教师教育论坛》，2017 年第 10 期，第 43-46 页。

[4] 陈沪军：《构建教师学习有效性机制的探索》，载《教育发展研究》，2011 年第 22 期，第 81-84 页。

[5] 陈阳：《中小学教师学习共同存在的问题与构建对策》，载《天中学刊》，2012 年第 4 期，第 135-137 页。

[6] 曹德辉：《自主发展：教师专业发展的持久动力》，载《基础教育参考》，2012 年 22 期，第 30 页。

[7] 陈向明，张玉荣：《教师专业发展和学习为何要走向“校本”》，载《清华大学教育研究》，2014 年第 1 期，第 36-43 页。

[8] 程天宇，朱季康：《教师专业发展的路径分析与支持策略》，载《扬州大学学报（高教研究版）》，2014 年第 1 期，第 22 页。

[9] 程翔宇，徐东，秦戈：《国外幼儿教师职后培训对我国的启示：基于专业成长力视角》，载《高等继续教育学报》，2014 年第 2 期，第 46-49 页。

[10] 崔振成：《超越悲剧：教师学习力的退化与提振》，载《东北师大学报（哲学社会科学版）》，2014 年第 5 期，第 191-194 页。

[11] 陈朝新：《教师学习成效提升的条件与方法》，载《当代教育科学》，2015 年第 9 期，第 31-34 页。

[12] 陈玉红：《从情境学习理论管窥教师学习力的培养》，载《中国成人教育》，2016 年第 24 期，第 9 页。

[13] 陈莉，刘颖：《从教师培训到教师学习》，载《中国电化教育》，2016 年第 4 期，第 113-119 页。

[14] 丁云华，范远波：《高校青年教师专业发展动力源和助推器的共生》，载《煤炭高等教育》，2013 年第 6 期，第 88-89 页。

[15] 丁杰：《教师专业发展需厘清的几个问题》，载《上海教育科研》，2018 年第 9 期，第 1 页。

[16] 符国鹏，吕立杰：《教师合作：促进教师学习的有效策略》，载《现代中小学教育》，2011 年第 5 期，第 38 页。

[17] 冯金山，黄学忠：《高中教师自我发展动力探源》，载《高等继续教育学报》，2018 年第 5 期，第 58-60 页。

[18] 皋建军，庄加运：《校本研训：职校教师专业发展的不竭动力》，载《江苏教育研究》，2017 年第 5 期，第 49 页。

[19] 高旭阳，李礼：《经济学视阈下教师学习路径干预探索》，载《现代中小学教育》，2017 年第 9 期，第 70 页。

[20] 郭黎岩，李亚莉：《农村中小学教师学习惰性的现状、成因及对策》，载《教育理论与实践》，2012 年第 17 期，第 27-29 页。

[21] 郝桂生：《哲学也要研究“学习”》，载《天津师范大学（社会科学版）》，1997 年第 4 期，第 20-22 页。

[22] 黄文云：《促进幼儿教师专业成长的实践策略探讨》，载《当代教育论坛》，2010 年第 1 期，第 17-19 页。

[23] 贺建谊：《职高专业教师可持续发展的动力源探究》，载《职业与教育》，2010 年第 5 期，第 63 页。

[24] 何晓文：《构建教师专业发展动力机制 打造卓越教师团队》，载《基础教育》，2010 年第 6 期，第 35-39 页。

[25] 韩冬梅，李昕阳：《终身学习：农村教师专业发展的不竭动力》，载《中小学教师培训》，2013 年第 4 期，第 22 页。

[26] 郝德贤：《第斯多惠教师学习思想对教师培训的启示》，载《教学与管理》，2015 年第 6 期，第 60-61 页。

[27] 洪东忍：《网络环境下教师学习共同体构建研究》，载《教育评论》，2016 年 12 期，第 123-125 页。

[28] 胡广来，仓伟：《成人学习中“生命观”的缺失与回归路径》，载《中国成人教育》，2017 年 18 期，第 12 页。

[29] 黄宁娜：《微型课题研究助力教师专业能力发展》，载《基础教育研究》，2018 年第 11 期，第 34-36。

[30] 侯志中：《乡村教师专业发展动力缺失与回归》，载《教书育人》，2019 年第 3 期，第 49-50 页。

[31] 姬会会，董银银：《幼儿教师专业成长动机的调查研究》，载《当代学前教育》，2009 年第 1 期，第 20-26 页。

[32] 李晓菁：《基于学校和个人层面的高校教师专业发展动力和

障碍因素分析》，载《黑龙江教育学院学报》，2010 年第 4 期，第 36-37 页。

[33] 姜国峰：《论马克思生存论视域下的生命观变革》，载《兰州学刊》，2012 年第 2 期，第 204 页。

[35] 李春梅，黄新雨：《高校教师专业发展动力探析：认知评价论的视角》，载《现代教育科学》，2012 年第 2 期，第 145 页。

[36] 江玉印，张应彦：《教师学习共同体：教师专业发展的新视角》，载《淮北师范大学学报》，2013 年第 4 期，第 143-146 页。

[37] 吉喆：《论幼儿教师教育信仰的养成》，载《教育理论与实践》，2016 年第 17 期，第 42 页。

[38] 金建生，王淑莲：《发达国家中小学教师学习共同体实践特征探究》，载《外国中小学教育》，2017 年第 3 期，第 50 页。

[39] 贾昊宇：《幼儿教师专业自我发展中的困境与出路》，载《江苏第二师范学院学报》，2017 年第 9 期，第 108 页。

[40] 卢乃桂，钟亚妮：《国际视野中的教师专业发展》，载《比较教育研究》，2006 年第 2 期，第 71-76 页。

[41] 李建新：《积极教育心理：教师专业发展的内在动力》，载《中国成人教育》，2011 年第 10 期，第 64-66 页。

[42] 李浩：《打造教师成长的嘉园：教师专业发展的动力与路径初探》，载《江苏教育研究》，2012 年第 4 期，第 22-24 页。

[43] 刘川：《回归人本 发掘教师的动力之源》，载《教育科学论坛》，2012 年第 6 期，第 65-66 页。

[44] 林正范：《论生态取向教师学习的校园环境特征》，载《教育研究》，2012 年第 9 期，第 128 页。

[45] 刘万海，颜芳玉：《论自组织理论视野下教师学习共同体的

建构》，载《当代教育科学》，2013 年第 2 期，第 40-42 页。

[46] 李森，崔友兴：《论教师专业发展动力的系统建构和机制探析》，载《教育理论与实践》，2013 年第 4 期，第 33 页。

[47] 罗绍良，杨燕飞，陈德亮：《民族地区中学教师学习状况调查分析》，载《民族教育研究》，2013 年第 4 期，第 130-134 页。

[48] 梁玉敏：《论儒释道生命观及现代价值》，载《求索》，2013 年第 9 期，第 108-109 页。

[49] 李琼，吴丹丹：《如何保持教师持续发展的热情与动力》，载《比较教育研究》，2013 年第 12 期，第 23 页。

[50] 李岩：《以区域教师学习共同体促进农村幼儿园教师专业发展》，载《教育探索》，2014 年第 6 期，第 148 页。

[51] 李春梅：《高校教师专业发展的动力问题及改进策略》，载《佛山科学技术学院学报》，2014 年第 6 期，第 80-83 页。

[52] 刘桂辉：《大学教师学习共同体的内涵及价值》，载《教育与职业》，2015 年第 5 期，第 94-95 页。

[53] 贾凌昌，张红：《哲学语境中的教育信仰》，载《当代教育科学》，2015 年第 7 期，第 3 页。

[54] 刘晖，张勇：《论中国民间教育信仰的形成及其对国民性的形塑》，载《教育学报》，2015 年第 4 期，第 15 页。

[55] 李响：《基于教师专业化发展的教师学习研究》，载《中国成人教育》，2015 年第 12 期，第 93 页。

[56] 李保玉：《勒温场动力理论视域下新建本科院校教师专业发展的动力机制探析》，载《教学与管理》，2017 年第 7 期，第 91-96 页。

[57] 李昌官：《教师学习文化的改造》，载《中小学教师培训》，2017 年第 7 期，第 70-73 页。

[58] 李城，王剑兰：《论幼儿教师专业发展的长效机制》，载《现代教育科学》，2018年第1期，第73-75页。

[59] 刘丹，毛齐明：《转化学习理论视角下高中教师学习的困境审视及突破》，载《教师教育论坛》，2018年第2期，第22-25页。

[60] 李宝敏，宫玲玲：《基于工作坊的混合式研修中教师学习现状及支持对策研究》载《教师教育研究》，2018年第3期，第49页。

[61] 刘胡权：《聚焦教师学习研究，助力教师专业发展》，载《北京教育学院学报》，2019年第1期，第81页。

[62] 毛齐明：《国外"教师学习"研究领域的兴起与发展》，载《全球教育展望》，2010年第1期，第63页。

[63] 牟景升：《教学反思：教师专业发展的动力》，载《甘肃教育》，2011年第11期，第38页。

[64] 毛道生：《"四心"从教与教师专业发展的内源性动力》，载《教育科学论坛》，2017年第2期，第36-39页。

[65] 苗睿岚，薛晓阳：《教育变革与教师身份的转变：兼论教师专业发展动力缺失的根源与解决策略》，载《江苏教育》，2017年第3期，第11-13页。

[66] 尼姗瑜：《成人学习理论指导下的教师学习解构》，载《中国成人教育》，2017年第15期，第16-18页。

[67] 彭兵，谢苗苗：《影响幼儿教师专业成长的关键因素调查》，载《学前教育研究》，2009年第10期，第47-49页。

[68] 彭桂芳：《内源性动力：教师专业发展的根本》，载《贵州师范学院学报》，2013年第3期，第71页。

[69] 蒲永明：《专业发展新动力：教师文化建构》，载《内蒙古师范大学学报（教育科学版）》，2013年第12期，第70页。

［70］裴森，李肖艳：《成人学习理论视角下的“教师学习”解读：回归教师的成人身份》，载《教师教育研究》，2014 年第 6 期，第 16-20 页。

［71］潘知常：《“无宗教而有信仰”：审美救赎的中国语境》，载《社会科学家》，2019 年第 1 期，第 145 页。

［72］邱绍姬：《基于活动理论的课堂学习共同体中的教师学习》，载《河北农业大学学报（农林教育版）》，2018 年第 2 期，第 94 页。

［73］史文秀：《基于精神动力的幼儿教师专业发展研究》，载《内蒙古师范大学学报（教育科学版）》，2016 年第 9 期，第 96-98 页。

［74］石中英：《教育信仰与教育生活》，载《清华大学教育研究》，2002 年第 2 期，第 28-35 页。

［75］孙德芳：《教师学习：从外在驱动到内在自觉》，载《中小学教师培训》，2010 年第 7 期，第 15-17 页。

［76］孙式武：《“四情”并重：教师专业发展的动力之源》，载《教育科学论坛》，2012 年第 11 期，第 56-57 页。

［77］孙德芳：《论教师学习的校本领导策略》，载《天津师范大学学报（基础教育版）》，2013 年第 1 期，第 16-19 页。

［78］史文秀：《专业发展取向下的幼儿教师学习共同体建构》，载《教育探索》，2013 年第 9 期，第 110-112 页。

［79］孙翠香：《教师学习：内涵、影响因素及激发策略》，载《教育导刊》，2014 年第 4 期，第 57-58 页。

［80］孙志林，纪国和，赵云娇：《农村教师学习共同体构建存在的问题与对策》，载《教育探索》，2014 年第 12 期，第 67-68 页。

［81］孙德芳，周亚东：《教师学习从学院式到现场式》，载《中国教育学刊》，2016 年第 6 期，第 82 页。

[82] 沈玉红：《教师专业发展的动力分析与激励措施》，载《江苏教育》，2017 年第 3 期，第 25-29 期。

[83] 孙昆峰：《教师专业发展的关键因素与动力支撑》，载《继续教育》，2017 年第 5 期，第 41-42 页。

[84] 孙向阳：《研究：教师专业发展的“动力源”》，载《江苏教育》，2018 年第 4 期，第 42 页。

[85] 孙茂新：《变革性学习理论在教师学习促进中的应用研究》，载《中国成人教育》，2018 年第 4 期，第 144 页。

[86] 孙星：《农村小学教师学习共同体创建的阻碍与对策》，载《江苏教育》，2018 年第 7 期，第 33-43 页。

[87] 谭友坤：《以职业幸福感促幼儿教师专业发展》，载《基础教育研究》，2011 年第 9 期，第 52-54 页。

[88] 田友谊：《我国教育信仰研究的回顾与反思》，载《上海教育科研》，2014 年第 11 期，第 25 页。

[89] 田晓艳：《创建学习型组织促进教师专业发展》，载《中国成人教育》，2015 年第 2 期，第 100 页。

[90] 吴振东：《论知识管理理论视域下的幼儿教师学习》，载《教育与教学研究》，2010 年第 2 期，第 3-6 页。

[91] 王良辉，周跃良：《基于群体动力的教师专业发展支持系统设计》，载《电化教育研究》，2010 年第 5 期，第 64 页。

[92] 万中范：《幼儿教师专业发展动机激发的个人策略》，载《教育探索》，2010 年第 6 期，第 116-117 页。

[93] 王凯：《教师学习：专业发展的替代性概念》，载《教育发展研究》，2011 年第 2 期，第 58-61 页。

[94] 王凯：《破解农村教师学习难题亟待制度调整》，载《中国教

育学刊》，2011 年第 4 期，第 5-8 页。

[95] 吴析宸：《中小学教师学习精神：缺失与唤醒》，载《基础教育》，2011 年第 6 期，第 80-81 页。

[96] 王珊：《教师的教育信仰：迷失、回归与重建》，载《当代教育科学》，2012 年第 17 期，第 25 页。

[97] 王雁飞，杨怡：《团队学习理论与相关研究进展述评》，载《心理科学进展》，2012 年 7 期，第 1052 页。

[98] 王京华，李玲玲：《教师学习共同体——教师专业发展的有效路径》，载《河北师范大学学报（教育科学版）》，2013 年第 2 期，第 39-40 页。

[99] 伍叶琴：《教师学习的现实深描与学者想象》，载《教师教育研究》，2013 年第 3 期，第 14 页。

[100] 王玉秋，初铭铜：《基于学校效能理论的教师专业发展动力机制探索》，载《教学与管理》，2015 年第 1 期，第 63 页。

[101] 王吉：《群体动力理论视域下幼儿教师的职业倦怠问题》，载《北京教育学院学报》，2015 年第 4 期，第 6-10 页。

[102] 魏会廷：《教师学习共同体：实现教师专业发展的有效途径》，载《继续教育研究》，2015 年第 7 期，第 83-85 页。

[103] 吴小兵：《网络环境下教师学习共同体构建实践研究》，载《黑龙江教育》，2017 年第 5 期，第 21-22。

[104] 王媛：《网络环境下教师学习共同体促进教师专业发展的案例研究》，载《辽宁教育》，2018 年第 9 期，第 49 页。

[105] 王晓芳：《锦上添花还是雪中送炭：社会资本理论视野下教师学习机会的分配》，载《基础教育》，2018 年 14 期，第 67 页。

[106] 向军：《教学效能感：体育教师专业发展的内在动力机制》，

载《体育科技文献通报》，2011 年第 10 期，第 50 页。

［107］许萍茵：《教师学习共同体的生态哲学解读》，载《湖南科技学院学报》，2011 年第 12 期，第 144–147 页。

［108］肖正德：《论生态取向教师学习内容的层级设计》，载《教育研究》，2011 年第 12 期，第 73–74 页。

［109］肖正德：《乡村教师学习文化的问题与重构》，载《教育发展研究》，2013 年第 4 期，第 43–47 页。

［110］薛忠英：《基于教师主体动力的教师专业发展路径》，载《教育与职业》，2014 年第 6 期，第 76 页。

［111］许占权，郑剑虹，林荣裕：《欠发达地区中小学教师学习需求调查》，载《现代中小学教育》，2016 年第 4 期，第 116–120 页。

［112］徐梦雪：《论幼儿教师专业发展能动性》，载《幼儿教育研究》，2017 年第 2 期，第 16–18 页。

［113］肖静，黄文琪：《群体动力学视域下的高校教师学习共同体发展探究》，载《武汉理工大学学报（社会科学版）》，2017 年第 5 期，第 163 页。

［114］姚灶华：《消除教师的“习惯性防卫心理”》，载《中小学管理》，2002 年第 11 期，第 47 页。

［115］岳欣云：《生命型教师学习内涵及要求》，载《继续教育》，2008 年第 4 期，第 23 页。

［116］苑青松：《“深度汇谈”对话模式的理论机制及课堂策略构建》，载《教育学术月刊》，2011 年第 2 期，第 104 页。

［117］于涛：《反思能力是幼儿教师专业发展的关键》，载《黑龙江教育学院学报》，2012 年第 6 期，第 58 页。

［118］杨道宇，米潇：《教师专业发展的动力机制研究》，载《教

育评论》，2013 年第 6 期，第 45 页。

[119] 杨文：《幼儿园教师专业化的特点、困境及解决策略》，载《学前教育研究》，2015 年第 7 期，第 58-60 页。

[120] 杨延从，黄碧慧：《群体动力学视域下农村小学英语教师学习共同体建构的研究》，载《教育理论与实践》，2016 年第 17 期，第 28-30 页。

[121] 杨进红：《乡村教师校本发展的动力机制及实现路径》，载《广西民族师范学院学报》，2017 年第 4 期，第 140-141 页。

[122] 杨国顺：《高校教师专业发展中内生模式与外控模式的协同效应》，载《中国成人教育》，2018 年第 6 期，第 141 页。

[123] 叶鹏松：《“互联网+”背景下教师专业发展动力变革的校本创新实践》，载《江苏教育研究》，2018 年第 12 期，第 44-46 页。

[124] 朱旭东，周钧：《教师专业发展研究述评》，载《比较教育研究》，2007 年第 1 期，第 68 页。

[125] 周元成：《团队学习中习惯性防卫策略》，载《现代企业》，2007 年第 10 期，第 32 页。

[126] 张敏：《教师学习调节方式对学习策略与工作成就的影响》，载《教育研究》，2010 年第 5 期，第 75 页。

[127] 张璇，高伟：《论教师的教育信仰》，载《当代教育科学》，2010 年第 9 期，第 4 页。

[128] 赵明仁，黄显华：《建构主义视野中教师学习解析》，载《教育研究》，2011 年第 2 期，第 83-85 页。

[129] 朱晓民：《中小学教师学习自主性的调查研究》，载《教育理论与实践》，2011 年第 4 期，第 33-37 页。

[130] 张永：《变革性学习理论及其对教师研究的启示》，载《当

代教师教育》，2013年第1期，第5-9页。

[131] 张晓娟：《教师的教育信仰及其养成》，载《现代教育管理》，2013年第2期，第96页。

[132] 朱陶：《论教师专业发展动力生成路径》，载《宁夏社会科学》，2013年第3期，第158页。

[133] 张亚妮：《幼儿教师专业自主发展策略探析》，载《陕西青年职业学院学报》，2013年第4期，第43-44页。

[134] 朱陶：《教师专业发展的三种动力》，载《教研研究与评论》，2013年第6期，第91页。

[135] 曾文婕，毕燕平：《西方教育哲学研究新进展》，载《比较教育研究》，2014年第1期，第50-56页。

[136] 赵再霞：《幼儿教师专业成长四途径》，载《甘肃教育》，2014年第1期，第19页。

[137] 张学延：《对教师专业发展源动力的思考》，载《华夏教师》，2014年第12期，第95页。

[138] 张晓蕾：《知识论视角下西方教师学习研究的变迁及趋势》，载《四川师范大学学报（社会科学版）》，2015年第4期，第109-111页。

[139] 周玲玲：《幼儿园教师学习通识性知识的价值与途径》，载《学前教育研究》，2015年第5期，第67-68页。

[140] 张昊，杨莹，张德良：《高职教师发展动力机制的人文情怀》，载《现代教育科学》，2016年第11期，第108页。

[141] 赵娟：《教师专业发展动力激发机制研究综述》，载《教育科学论坛》，2017年第2期，第27-28页。

[142] 周杰：《理解教师学习：基于视角统整的分析框架》，载

《中小学教师培训》，2017 年第 10 期，第 5 页。

［143］赵新亮，刘胜男：《工作环境对乡村教师专业学习的影响机制研究》，载《教师教育研究》，2018 年第 4 期，第 37－42 页。

［144］赵宇宏：《高校青年教师专业发展的动力机制及路径研究》，载《黑龙江教育学院学报》，2018 年第 8 期，第 27－28 页。

［145］赵继红，鲍晓梅：《找到教师专业发展的动力源》，载《人民教育》，2019 年第 3 期，第 113－114 页。

［146］［新西兰］海伦·蒂姆伯雷：《促进教师专业学习与发展的十条原则》，载《教育研究》，2009 年第 8 期，第 55－61 页。

四、外文类

［1］Clark B R. *Perspectives on higher education*：*Eight disciplinary and comparative views*（CA：University of California Press，1984），p. 2.

［2］Collinson V，Yumiko O. The Professional Development of Teachers in the United States and Japan. *European Journal of teacher Education* 24（2001）：223－ 248.

［3］Day C. *Developing Teachers*：*The Challenge of Lifelong Learning*（London：Falmer Press，1999），p. 9.

［4］Deci E L，Ryan R M. The what and why of goal pursuits：human needs and the self－determination of behavior. *Psychological Inquiry* 11（2000）：227－268.

［5］Diener E，Diner M. Cross－cultural correlates of life satisfaction and self－esteem. *Journal of Personality and social Psychology* 68（1995）：653－663.

[6] Easton L B. From Professional Development to Professional Learning. *Phi Delta Kappan* 89 (2008): 755-759, 761.

[7] Eraut M. Informal Learning in the Workplace. *Studies in Continuing Education* 26 (2004): 247-273.

[8] Fenwick T J. Teacher Learning and Professional Growth Plans: Implication of a Provincial Policy. *Journal of Curriculum and Supervision* 19 (2004): 259-282.

[9] Fullan M. Change the Terms for Teacher Learning. *National Staff Development Council* 28 (2007): 35-36.

[10] Griffin G. *Introduction: the work of staffde develop men* (Chicago: The University of Chicago Press, 1983), p. 2.

[11] Horn I S, Little J W. Attending to problems of practice: Routines and resources for professional learning in teachers'Attending to problems of practice: Routines and workplace interactions, *American Educational Research Journal* 1 (2010): 181.

[12] Lacey C. *Professional socialization of teachers* (Oxford: Pergamon Press, 1987), p. 634.

[13] Lam Y J, Pang S N. The relative effects of environmental, internal and contextual factors on organizational learning: the case of Hong Kong schools under reforms. *The Learning Organization: An International Journal* 10 (2003): 83-97.

[14] Retallick J. Teachers' Workplace Learning: Towards Legitimation and Accreditation. *Teachers and Teaching* 5 (1999): 33-50.

[15] Ricard M. *Happiness: A guide to developing life's most important skill* (New York: Little, Brown & Company, 2006), p. 33-35.

[16] Thoonen E E J, Sleegers P J C, Oort F J, et al. How to improve teaching practices the role of teacher motivation, organizational factors, and leadership practices. *Educational Administration Quarterly* 47 (2011): 503.

[17] Tsui B M. *Learning in school-university partnership*: *Sociocultural perspectives* (New York: Routledge, 2009), p. 134.

[18] Wilson E, Demetriou H. New Teacher Learning: Substantive Knowledge and Contextual Factors. *The Curriculum Journal* 18 (2007): 213-229.